Distraídos

Thibaut Deleval

Distraídos

Papel certificado por el Forest Stewardship Council®

Primera edición: marzo de 2022

© 2022, Thibaut Deleval
© 2022, Penguin Random House Grupo Editorial, S.A.U.
Travessera de Gràcia, 47-49. 08021 Barcelona

Penguin Random House Grupo Editorial apoya la protección del *copyright.*
El *copyright* estimula la creatividad, defiende la diversidad en el ámbito de las ideas y el conocimiento, promueve la libre expresión y favorece una cultura viva. Gracias por comprar una edición autorizada de este libro y por respetar las leyes del *copyright* al no reproducir, escanear ni distribuir ninguna parte de esta obra por ningún medio sin permiso. Al hacerlo está respaldando a los autores y permitiendo que PRHGE continúe publicando libros para todos los lectores.
Diríjase a CEDRO (Centro Español de Derechos Reprográficos, http://www.cedro.org) si necesita fotocopiar o escanear algún fragmento de esta obra.

Printed in Spain – Impreso en España

ISBN: 978-84-03-52276-3
Depósito legal: B-926-2022

Compuesto en Mirakel Studio, S.L.U.
Impreso en Black Print CPI Ibérica, S.L.
Sant Andreu de la Barca (Barcelona)

AG 2 2 7 6 3

A Isabel

Contenido

Introducción

¿Sabes que en España hay más teléfonos móviles que personas? De media, la gente usa estos aparatos cerca de cuatro horas al día. Hoy, cualquiera con una conexión a internet tiene acceso a todos los periódicos y libros que se publican en el mundo. En cuatro clics podemos encontrar cualquier noticia. Somos las personas mejor, o por lo menos, más informadas de la historia de la humanidad. Además, jamás en la historia de España han pasado tantos ciudadanos por la universidad como en la actualidad.

No sé tú, pero yo leo todo esto y pienso: ¿de verdad vamos a necesitar inteligencia artificial con tanta inteligencia natural?

Después de este subidón de optimismo, miro a mi alrededor, ¡y en el espejo!, y descubro otras facetas de esta realidad. Veo a gente incapaz de mantener la atención más de tres minutos. Cuando hablo con alguien, al poco tiempo observo que empieza a ponerse nervioso y a toquetear su móvil. Lo va a mirar en 3, 2, 1... Cuando leo un libro, me sorprendo interrumpiendo mi lectura cada diez minutos para comprobar si tengo un mensaje en Gmail, Twitter o WhatsApp. Todos estamos muy ocupados haciendo mil cosas de escasa importancia y a la vez somos incapaces de dedicar tiempo a cosas fundamentales. ¡¿No tenemos tiempo para llamar a nuestros padres o abuelos una vez a la semana?! Sin embargo, dedicamos más de media hora al día a jugar al *Candy Crush* o a enterarnos de lo que pasa en la vida de tal actriz o de tal futbolista...

Pero, sobre todo, me doy cuenta de que ya no somos capaces de dialogar. Sobre cualquier tema, te encontrarás con dos bandos enfrentados. Cada bando está convencido de que tiene la razón y de que «los otros» son imbéciles, están locos, son malvados o las tres cosas a la vez. Nos dejamos seducir por caricaturas simplonas; rehuimos de los matices. Preferimos las mentiras claras de los populistas a las verdades incómodas de los expertos. Parece que ya no soportamos la complejidad y la incertidumbre que las acompañan.

Aunque escuece un poco, no puedo evitar lanzar la pregunta: ¿por qué pensamos tan poco y tan mal? Para encontrar respuestas, me he arremangado y puesto a investigar. Empecé leyendo libros sobre la distracción y la economía de la atención que me llevaron a leer otros sobre la propaganda y la evolución de los medios de comunicación. He leído libros sobre las *fake news* que a su vez me han llevado a leer otros sobre el relativismo, la posverdad y el *bullshit*. Después llegó el turno de los manuales de pensamiento crítico, que me llevaron a leer obras y estudios científicos sobre los sesgos cognitivos.

No he parado de tirar del hilo y esto me ha llevado por territorios tan variados como la psicología, la sociología, la filosofía, la pedagogía... Al final, los más de treinta libros consultados me permitieron empezar a entender la geografía y la topografía de un curioso territorio que me gusta llamar «el rincón de pensar». Y mi conclusión es que para ser personas libres, responsables y felices, cada cual debería dedicar tiempo a aprender a pensar más y mejor.

Soy una persona optimista, pero a la vez realista y me gusta creer que pragmática. Me doy perfectamente cuenta de que esta investigación que he llevado a cabo y que me ha permitido aprender mucho acerca de la crisis del pensamiento requiere un tiempo del que no todo el mundo dispone. Sé que la solución no puede pasar por invitar a la gente a leer decenas de libros.

Porque no me gusta pensar en abstracto, en lugar de pensar en «la gente», me puse a pensar en Inés y Jimena, mis dos hijas mayores que estudian en la universidad. Me pregunté: ¿qué necesitarían para aprender a pensar más y mejor?, ¿hay un buen libro que les pueda recomendar? Como los tres tenemos la inmensa suerte de poder leer en francés, en inglés y en español, busqué en estos tres idiomas. Curiosamente, no encontré ningún ejemplar (ni ningún curso *online,* por cierto) que trate los múltiples aspectos de esta compleja cuestión del pensamiento. Convencido de la importancia de fortalecer sus conocimientos y habilidades en esta materia, decidí escribir este libro.

Porque quiero mucho a mis hijas, he decidido hacer todos los esfuerzos para que sea un libro simpático. Tenía que escribir un libro que se leyese con facilidad, pero que a la vez no faltase a la verdad. Podía ser un libro un tanto provocador, pero nunca demagógico. La importancia del asunto en juego requería un texto riguroso, pero no por ello pedante. Soñaba con escribir un libro que llevase a los lectores a descubrir cosas que les impactasen lo suficiente como para querer comentarlas cuando quedaran con sus amigos o cenaran con su familia. Si a nadie le da vergüenza comentar abiertamente que está abonado al gimnasio para entrenar bíceps, abdominales o glúteos, ¿por qué no podemos soñar que un día sea natural comentar los esfuerzos que hacemos para pensar más y mejor? ¿No crees que ha llegado la hora de rehabilitar el rincón de pensar y de que deje de ser un lugar vergonzoso y traumatizante?

Como puedes ver, este libro que tienes entre las manos persigue dos objetivos concretos y plenamente asumidos. Por un lado, te quiero convencer de la importancia de pensar más y mejor. Por otro, me comprometo a darte las herramientas que necesitas para conseguir entrenar y fortalecer tus habilidades de pensamiento.

En la primera parte vas a descubrir cinco factores que considero que nos apartan literalmente del pensamiento. Hacen que no logremos activar nuestra inteligencia.

En la segunda parte te voy a señalar nueve fenómenos que nos impiden pensar con claridad. Hacen que pensemos mal. ¡Ojo!, no tengo ninguna intención de decirte lo que tienes que pensar. Solo pretendo ayudarte a hacerlo con más rigor y más libertad. Quiero que te atrevas a buscar la verdad y abandones las falsas seguridades que dan los prejuicios y las afiliaciones.

En la tercera parte te explicaré lo mucho que está en juego con esta cuestión del pensamiento. Verás que tiene importantes consecuencias para tu vida personal y para la vida que compartimos como sociedad.

Dedicaré la cuarta parte a las soluciones. ¿Cómo resolver la crisis del pensamiento que atravesamos? ¿Qué podemos hacer como individuos para dejar de formar parte del problema y empezar a formar parte de la solución?

Para finalizar, en una breve quinta parte aplicaremos todo lo aprendido a un caso práctico muy concreto.

Si me lo permites, me gustaría hacerte una pequeña recomendación antes de que te lances a por el primer capítulo. Por favor, busca un lápiz. Mi experiencia me ha enseñado que el pensamiento es un saber hacer que se adquiere con la práctica. Diría, incluso, que requiere un entrenamiento continuo. Esto me ha llevado a apostar por un formato algo interactivo. A lo largo del libro, te toparás con muchas preguntas. No son preguntas retóricas a las que respondo en el párrafo siguiente: son auténticas preguntas que buscan sacarte de la posición habitualmente pasiva del lector y transformarte en un verdadero actor del proceso. Sí, para aprender a pensar no hay nada mejor que activar las neuronas. Y no tiene sentido esperar al final del libro para ponerse a ello. Lo ideal es ir poco a poco y trabajar con los conceptos descubiertos para asimilarlos y transformarlos en herramientas. Te van a venir un montón de cosas a la cabeza y no se pueden perder. Las tienes que apuntar. Te lo digo tal cual: mi libro no sirve de nada si solo lo lees. Por favor, utilízalo como si fuera una herramienta. Para que lo puedas visualizar mejor, te diría que es comparable con una guía de viaje: no la compras para leerla y dejarla en una balda de tu estantería. La lees, por supuesto, pero la anotas, la llenas de pósits y la llevas contigo en tu viaje a Sevilla o México. Cuando vuelve a tu estantería, tiene esquinas dobladas, hay polvo o arena entre sus páginas y puede incluso que desprenda un ligero olor a crema solar o a salsa picante. Ha viajado contigo y espera con ansia la próxima aventura.

Ojalá este libro te acompañe en innumerables excursiones al rincón de pensar y acabe siendo el más machacado de toda tu biblioteca.

¿Lápiz afilado?

1.ª PARTE

CÓMO CONSEGUIR PENSAR MÁS

¿Te acuerdas de cómo aprendiste a andar? Sí, fue dando pasitos muy inestables mientras agarrabas con tus manitas los dos dedos que te ofrecían con mucha amabilidad tu padre o tu madre, dejándose la espalda en la aventura. Nadie te apuntó a clases ni te puso ningún tutorial en YouTube.

¿Te acuerdas de cómo aprendiste a hablar? En ese caso también fue hablando. Bueno, en realidad fue balbuceando, después chapurreando y por último pronunciando tus primeras palabras.

Con el pensamiento pasa exactamente igual. Para aprender a pensar, lo primero es pensar. De nada sirve desarrollar técnicas para pensar mejor si eres un no pensador. Sería tan estúpido como comprar libros de cocina y ver todos los programas culinarios en la tele, para acabar comprando platos precocinados en el supermercado. ¿No crees?

Te noto un poco mosqueado. ¿Te molesta que pueda considerarte no pensador? Querido lector, siento decirte que vivimos en el mismo mundo y que este tiende a transformarnos a todos en no pensadores. En esta primera parte del libro voy a dedicar cinco capítulos al estudio de los cinco factores que considero que nos impiden pensar. Visitaremos sucesivamente la distracción, el imperio de las emociones, la apatía intelectual, la impaciencia y la inmersión en la masa.

Capítulo 1

Vencer la distracción

A man is a success if he gets up in
the morning and gets to bed at night,
and in between he does what he wants to do.
Bob Dylan

De todos los fenómenos que nos impiden pensar, el primero es la distracción.

Por distracción entiendo el conjunto de elementos que son capaces de secuestrar nuestra atención. A veces pensamos que una persona distraída no presta atención. En realidad, no es así. Siempre prestamos atención a algo. Si dejas de prestar atención a lo que dice el profesor, es porque tu atención se ha fijado en un pajarito que acaba de posarse detrás de la ventana de clase. Si dejas de escuchar a tu madre, es porque ha empezado a sonar en la radio tu canción favorita del momento. ¿Tu jefe está ahora mismo hablando solo? Es porque estás atento a tus compañeros de oficina que te hacen grandes gestos para decirte que se van a comer. ¿No tienes ni idea de lo que acaba de preguntarte tu marido? Es porque en medio de su frase has recibido una notificación de Instagram y la has abierto.

La distracción no mata a la atención, se la lleva a otra parte.

Hablando de Instagram, ¿sabes que miramos nuestro móvil una media de noventa y seis veces al día?* Esto significa que fijamos nuestra atención en el móvil cada diez minutos. Este dato abrumador nos desvela hasta qué punto, en la era digital, nuestra sociedad se ha convertido en una «sociedad de la distracción». Podría haber hablado de «sociedad distraída», pero prefiero la primera fórmula porque me permite vincularla mejor al concepto de «economía de la atención».

La «sociedad de la distracción» y la «economía de la atención» son las dos caras de una misma moneda. No se puede entender la una sin la otra. Veamos, por lo tanto, en qué consiste exactamente esta «economía de la atención».

Como bien sabes, la economía tradicional funciona con personas y empresas que intentan venderte cosas: pan, un corte de pelo, billetes de avión, latas de atún, pintalabios, botas de fútbol, un coche, un seguro de coche, un móvil, una funda de móvil, un cargador de móvil, un seguro de móvil, un aumento de pecho, un palo de *selfie*... Por el contrario, la economía de la atención es la que en apariencia no te vende nada porque te lo regala todo. El noventa y nueve por ciento de nosotros no hemos pagado nunca nada a Facebook (incluidos WhatsApp e Instagram), Google (incluidos Gmail y YouTube), Twitter, Antena 3, Cuatro, Telecinco... y, sin embargo, estas empresas nos

---

* Según una encuesta encargada por Asurion a Solidea Solutions en julio de 2019: https://www.asurion.com/about/press-releases/americans-check-their-phones-96-times-a-day/

proveen de unos servicios que usamos a diario y a veces incluso con mucha intensidad. Pero, entonces ¿de qué viven estas empresas que no nos venden nada?

En realidad, estas empresas viven de captar nuestra atención para vendérsela a anunciantes. Como dice el dicho: «Si no sabes cuál es el producto, es que tú eres el producto». Su única obsesión es que permanezcamos el mayor tiempo posible en su plataforma, a disposición de los anunciantes. Por ello han diseñado mil estrategias para hacernos adoptar nuevos hábitos y no dudan ni un instante en crear mecánicas adictivas. Por supuesto, su éxito se debe a su capacidad de ofrecernos algo que valoramos: mantener el contacto con amigos, ver contenidos divertidos, informarnos... Sin embargo, no nos engañemos, sirven a un solo señor. Su máxima prioridad no es nuestra felicidad o nuestro bienestar, sino los de sus anunciantes. A nosotros, que somos sus usuarios, nos ven como vacas lecheras. Nos miman para captar nuestra atención durante el mayor tiempo posible y vendérsela a sus clientes. Sus mimos son relativos ya que, en definitiva, no sirven a nuestros intereses sino a los suyos. Más que mimos, son en realidad una manipulación.

Cuidado, no estoy diciendo que tengas que dejar de usar todas estas herramientas, pero sí te quiero advertir de la necesidad de que tomes conciencia de estos intereses divergentes. Ellos no trabajan para ti. Te han puesto a ti a trabajar para ellos. Por lo tanto, deberías intentar equilibrar lo mejor posible esa balanza de intereses. No te preocupes, no estás solo en esta lucha. La resistencia se está organizando poco a poco. Uno de sus líderes se llama Tristan Harris y ha fundado el *Humane Tech Center* para llevar a estas grandes empresas a tratar mejor a sus vacas lecheras. Su movimiento, que también está en el origen del esclarecedor documental *El dilema de las redes sociales,* es uno de los muchos que han emprendido una lucha para que la tecnología esté al servicio de las personas y no al revés.

Bueno, ahora sabemos que estamos sumergidos en una profunda crisis de atención, pero ¿qué tiene que ver esto con nuestra capacidad para pensar?

El tsunami de distracción provocado por la irrupción de la economía de la atención afecta a todas nuestras actividades. Lo que pasa es que pensar es una actividad especialmente frágil. Examinaremos a lo largo del libro muchos de los factores que provocan esta fragilidad del pensamiento. De momento nos vamos a fijar en tres factores inductores de fragilidad que forman parte de su esencia. Y es que pensar requiere que normalmente converjan tres circunstancias:

— Necesitamos una **intención**, una voluntad consciente de pensar, reflexionar o aprender; un deseo consciente de usar nuestra inteligencia.

— Necesitamos también **tiempo** para ello; un tiempo reservado. Porque pensar no se puede confundir con tener de repente una ocurrencia.

— Y necesitamos, para finalizar, un último ingrediente: la **concentración**, que por lo general se encuentra en la calma, el silencio y suele requerir algo de soledad.

La distracción no es una amenaza nueva del pensamiento. Siempre hemos encontrado obstáculos en el camino que han entorpecido este ejercicio de nuestra inteligencia. Siempre ha sido un reto para el ser humano reunir estas tres circunstancias. Ya lo decía el genial filósofo y matemático Blaise Pascal hace casi cuatrocientos: «Todas las desgracias del hombre derivan de no ser capaz de estar tranquilamente sentado y solo en una habitación».* Lo que ocurre es que los profundos cambios tecnológicos que ha experimentado nuestro mundo en las últimas décadas hacen que esos obstáculos sean hoy mayores y más peligrosos.

Vamos a examinar las tres maneras que tiene la distracción de anular nuestro pensamiento abordando las tres circunstancias que tenemos que reunir para poder pensar. Empezaremos por lo más trivial o superficial e iremos subiendo de nivel para acabar con el aspecto más tóxico y peligroso.

Las interrupciones son un incordio

Comencemos por los obstáculos que resultan más fácil visualizar: los que afectan a nuestra concentración. Me refiero a aquellas interrupciones que nos impiden hacer lo que hemos decidido hacer o lo que tenemos que hacer. Como puede que te resulte difícil imaginar y visualizar una situación en la que hayas decidido pensar o en la que te hayan obligado a pensar, vamos a observar estas interferencias en una situación más anodina: has decidido ordenar tu armario. No es una tarea especialmente placentera, pero tampoco una tortura. Es algo sencillito que a todos nos toca hacer de vez en cuando. Estás delante del armario, listo para empezar. ¡Allá vamos! Espera, ¿no sería más agradable hacerlo con un poco de música? Bien, pues a Spotify para elegir una banda sonora... Perfecto, ya estamos listos. No han pasado ni cinco minutos cuando de repente escuchas un «ping» de notificación. Alguien te ha mandado un mensaje. Coges el móvil y ves que un amigo te acaba de enviar una chorrada por WhatsApp. Ja, ja, qué bueno. Con-

---

* Blaise Pascal, *Pensamientos*, n.º 139, París, 1669.

testas, porque tampoco hay que ser borde... A los cinco minutos, después de haber revisado rápidamente otros tres o cuatro chats, vuelves a pelearte con los calcetines sueltos. No has acabado de emparejarlos cuando escuchas otro «ping»: Instagram te insta a consultar la última foto de fulanita. Ja, ja, se queja porque hay mucha cola en el súper. Y tú, mientras, sufriendo en silencio con el armario... ¡Toca *selfie*! Tú también tienes que contarle al mundo que te estás enfrentando a una tarea de gran envergadura. Foto, otra foto, otra foto, por fin LA foto. Filtro, otro filtro, por fin EL filtro. Frasecita, borrón, frasecita, borrón y, por fin, LA frasecita. ¡Qué gusto! Bueno, ¿podemos volver al armario? Gracias. Pasan dos minutos y «ping», Spotify te señala que ese grupo que te gusta tanto tocará muy pronto en tu ciudad. Venga, coméntalo rápido en el chat de la pandilla y volvamos al armario. ¿Estamos? Genial. Bien, ha pasado ya más de media hora y has ordenado un cajón de calcetines. ¿Atacamos la pila de camisetas? Hay ropa para doblar y ropa para tirar. Vas por la segunda camiseta cuando —«ping, ping, ping»— se desata la locura en tu bolsillo. A ver, a ver... Parece el día de tu cumpleaños: cuarenta y siete *likes* y ocho comentarios en Instagram, el chat de WhatsApp está que arde... ¡A comprar entradas ya!, que es la locura, que en Twitter han dicho que se agotan...

Podemos dejar aquí el relato. Creo que ha quedado claro que esa limpieza de armario que tu abuela habría resuelto en veintitrés minutos y cuarenta y cinco segundos te va a costar un fin de semana entero. ¿Me estoy pasando? No, no, en absoluto. Lo peor es que solo he ilustrado un tipo de interrupciones. A estas hay que añadirles las llamadas de los comerciales de las empresas de telefonía móvil, las videollamadas de la familia, las notas de voz, las chorradas de Tik Tok, los mensajes solidarios o incendiarios de Facebook, los SMS del banco, los correos de tu jefe, que ha tenido una brillante ocurrencia esa mañana mientras pedaleaba en su bici estática en el gimnasio, tu alerta de Google Calendar para que reserves una mesa para la cena de esa noche, etcétera.

Concentrarse para hacer cualquier cosa sencilla es ahora un gran reto. Y, quizá, concentrarse para pensar o realizar una tarea intelectual se haya convertido para muchos en una verdadera misión imposible. Es algo que vivimos todos y que podemos observar en los demás. Aunque nos cuesta reconocerlo, todos sufrimos este mal del siglo XXI. Ya existen estudios científicos que lo corroboran: nuestra capacidad de prestar atención a lo que hacemos se está viendo muy afectada por las ya no tan nuevas tecnologías. Un estudio ha demostrado la verdadera interferencia que produce el móvil en nuestra capacidad de concentración.* Han medido que las notas que obtienen los estudiantes en un examen disminuyen conforme aumenta su exposición al móvil durante la prueba. Y ni siquiera estamos hablando de un móvil que puedan usar o tocar. No, hablamos de un móvil que tan solo está ahí. Los más perjudicados son los estudiantes cuyo móvil está colocado en su mesa. A continuación, están los que tienen el móvil en la mochila, a sus pies. Y, finalmente, los menos afectados, los más centrados, son los que tienen el móvil guardado en otra sala. ¿Qué nos pasa? Pues que nos han condicionado como al perro de Pavlov. Han sustituido la campanilla por el «ping» de las notificaciones y lo que nos hace salivar no es el cuenco de comida sino las sorpresas que encierra cada mensaje. Sí, cada mensaje, alerta, notificación de *like* o comentario es como un regalo que tenemos que desenvolver con el ansia de des-

---

* Ward, Duke, Gneezy y Bos, «Brain Drain: The Mere Presence of One's Own Smartphone Reduces Available Cognitive Capacity», *Journal of the Association for Consumer Research,* volumen 2, 2017.

cubrir lo que esconde. Tan solo con pensar que tienen esos regalitos sin abrir al alcance de sus manos es suficiente para desconcentrarlos y hacer que saquen peores resultados que los compañeros que no los tienen.

Cuando sientas necesidad de pensar, protege tu atención de las interrupciones. Protegerte de las interrupciones de los demás es relativamente fácil: basta con cerrar una puerta y aislarse. Resulta bastante más delicado resistir a las interrupciones digitales que, de alguna manera, te impones a ti mismo si estás siempre pendiente del móvil y de sus regalitos.

Houston, tenemos un problema

Después de examinar estas interrupciones que nos incordian, vamos a subir de nivel. Veremos qué nos impide encontrar tiempo para pensar. Ya no son esos obstáculos que te desconcentran y hacen que tardes dos horas en realizar algo que podrías haber hecho en veinte minutos. Son los obstáculos que te van a llevar a hacer cosas que no querías o no deberías haber hecho. Son interferencias en tu orden de prioridades.

Imaginemos que llega el fin de semana. Has hecho una lista de tareas pendientes: terminar de leer un libro, dar un paseo, visitar a tus abuelos, poner una lavadora, planchar, cocinar, jugar al pádel, llevar a los niños al parque, ver una exposición, hacer cuentas, rellenar la declaración de la renta, comprar un nuevo microondas... No digo que lo vayas a hacer todo, pero tienes clara la lista de cosas que tú mismo has decidido hacer (aunque algunas sean pura obligación). ¿Qué pasa? Pues que todas tus tareas, que necesitan un cierto tiempo, empiezan a luchar contra enemigos que les quieren robar ese tiempo. Estos enemigos ya no son solo interrupciones, sino otras actividades alternativas. Lo más probable es que muchas de ellas aparezcan a partir de una interrupción, pero no necesariamente. Por ejemplo, imagina que, mientras desayunas, echas un vistazo al periódico y descubres que tu equipo de fútbol juega un partido ese día a las cuatro. Decides verlo y acabas de dejarte robar dos horas y cuarto. Sí, lo sé, un partido dura una hora y cuarenta y cinco minutos incluido el descanso, pero te olvidas de la tertulia pospartido con los análisis al milímetro de las jugadas polémicas, las reacciones de los jugadores, las quejas contra los árbitros y el VAR y tu microconversación con amigos en el chat de los futboleros. ¡Mínimo dos horas y cuarto! Aún son las once y estás sentado delante del ordenador para rellenar tu declaración de la renta, tienes una duda legal y entras en un blog para solucionarla. En quince minutos ya tienes la respuesta, pero tu ojo se va a un «enlace anzuelo» (los famosos *click baits*) debajo del artículo que acabas de leer, que dice: «Los diez famosos que han pagado las mayores multas a hacienda». Clicas y cinco minutos evaporados. ¿Cómo? «Los diez paraísos fiscales preferidos de las estrellas de Hollywood». Clicas y diez minutos evaporados. ¿Cómo? «Acaban de publicar la lista de las veinticinco playas más paradisíacas del mundo». Clicas y veinte minutos evaporados. ¿Cómo? «Gana dos billetes para dar la vuelta al mundo». Clicas, quince minutos evaporados y un virus ruso instalado. ¡Horror! Decides renovar la suscripción al antivirus. Clicas, descargas, reinicias y veinte minutos más evaporados. Es la una y tienes que darte prisa si quieres acabar de una vez esa maldita declaración de la renta. Pero, antes de seguir, una llamada rápida a los abuelos para decirles que al final no vas a poder tomar el aperitivo con ellos. ¡Es que llevas una vida de locos! Por lo menos, esta noche te quedas tranquilo en casa para descansar y poder arrancar temprano un domingo muy cargado. Son las diez de la noche, has terminado de cenar, has recogido la cocina y te sientas delante de la televisión. Bueno, te vuelves a sentar delante de la televisión... Sí, te recuerdo el partido de fútbol de esta tarde, jugado desde el sofá con los pies en la mesita. Entonces ¿qué vemos? Después de media hora de dudas mientras repasas la programación de La 1, Antena 3, Cuatro, Netflix, Amazon y Movistar, eliges por fin una serie. ¡Solo un capítulo, porque ya se nos ha hecho tarde! Ya... ¡Pero si ya son las dos de la mañana! Sí, con eso de «ver el capítulo siguiente» has visto cuatro antes de darte cuenta. Te vas a la cama y te duermes con la duda de si desactivar el despertador o asumir que habrá que encajar una siesta en tu apretada agenda del día siguiente.

Aquí tenemos a nuestro segundo enemigo del pensamiento: la falta de tiempo o, mejor dicho, nuestra creciente incapacidad para organizar nuestro tiempo en función de nuestras prioridades. Es muy triste reconocerlo, pero muchas veces, sin darnos cuenta, vivimos nuestra vida en función de las prioridades de otros. Y no me refiero a los sacrificios más nobles de nuestra humanidad, que consisten en renunciar a nuestros propios deseos para dar prioridad a los de los demás: hijos, padres, amigos o personas de todo tipo a las que decidimos ayudar. No, me refiero a los muchos momentos en los que nos dejamos llevar por esta sociedad de la distracción que nos hipersolicita y nos convence de que tenemos que hacer muchas cosas (cocinar como un auténtico chef, visitar cincuenta países, tener un cuerpo diez, esconderlo bajo la ropa más *cool*...), ver muchos espectáculos (películas, series, partidos de tenis, fútbol...), mantenernos informados (periódicos, telediarios, Twitter...) y, por supuesto, contar y comentar todo lo anterior con nuestros amigos, conocidos, simples contactos, *followers* y hasta *haters*.

Si decides hacer del pensamiento una de tus prioridades, es muy importante que aprendas a defenderlo frente a los asaltos. Las interrupciones te retrasan y son un incordio, pero las prioridades ajenas o parásitas son un peligro aún mayor porque te desvían de tu trayectoria y te impiden alcanzar los objetivos que te has marcado.

El drama está servido

Hemos descubierto que para poder pensar debemos luchar por mantener la concentración. Sabemos que necesitamos tiempo y que tendremos que pelear para conservar el pensamiento en nuestra lista de prioridades. Pero para pensar también necesitamos algo fundamental: la voluntad de pensar.

Pensar es una actividad propia del ser humano. Es la capacidad que nos ha permitido crear gran parte del mundo que nos rodea. Y no me refiero solo al mundo material repleto de casas, coches, fábricas y de los miles de artilugios que salen de ellas. La capacidad reflexiva y de abstracción del ser humano está en el origen de los derechos humanos, de la democracia o del arte. Curiosamente, una actividad tan noble, vital y esencial a la que deberíamos otorgar la máxima importancia, parece adquirir muy poco protagonismo en nuestras ajetreadas vidas.

Querido lector, perdona que me ponga tan dramático desde el primer capítulo de este libro. Pero no tengo más remedio. Son cosas muy serias las que están en juego en este asalto de la distracción al pensamiento. A estas alturas ya te habrás dado cuenta de que la distracción tiene varios niveles de toxicidad. Comparada con la imagen de un puñal —que te puede hacer un rasguño, cortarte y hacerte sangre o directamente atravesar tu corazón y matarte—, cuando la distracción toma la forma de una notificación de WhatsApp para interrumpir tu pensamiento, es un incordio, un rasguño que entorpece tu buen hacer. Cuando trastorna tu agenda y desordena tus prioridades, es un problema, un corte que afecta a tu capacidad para lograr tus objetivos. Sin embargo, el drama llega cuando la distracción te quita hasta la intención de pensar, perfora tu corazón y afecta literalmente a tu humanidad. En este tercer grado de toxicidad, la distracción provoca una especie de atontamiento que te hace olvidar la necesidad de reflexionar sobre lo que son o deberían ser tus prioridades en la vida. Afecta a nuestra intención de pensar y hace que renunciemos a usar nuestra inteligencia. Entorpece el saber y hasta nuestro ser. No me atrevería a decir que es una muerte, pero sí una anestesia.*

Para que puedas visualizarlo mejor, voy a utilizar la imagen del piloto automático: ese estado mental en el que a veces caemos cuando hacemos tareas muy rutinarias, como si fuéramos máquinas. Ya sabes, ese momento en el que aparcas el coche delante de tu casa y te asusta pensar que no recuerdas en absoluto los últimos minutos del trayecto. Te das cuenta de que lo has hecho sin prestar atención o por lo menos sin conciencia. Pues en nuestra sociedad de la distracción son cada vez más las personas que entran en modo «piloto automático». Hablo de esos miles de circunstancias en las que ya no tomamos decisiones con intención, con voluntad propia, sino que nos conformamos con actuar guiados por manos invisibles: compras el último iPhone sin necesitarlo porque es lo que toca para no descolgarse de lo que la industria te ha señalado como tu tribu; ves una serie porque todo el mundo en tu clase o tu oficina la ve; te casas por inercia porque llevas con tu pareja cuatro años, tienes más de treinta y es lo que

---

* James Williams, *Stand out of our light-Freedom and resistance in the attention economy*, Cambridge University Press, Cambridge, 2018.

hay que hacer; cambias de trabajo porque te han ofrecido más dinero y ya tienes asumido que no hay criterio más importante que el económico; te posicionas sobre la cuestión del aborto, de la inmigración o del salario universal no en función de tus reflexiones, sino más bien de la postura adoptada por el líder de un partido al que te has acostumbrado a votar sin ni siquiera haber leído su programa con detenimiento. Eres como un hámster que corre en su rueda. No decides adónde vas ni sabes si de verdad quieres correr, pero has entrado en ella y ahora a ver quién te para.

Esta es la preocupante situación en la que nos encontramos como personas y como sociedad. Nos hemos despistado tanto que nos hemos olvidado hasta de la importancia de pensar para fijar nuestro propio rumbo en la vida y también para aportar nuestro granito de arena a la hora de tomar decisiones como sociedad. No es que alguien nos interrumpa y nos fastidie la reflexión. No es que lo tuviésemos planeado y que al final no nos haya dado tiempo. No, sencillamente es que ya ni nos acordamos de la importancia vital de reflexionar. Vivimos en modo «piloto automático».

El primer obstáculo que nos impide usar nuestra inteligencia es, por lo tanto, la distracción. Tiene varios niveles y el mayor, el atontamiento, nos hace perder hasta la conciencia de que existe un obstáculo. Es capital insistir en este último punto. Para poder trabajar en la resolución de un problema tienes que haberte dado cuenta del problema; en concreto, debes acordarte de la importancia de pensar. ¡No eres un hámster! Sal de esa rueda y despierta. Activa tu inteligencia. Entrena tu pensamiento.

Dedicaremos la cuarta parte de este libro a la presentación de posibles soluciones a los problemas del pensamiento, pero te adelanto —alerta, *spoiler*— que no existen soluciones milagrosas. Si para estar en forma no hay más remedio que hacer ejercicio físico, para (re)aprender a pensar también hay que entrenar. Mi idea con este libro no es impartir una última clase teórica antes de empezar con el entrenamiento. La lectura de este libro es en sí misma la primera etapa de tu plan de entrenamiento. Voy a intentar impedir que lo leas en piloto automático, como un autómata que pasa las páginas una detrás de otra hasta vivir como una liberación el momento de cerrarlo y guardarlo en una estantería con el sentimiento del deber cumplido. No, con este libro no gana quien lo lea más rápido, gana quien lo anote más (¿tienes un lápiz en la mano?), quien lo rumie más, quien no dude en pararse a pensar entre capítulo y capítulo. Gana la persona que tome conciencia de los obstáculos antes de descubrir las soluciones. Pierde la que lea las soluciones pensando en los buenos consejos que va a poder dar a los demás, sin haber asumido que ella misma tiene que aplicarse el cuento.

Te invito a que te detengas al final de cada capítulo para contestar a algunas preguntas o realizar los ejercicios que te planteo. Por supuesto, no tienes por qué hacer todas las actividades propuestas. Pero sí que deberías realizar por lo menos una o dos antes de pasar al capítulo siguiente. Y te recomiendo que lo hagas por escrito porque ya sabes: «Las palabras vuelan, lo escrito queda».

¡A TRABAJAR, A PENSAR!

- ¿Has contabilizado cuánto tiempo utilizas tu móvil a diario? ¿Sabes qué aplicaciones te roban más atención? Te animo a usar las herramientas internas de tu móvil para averiguarlo. Pero antes de mirar estos datos, puede ser divertido (¡e instructivo!) que apuntes en un papel los que crees que indicará el teléfono. Te podría sorprender la tendencia que tenemos todos a autoengañarnos y a convencernos de que ese es un problema que solo sufren los demás.

– Android

– iPhone

Entra en «Ajustes» y selecciona «Tiempo de uso».

- ¿Recuerdas haber perdido el foco, haber visto tu lista de tareas reventada por actividades indeseadas? Si no lo recuerdas, intenta identificar estas pérdidas de atención en los próximos días.
- ¿Se te ocurre algún momento en el que, en lugar de adoptar una decisión bien meditada, te has dejado llevar por la inercia y has actuado más en «piloto automático»?
- Apunta al final de cada día tus principales actividades y el tiempo dedicado a ellas (por ejemplo: deporte, una hora; trabajo, ocho horas; aprender a tocar la guitarra, una hora...). Al final de la semana suma las horas dedicadas a cada actividad y relaciónalas con tus objetivos de vida. ¿Dedicas tiempo a tus objetivos principales? ¿Dedicas tiempo a cosas que ni te van ni te vienen?

Capítulo 2

Esclavos de nuestras emociones

Defiende tu primavera.
El Corte Inglés

Las personas somos «razón y sentimiento», somos «sentido y sensibilidad», somos «corazón inteligente».* Esto significa que, por un lado, debemos activar nuestra inteligencia para razonar, pero que, por otro, no podemos ni debemos anular nuestras emociones durante el proceso de reflexión. Es curioso cómo de primeras nos imaginamos mucho más racionales de lo que en realidad somos. Voy a usar un sencillo ejemplo: el de un señor que tiene que cambiar su televisión que ya no funciona bien. Se pone a buscar en internet para averiguar cuáles son las nuevas tecnologías y funcionalidades de los

* Victoria Camps (filósofa española), Jane Austen (novelista británica) y Luis Argüello (portavoz de la Conferencia Episcopal Española en el momento de la redacción de este libro).

aparatos modernos. Después elabora una lista con sus necesidades específicas: una marca conocida que le inspire confianza, una pantalla de, mínimo, cuarenta y dos centímetros y que, debido a la longitud del mueble donde va a estar apoyada, no supere los cincuenta y cinco centímetros, una definición full HD porque no tiene materiales 4K o 8K que ver, un diseño normalito, ya que por la apariencia del mueble no se podrá apreciar si la pantalla es ultrafina o no, una conectividad USB y HDMi... Y, para terminar, unas funcionalidades de smartTV para poder disfrutar de internet. Hasta aquí todo bastante racional, ¿no? Entra en la tienda, se pone a mirar y encuentra una televisión que cumple con todos sus requisitos por un precio de trescientos cincuenta y nueve euros. ¡Qué racional es este señor! Bueno... hasta que gira la cabeza y ve que el modelo expuesto justo al lado viene acompañado de un aparatoso cartel que dice: «Promoción, ¡solo hoy! cuatrocientos cincuenta euros en lugar de seiscientos euros». Esta televisión es idéntica a la que había decidido comprar hace dos minutos, salvo porque su diseño es ultrafino y tiene resolución 4K. Son dos cualidades que él mismo había calificado como innecesarias teniendo en cuenta sus circunstancias. Pero, claro, de repente sin darse cuenta ha pisado el terreno de las emociones: «¿Cómo voy a dejar escapar un regalo de ciento cincuenta euros? ¡No soy tonto!». Y es así como Don Racional vuelve a casa feliz por haberse gastado cuatrocientos cincuenta euros en lugar de trescientos cincuenta y nueve. Menudo regalo...

Pues con este cuento queda ilustrada nuestra manera natural de funcionar. Somos razón y sentimiento. Nuestra capacidad para pensar bien depende de nuestra capacidad de dosificar estos dos ingredientes básicos. Si solo usamos la razón, corremos el riesgo de pensar como máquinas frías y lo más probable es que nuestras decisiones no encajen bien en un contexto lleno de personas con sentimientos. Si nos dejamos guiar solo por nuestras emociones, puede que volvamos a casa con una televisión tan estupenda y grande que ni pase por la puerta.

Si en lugar de incorporar nuestras emociones a nuestra reflexión nos dejamos guiar por ellas, se anula nuestra capacidad de pensar. Un esclavo de sus emociones ya no es una persona inteligente. Por desgracia, vivimos en un mundo que dedica muchos esfuerzos a transformarnos en esclavos de nuestras emociones. Los orígenes de esta humanidad tan emotiva se encuentran en varios fenómenos que examinaremos con más calma y en detalle en otros capítulos de este libro, pero tengo que hacer una breve referencia ahora a ellos para poder explicar el imperio de las emociones al que estamos sometidos.

Los efectos del relativismo y del subjetivismo

El primer fenómeno es filosófico y un poco abstracto. Me refiero al relativismo y a su primo hermano, el subjetivismo.

El diccionario de la RAE define el relativismo como la «teoría que niega el carácter absoluto del conocimiento, al hacerlo depender del sujeto que conoce». El subjetivismo, por su parte, se puede definir como una posición filosófica que sostiene que la naturaleza de la realidad depende de quien la percibe o la piensa. El pensamiento relativista nos lleva a considerar que no existe una única verdad: cada uno puede tener su verdad y todas estas pseudoverdades tienen el mismo valor. En el capítulo 13 profundizaremos en este fenómeno tan importante y decisivo para la crisis del pensamiento que vivimos, pero de momento me gustaría limitarme a una visión simple, aunque no ficticia, que nos permita entender mejor nuestra sumisión a las emociones. En un mundo relativista y subjetivista, la realidad es lo que ves y sientes. No te enfrentas a la realidad global; vives en la tuya propia, con tus ideas. Y si las ideas son tuyas, puedes acabar confundiéndolas con tu propio ser. Ya no existe un distanciamiento que te permita juzgar tus propias ideas como objetos y tampoco puedes juzgar las de los demás sin juzgarlos a ellos. Si alguien cuestiona tus ideas, te cuestiona también a ti y lo vives como un ataque personal. No concibes que hayas podido cometer un error o que tus conocimientos, al ser imperfectos, no te hayan permitido acercarte lo máximo posible a la verdad. Sientes que te llaman tonto y te afecta. Literalmente, te toca en el plano de tus emociones y no en el plano de tu razón. Vemos, entonces, que se empiezan a confundir pensamientos y emociones. Las emociones son inmediatas; surgen, nacen en nosotros. Producirlas no nos cuesta esfuerzo alguno. Por el contrario, la reflexión es un trabajo a veces muy arduo que requiere tiempo y esfuerzo. Si al final todo se va a mezclar y voy a vivir la batalla de las ideas como una batalla de emociones, ¿para qué molestarme en activar mi inteligencia y cansarme si puedo tirar directamente de mis emociones para generar ideas? Si todo va a acabar en el plano de las emociones, me ahorro el esfuerzo de pensar y me limito a expresar opiniones basadas en intuiciones y corazonadas.

El hecho de no distinguir entre la reflexión y la persona produce otro daño colateral: en un debate ya no es posible la reflexión constructiva. Imagina a dos personas que han pensado en profundidad sobre una cuestión antes de encontrarse y de que se produzca un debate. Lo que cada uno ha reflexionado por su cuenta no coincide; hay desacuerdo. Bajo el imperio de las emociones no se puede producir un debate constructivo que permita aprovechar lo mejor de ambas reflexiones para, juntos, acercarse un poco más a la verdad. No, estas dos personas van a vivir el desacuerdo como un ataque personal. Como yo soy mis ideas, si el otro pretende que revise parte de mis reflexiones a la luz de las suyas, me está tratando de imbécil y, como se dice mucho en nuestros días, «me está faltando al respeto». No veo sus argumentos. No veo la verdad que dice haber descubierto. Solo veo a alguien que me quiere imponer su opinión. Surgen las emociones, se adueñan de nosotros y ya no hay interacción inteligente posible. Si te cuesta entender lo que describo aquí, te recomiendo que enciendas tu televisión y busques una tertulia cualquiera o un pseudodebate político. Verás que no hay ni argumentación inteligente ni una intención sincera de progresar juntos hacia la verdad. Solo verás ironía, desprecio, condescendencia, ganas de ridiculizar y dominar. Fíjate en cómo suben los decibelios hasta que el presentador anuncia un corte de publicidad para rebajar la tensión y evitar que sus invitados pasen de los insultos a los puñetazos. No hay una escucha reflexiva de los argumentos del otro. Si uno se calla no es para escuchar sino para preparar su siguiente frase asesina, tomar un poco de aire, un sorbito de agua y esperar la mínima pausa de los demás para retomar el micrófono y culminar la victoria por KO del corazón sobre la inteligencia.

Jaleados por la propaganda

El segundo fenómeno que, a mi parecer, contribuye a cultivar este predominio de las emociones en nuestro mundo moderno es la propaganda. Trataré este tema con mayor profundidad en el capítulo 12 como uno de los principales obstáculos a nuestra capacidad de «pensar bien». Sin embargo, necesito analizarlo brevemente aquí por su contribución al «no pensar». La propaganda (tanto en su sentido original más político como en su versión privatizada denominada «publicidad») es una disciplina que consiste en aprender a manipular a las personas mediante la activación de sus emociones. A lo mejor te parece un poco trivial hablar de la publicidad para explicar el dominio de las emociones. Pero, si lo piensas, es muy razonable y hasta lógico. Piensa en un tipo de decisiones que tomamos varias veces al día. Sí, las decisiones de compra. Y piensa en el formato de comunicación que nos rodea y nos persigue a lo largo del día. Sí, la publicidad. De esta manera, entendemos mejor la importancia que pueden tener el lenguaje y las estrategias que utiliza la publicidad para influir en nuestras continuas microdecisiones de compra. Por si no te has percatado de ello, la publicidad apenas se dirige a tu ser racional, sino a tu ser emocional. No te vende un bolso práctico, resistente, ligero y cuyo diseño y dimensiones te permitan ordenar bien las cosas que quieres llevar contigo. ¡Qué aburrido! No, la publicidad te vende un bolso que aumenta tu confianza en ti misma y te hace sentir bien por la envidia que puedas percibir en las miradas de tus amigas y por lo atractiva que te pueda hacer sentir. Obviamente, no te lo dice así, de una forma tan directa y fría. Te lo comunica con símbolos e imágenes que activan mucho mejor tus emociones que las palabras. La publicidad no te vende un reloj fiable, de inmejorable relación calidad-precio, que no provoca reacciones alérgicas en la piel y está fabricado con materiales reciclables o reciclados. No, te vende un reloj por lo que va a contar de ti a los demás: con este parecerás un auténtico aventurero y te sentirás invencible; con aquel, un directivo exitoso y más inteligente; con este otro, un campeón de tenis o de fútbol, todopoderoso y ganador. La publicidad no vende productos por sus características técnicas, apelando a la razón; vende un futuro más feliz apelando a nuestras emociones. Y este es el continuo bombardeo que vivimos a diario: cientos y miles de pequeños impulsos emocionales destinados a provocar decisiones de compra casi inconscientes y guiadas en exclusiva por las emociones.

El consumismo nos adiestra y nos habitúa a decidir en función de nuestras emociones. Acostumbrados a tomar muchas decisiones, por muy pequeñas que sean, sin pensar y dejándonos guiar por nuestras emociones, se nos atrofia literalmente la capacidad de reflexionar. Tomamos cada vez más decisiones y a veces algunas muy importantes, sin activar «el interruptor del pensamiento crítico».*

Es fundamental que esto se te quede grabado porque de ello dependerá tu capacidad de resistencia y de negarte a que te apaguen la inteligencia cincuenta y cinco veces al día. Por eso, me gustaría ilustrar este mecanismo con un ejemplo que encontré en la calle el mismo día que estuve redactando este capítulo: el 22 de mayo de 2020, en plena pandemia de coronavirus en Madrid.

Defiende tu primavera

* Expresión que pido prestada a José Carlos Ruiz y que descubrí en su muy recomendable libro *El arte de pensar.*

Antes de seguir leyendo, te invito a que dediques un rato a analizar esta publicidad a la luz de lo que acabamos de desvelar sobre la capacidad que tienen las emociones para desactivar la inteligencia si no somos capaces de controlarlas un poco.

«Defiende tu primavera».

Empiezo con lo más factual: «primavera», la estación en la que nos encontrábamos. Es algo que pasa, que dura solo un tiempo determinado, que se agota. Para los amantes de la moda, primavera también significa «colección de primavera», ropa nueva para una vida nueva...

Ahora, el determinante «tu». No te hablan de la estación en general, no es un anuncio para la defensa del clima, de los pájaros y de las flores. Es tu primavera. Es tu placer de renovar tu armario para sentirte más guapo y feliz. Es tu derecho a disfrutar de la primavera con unos modelitos ideales. Como dirían los sindicalistas, es un derecho adquirido. Hace años que tu gasto en ropa está determinado por el ritmo de las colecciones más que por el desgaste. Hace años que corres en la rueda del hámster y lo disfrutas, o por lo menos eso es lo que te dicen y lo que han conseguido que creas.

Y, para terminar, la clave: «defiende». Claro, tienes un derecho y si alguien te lo quiere quitar, debes luchar por defenderlo. Alguien nos quiere quitar el derecho a ser felices cuando compramos un traje monísimo o un bikini ideal. ¡A las trincheras! ¡Con uñas y dientes si hace falta! Pero ¿quién es ese enemigo tan útil para despertar nuestras emociones más profundas, nuestro instinto de supervivencia? Sin duda, el coronavirus, que nos tiene encerrados en casa desde hace varios meses sin posibilidad de comprar o lucir modelitos nuevos. Tic tac, tic tac, ¡se nos va a agotar la primavera! Con toda probabilidad, la amenaza también viene de ese maldito gobierno que nos quiere fastidiar nuestra primavera decretando el estado de alarma. Crear un enemigo es una de las mejores armas para activar las emociones, porque tanto el miedo como la ira son las emociones que más potencial de activación tienen. Entonces, ¡estamos en guerra! De mí y de ti depende la supervivencia de nuestra primavera. ¡A luchar! ¡A gastar! ¿Que no necesitamos nada porque no podemos salir más que para ir a trabajar y hacer la compra? ¿Que no sabemos si va a haber playa o siquiera piscina este verano? Pero ¿qué hace tu cerebro entorpeciendo en medio de nuestra lucha? Apágalo ya y vete corriendo a El Corte Inglés a defender tu derecho a gastar dinero en ropa CADA primavera.

La estimulación de las emociones mediante la creación de un enemigo o de una amenaza, como ocurre con este simple anuncio, es un mecanismo extremadamente potente del que por supuesto no solo se aprovechan los grandes almacenes para vendernos ropa. En un ámbito mucho más serio como el de la política es un recurso que se usa y del que se abusa. No hay mejor estrategia que crear un enemigo para captar el voto o, incluso, capturarlo.

Imagina que diriges un partido político. Te das cuenta de que convencer a un elector para que vote a tu partido porque tus propuestas son las mejores es muy complicado. Primero, hace falta trabajar mucho para diseñar propuestas de calidad. Después, requiere un inmenso esfuerzo de comunicación para que la gente entienda estas propuestas y las pueda valorar. Sí, los problemas de nuestra sociedad son complejos y solucionarlos, aún más. Las soluciones verdaderamente trabajadas conllevan una dificultad que no está al alcance de las posibilidades de comprensión del elector medio. Y para colmo no basta con pensar y explicar bien. Si pisas el terreno de la razón en política y ganas las elecciones, tus votantes van a juzgarte en función de los resultados de las medidas reales que hayas tomado para ejecutar tus propuestas. Pero, ya sabes, esto es complejo y lo más probable es que, aunque consigas resultados, no todo salga como lo habías pensado y expuesto a tus electores. Conclusión: mucho trabajo y pocas garantías de reelección... Por el contrario, si decides prescindir de la racionalidad y de los argumentos y apostar por la activación de las emociones, creando y alimentando con cuidado la figura del enemigo, el panorama es mucho más atractivo. Ya no vas a pedir el voto para construir un proyecto, sino para derrocar a un enemigo o para evitar que se haga con las riendas del país. Para conseguir esto se requiere un ataque permanente al otro. El partido (PP, PSOE, Podemos, Vox...) o el bando (izquierda/derecha, conservador/progresista, rojo/facha) que has decidido convertir en tu enemigo será siempre tonto y diabólico. No tendrá nunca una idea ni una intención buena. Si cosecha un éxito, es debido a la suerte. Si se enfrenta a circunstancias adversas, de una manera u otra las habrá provocado él mismo. Una vez que un partido consigue crear un verdadero «malo de la película», no tiene ya por qué arriesgarse con propuestas argumentadas y exponerse al juicio de sus electores al final de su mandato. Por mucho que haya cometido errores o incluso delitos, sus votantes no lo castigarán en las urnas porque el único voto útil es el voto emocional, el voto que aleja a la bestia. Llevar el «no debate» al terreno de las emociones es mucho más rentable. Conviene dramatizar todo, escenificar el conflicto, excitar las pasiones.

Volveremos a hablar más adelante sobre los efectos de no pensar o de pensar mal en el ámbito político porque es un tema de máxima importancia. Pero de momento no te quiero despistar, querido lector. Quiero que te puedas centrar en tu prioridad: defender tu primavera...

Después del relativismo y de la propaganda, el tercer y último fenómeno que identifico con la creación de este imperio de las emociones es lo que podríamos llamar el «experiencialismo». Con este curioso nombre quiero designar la tendencia extremadamente consumista que lleva a medir la calidad de vida en función del número de experiencias placenteras vividas. Parece que hoy la felicidad se ha convertido en un gran puzle de miles de piezas donde cada pieza se corresponde con una emoción positiva que hemos experimentado. Para conseguir piezas hay que comprar experiencias placenteras, y si te ocurre una desgracia, desaparece al instante alguna pieza del puzle y tienes que sustituirla por otra nueva. Las cosas malas que nos suceden y nos provocan emociones negativas ya no forman parte de la vida humana común. Son anomalías que conviene anular con dosis de emociones positivas. ¿Te acabas de pelear con un ser querido y te sientes mal? La solución no pasa por reflexionar y finalmente llegar a la conclusión de que tienes que pedir perdón. La solución consiste en comprar piezas que cubran el agujero que ha dejado este episodio conflictivo en tu puzle. Te toca ir de compras para regalarte algo o para adquirir una experiencia placentera: masaje, peluquería, uñas, restaurante, concierto... Y si es una experiencia *instagrameable*, mejor: ¡cuenta doble! Trabajamos toda la semana pensando en las experiencias del fin de semana y en los *minitrips.* Trabajamos todo el otoño pensando en unos días de esquí, y todo el invierno, en un hotel *boutique* en una playa de ensueño. Y, por supuesto, en un mundo transparente en el cual la gente pone su vida en el escaparate que suponen las redes sociales, no paramos de compararnos con los demás. Nos comparamos en función del número de experiencias que tenemos en nuestro haber. Una pieza muy bonita que un conocido añade a su puzle es una fuente de desgracia que desaparece de inmediato de tu propio puzle. Si tu cuñado se compra una casa en la playa, no te queda otra que cambiar de coche. ¿Tu vecina vuelve morena del Caribe? Venga, a comprar un viaje a las Maldivas. En semejante sistema experiencial no se puede reflexionar acerca de la felicidad. No se puede identificar una felicidad más verdadera, profunda y duradera. Solo se puede sentir. Nos quedamos limitados, condenados a vivir una felicidad epidérmica y fugaz a base de chutes emocionales furtivos. La vida normal ya no cuenta. Si has dedicado tu domingo a poner una lavadora, a cuidar un par de horas a tus sobrinas para hacerle un favor a tu hermana y a visitar a tus padres, no hay nada digno de contar a los compañeros de vuelta a la oficina el lunes ni tampoco nada que permita colgar una foto espectacular en Instagram. ¡Qué desgracia! Aunque, pensándolo mejor...

La tendencia global y dominante es esta: dejarnos llevar por nuestras emociones sin apenas activar nuestra inteligencia. No vendrán mal unos pocos ejercicios para reequilibrar la balanza entre razón y sentimiento, para cuidar de nuestro corazón inteligente.

¡REACTIVA TU INTELIGENCIA! ¡BUSCA EL EQUILIBRIO!

Antes de seguir leyendo, tómate un tiempo de reflexión:

- Identifica momentos en los que tus emociones se adueñan de ti y anulan tu inteligencia. Una pista: empieza por recordar momentos en los que hayas podido pensar: «Me he pasado».
- Reconoce a las personas o empresas que intentan desactivar tu inteligencia activando tus emociones. Observa, por

ejemplo, con detenimiento los anuncios. Es más fácil empezar con los anuncios estáticos (carteles en las calles y anuncios en prensa). ¿Qué emociones intentan provocar en ti estos anuncios?

- Si estás atrapado en la cola del supermercado, identifica en tu carrito los productos que no habías anotado en tu lista de la compra. ¿Por qué están allí? ¿Descuento? ¿Dos más uno gratis? ¿Últimas unidades? ¿Te ha convencido un agente comercial con un físico muy atractivo?
- Identifica aquellos momentos en los que juzgas ciertas ideas en función de quién las propone o defiende. ¿Las consideras una tontería porque vienen de un «enemigo» (partido odiado, suegra, vecino antipático...) o porque cuentas con argumentos sólidos que te permiten llegar a esa conclusión?
- Y para el sobresaliente, la parte quizá más delicada: ¿te sientes atacado cuando alguien te lleva la contraria? ¿Eres capaz de escuchar de verdad lo que dice y los argumentos que emplea? ¿Concibes cambiar de idea cuando hablas con alguien?

De momento vamos a dejar de lado esta felicidad de pacotilla que es el experiencialismo. La volveremos a tratar con más profundidad más adelante. No te quiero asustar y correr el riesgo de que guardes este libro en una estantería o en el fondo de un cajón sin pasar del segundo capítulo.

Capítulo 3

Apatía intelectual

Piensa, mamá. Piensa.
JIMENA, CINCO AÑOS

La inteligencia es la cosa mejor repartida entre todos los seres humanos. No importa la cantidad que te haya tocado, siempre estarás convencido de tener la suficiente porque es precisamente con ella con lo que juzgas.
COLUCHE

Estás saliendo de casa, has apagado las luces y ya tienes agarrada la manilla de la puerta. De repente, te das cuenta de que te has olvidado algo. Como conoces el camino de memoria, optas por ir a buscar el cargador del móvil o la mochila con tus cosas de deporte sin encender las luces, en la penumbra. A los dos minutos, después de haberte clavado la esquina de una mesa en la cadera y el canto de una puerta en la rodilla, te arrepientes de este exceso de confianza o de vaguería. Pues con nuestra inteligencia nos pasa algo parecido. En muchas circunstancias pasamos de activarla, bien porque pensamos que ya conocemos la respuesta y no nos hace falta reflexionar o bien porque nos da pereza enfrentarnos a la incomodidad de la duda. En ambos casos decidimos no salir de nuestra apatía intelectual.

No pensamos porque creemos que no lo necesitamos

El primer motivo por el que decidimos no despertar nuestra inteligencia es por exceso de confianza. En realidad, a todo el mundo le cuesta evaluar con acierto su nivel de conocimientos. Y todos nos equivocamos en el mismo sentido: nos creemos mucho más listos de lo que somos. Lo peor de todo es que cuanto menos conocimiento, más chulería. Sí, por muy sorprendente que parezca, los que menos saben son los que más convencidos están de saber mucho. Al contrario, los más sabios de entre nosotros son los que más conciencia tienen de lo mucho que ignoran. Este fenómeno ya lo detectaron los filósofos en la Antigüedad. Platón, por ejemplo, pone en boca de su maestro Sócrates la frase: «Solo sé que no sé nada». Con estas palabras, Sócrates manifiesta la sensación desconcertante del sabio que, conforme va pensando, observando y acumulando más conocimientos, desconfía más de su certeza sobre las cosas. Más cercano a nuestros días, a mediados del siglo XIX, el filósofo británico Herbert Spencer* expresó la idea de que se puede representar el conocimiento como una esfera en crecimiento: cada vez que aprendemos o descubrimos algo, la esfera crece. Y a medida que crece, su superficie incrementa y entra en contacto con una parte mayor del desconocimiento que la rodea. Cuanto mayor es nuestro conocimiento, mayor

---

* Herbert Spencer, *First Principles,* 1860, capítulo 1, punto 4.

conciencia tenemos de la magnitud de nuestro desconocimiento. Por eso, los más tontos son muchas veces los más atrevidos y confiados. Ignoran hasta lo mucho que ignoran.

Los psicólogos Justin Kruger y David Dunning de la Universidad de Cornell en Estados Unidos demostraron en 1999 la validez de esta idea planteada por sabios como Sócrates o Herbert Spencer. Con sus experimentos establecieron que las personas que tienen conocimientos limitados sobre una materia piensan que saben tanto sobre ella como el resto, mientras que las personas que más saben acerca de esta materia suelen subestimar sus propios conocimientos. Desde entonces se le llama «efecto Dunning-Kruger» al sesgo cognitivo según el cual personas con escasas habilidades o conocimientos sufren de un falso sentimiento de superioridad que las lleva a considerarse más inteligentes que otras más preparadas.

Es muy importante que te quedes con este dato: todos tendemos a sobrevalorarnos. Para que se te quede grabado a fuego, te voy a contar un estudio gracioso con una conclusión inolvidable. En 1997 se realizó en Estados Unidos una encuesta a mil personas, a las que se les pidió que valoraran la probabilidad que tenían ciertos famosos de ir al cielo después de su muerte y también su propia probabilidad de acceder al paraíso. Como es de suponer, la persona famosa con mayor probabilidad de ir al cielo fue la Madre Teresa de Calcuta (desde entonces convertida en santa) con un setenta y nueve por ciento. Pero lo realmente sorprendente es que, de media, los participantes evaluaron sus propias probabilidades de acceder al paraíso en un ochenta y siete por ciento. ¡Todos se veían más santos que la santa! Menos mal que el cielo es muy grande y la misericordia de Dios es infinita...

Volviendo a nuestro tema, es decir, a la ausencia de activación de nuestra inteligencia, podemos afirmar que, cegados por esa mala percepción de nuestro nivel real de conocimiento, a menudo decidimos prescindir de la reflexión o de la investigación y del aprendizaje para fiarnos en exceso de conocimientos superficiales o de creencias erróneas que vienen de forma espontánea a nuestra cabeza. Puedes observar este fenómeno con facilidad si enciendes la televisión y pones un programa de tertulia, tan típico de la parrilla televisiva española. Verás que en una hora de programa se pueden abordar temas tan variados como la violencia de género, el aumento del desempleo, una cuestión de derecho constitucional y un tema tan técnico como el desmantelamiento de una central nuclear. Pero lo más destacable no es la variedad de temas, sino la aparente omnisciencia de los tertulianos reunidos alrededor de la mesa. ¿No cambian en función de los temas? No, son siempre los mismos y opinan con la misma seguridad sobre todo. Son auténticos «todólogos», especialistas en todo. Obviamente, no es así. Estos tertulianos suelen tener una única formación. De ser expertos, lo serían cada uno en una única materia. Sin embargo, manifiestan un atrevimiento bárbaro. Se sienten autorizados para opinar sobre temas policiales, asuntos jurídicos complejos, cuestiones económicas muy delicadas y, cómo no, física nuclear. Y todo esto lo hacen sin estudiar estos temas ni referirse a fuentes especializadas serias. Se basan en un breve artículo que han leído en el periódico esa misma mañana mientras desayunaban, en un par de tuits o simplemente en sus propias creencias y ocurrencias. Este es uno de los grandes problemas de nuestro tiempo, el desconocimiento ignorado: uno sabe tan poco que ni es capaz de reconocer lo que no sabe.

Nuestra ignorancia sobre nuestro propio nivel de desconocimiento es, sin duda, el factor decisivo de nuestra pasividad intelectual. Pero está acompañada por otro fenómeno: la pereza. Sí, sencillamente, nos da pereza pensar. Preferimos la comodidad de las creencias, incluso de las falsas creencias, a la incomodidad de la duda. La duda es la antesala de la activación de la inteligencia. Si no somos capaces de dudar, no vamos a poder ponernos a pensar. ¿De qué dudar? Primero deberíamos aprender a dudar de esas corazonadas y ocurrencias que surgen más de nuestras emociones que de nuestra reflexión. También deberíamos dudar de lo que escuchamos. No todo lo que se dice en la televisión es verdad ni tampoco todo lo que se publica *online* o en papel. Veremos más adelante cómo dudar bien, cómo reconocer las fuentes más o menos dignas de confianza. El problema es que dudar supone un esfuerzo y muchas veces una incomodidad, porque dudar significa contemplar la posibilidad de que podríamos, de manera eventual, estar... ¡equivocados! Vaya, eso es complicado de asumir en la época que estamos viviendo, una época en la cual las palabras «error» y «equivocado» suenan como palabrotas o insultos.

No sé si son las consecuencias de décadas de un sistema educativo basado en exclusiva en la memorización y más obsesionado con la evaluación que con el aprendizaje, las que han provocado esta mentalidad, pero tienes que reconocer que todos hemos desarrollado una cierta intolerancia al error. Nuestros errores nos avergüenzan, y demostramos una irresistible tendencia a burlarnos de los errores de los demás. Es como si cometer un error, equivocarse o fracasar al intentar hacer algo nuevo fuera sinónimo de estupidez. No me puedo equivocar «porque yo no soy tonto». ¡Qué cosa más absurda! Toda la ciencia y las habilidades que hemos desarrollado a lo largo de la historia se basan en una larga cadena de errores, intentos fallidos y estrepitosos fracasos. ¿Crees que tendríamos los aviones de que disponemos hoy si todos los aventureros e ingenieros que han querido volar, volar más alto y volar más rápido hubieran abandonado sus sueños después del primer error, de la primera caída o del primer motor explosionado? Claramente, de haber desarrollado semejante intolerancia al error en la época de las cavernas, seguiríamos siendo cavernícolas hoy. Si hemos nacido con algo de inteligencia, cada uno con la suya específica pero cada uno con una mínima por lo menos, es para usarla. No vale renunciar a emplearla para vivir en una ilusión de sabiduría innata y polivalente. Tu inteligencia viene acompañada de una libertad de pensar y de una obligación de dudar. Te guste o no. Renunciar a dudar y a pensar para protegerse del error es tan absurdo como renunciar a correr para no tener que asumir que no eres tan rápido como Usain Bolt.

El contexto no ayuda

¿Somos los únicos responsables de nuestra ignorancia a la hora de evaluar nuestro nivel de (des)conocimiento? ¿Somos los únicos responsables de nuestra pereza? No tengo intención de escabullirme y mucho menos de darte una excusa para escabullirte. Creo firmemente en la responsabilidad individual: cada uno de nosotros tiene la obligación de usar su inteligencia, más aún porque nadie más que nosotros mismos puede hacerlo. La inteligencia que no usamos se pierde. Sin embargo, es evidente que el contexto que nos rodea no nos ayuda demasiado a afrontar estos dos retos. El mundo moderno no nos hace conscientes de nuestras limitaciones cognitivas. Al contrario, refuerza en nosotros esa tendencia natural a sobrevalorarnos. Voy a usar dos ejemplos para ilustrar esta realidad y mostrarte que en esta lucha no tenemos muchos aliados. Estamos solos ante el peligro, solos ante la responsabilidad de activar nuestra propia inteligencia.

El primer ejemplo está relacionado con los «todólogos» que ya he mencionado con anterioridad en este capítulo. La costumbre de atribuirles a algunas personas unos conocimientos que no tienen es una auténtica plaga. El ejemplo más clamoroso es el de la extrapolación absurda que se hace de las capacidades de una persona en un ámbito muy concreto a otros ámbitos que no tienen nada que ver. Esto se materializa de manera muy evidente en las entrevistas a campeones. En nuestra sociedad del entretenimiento, los deportistas de élite son verdaderos héroes, por no decir ídolos o dioses. Estos campeones demuestran que son los mejores de España, de Europa o incluso del mundo en su particular disciplina. Rafa Nadal es el mayor experto del mundo y de la historia en tenis sobre tierra batida. Nadie mejor que él puede hablar de lo que se necesita para ganar Roland Garros. Andrés Iniesta es el único español que puede disertar sobre lo que hace falta para marcar el gol de la victoria en un campeonato del mundo de fútbol. Ninguna mujer sabe más de natación sincronizada que Gemma Mengual. Nadie sabe más sobre el pilotaje de una moto a alta velocidad que Marc Márquez. Y así podría seguir con una larga lista de ejemplos. Esta especialidad unánimemente reconocida constituye el primer ingrediente de un cóctel explosivo. El segundo ingrediente es la notoriedad. El deporte profesional ocupa tanto espacio en los medios de comunicación de masas que estos héroes son conocidos por todo el mundo y, sobre todo, entrevistados sin cesar. Los supercampeones viven literalmente con nosotros. Están presentes en los telediarios todos los días. Los vemos en cualquier tipo de anuncios. Por el contrario, un premio Nobel de Física sale del anonimato el día que se comunica la lista de laureados, mantiene un poco de presencia en los medios de comunicación hasta el día de la entrega oficial del premio y vuelve al anonimato al día siguiente para ser recordado una última vez el día de su fallecimiento. El tercer ingrediente es la combinación relativismo/subjetivismo que ya hemos comentado. En el siglo XXI se considera que todo el mundo puede opinar sobre cualquier tema y que la opinión de un ignorante es igual de respetable que la de un experto. Con estos tres ingredientes agitamos la coctelera y obtenemos una sorprendente sustancia, muy tóxica para la salud mental. Hablo de las entrevistas a deportistas de élite donde de repente se les hacen preguntas sobre política, macroeconomía, cambio climático o derecho constitucional. Estas entrevistas nos hacen creer que nosotros también tenemos criterio para opinar sobre mil temas de los que no sabemos objetivamente nada. ¿De verdad crees que es relevante la opinión de Pau Gasol sobre una crisis política, la de Mireia Belmonte sobre una sentencia del Tribunal Supremo o la de Cristiano Ronaldo sobre los aspectos éticos de la gestación subrogada? Estas prácticas absurdas a las que asistimos como espectadores no hacen más que reforzar nuestra tendencia a creer que también nosotros somos expertos en todo. Al fin y al cabo, si un periodista profesional considera que una persona sin estudios especializados ni experiencia en una materia puede opinar en directo delante de millones de telespectadores, ¿por qué no voy a poder yo decir lo que se me pase por la cabeza sin molestarme en pensar?

Afortunadamente, de vez en cuando un famoso se rebela, activa su inteligencia y de paso intenta reactivar la del periodista y la de cientos de miles de telespectadores. Quiero compartir contigo esta rueda de prensa de Jürgen Klopp, entrenador del equipo de fútbol Liverpool FC, en la que, de repente, un periodista le pregunta acerca del coronavirus.

¡Gracias, señor Klopp, por este momento de lucidez y de humildad!

El segundo ejemplo que voy a utilizar para mostrarte que el contexto que nos rodea no contribuye a hacernos más conscientes de nuestro letargo cognitivo es el de las series. Y no quiero decir que las series cuenten historias que no estimulan la inteligencia o que verlas equivalga a perder el tiempo. Entiendo que todos necesitamos divertirnos con contenidos de ficción, ya sean buenos libros, buenas películas o buenas series. Lo que me interesa ahora no es tanto el propio contenido de las series, sino más bien el formato de las mismas. El famoso intelectual italiano Umberto Eco bautizó como «ley de iteración» a la peculiar mecánica de las series en las cuales todas las historias ocurren en un mismo entorno y con unos personajes recurrentes a los que nos acostumbramos. Gracias a este formato repetitivo, por mucho que la trama cambie de episodio en episodio, se le da al espectador la sensación de descubrir algo nuevo cuando en realidad se trata de una vuelta a lo mismo. Con esto se consigue halagar la capacidad intelectual del espectador. Es lo que te pasa cuando ves series policiacas y adivinas los acontecimientos. Te sientes adivino o, por lo menos, brillante, cuando en realidad tu capacidad de anticipación no tiene nada que ver con tus méritos. Es porque estamos acostumbrados a la mecánica de esa serie por lo que detectamos a ese personaje que no pinta nada en la historia y que no estaría ahí si no fuera porque es el asesino que vamos a descubrir al final. Y pasa lo mismo con las series de comedia en las que adivinamos las reacciones de protagonistas que ya conocemos muy bien. Gracias a su estructura repetitiva, las series incrementan nuestra tendencia a sobrevalorar nuestras capacidades y, por supuesto, no hacen nada para sacarnos de nuestra pereza intelectual. Lo mismo sucede con los programas de tertulia o los llamados «talk shows». El programa es en apariencia distinto cada día, pero en realidad la estabilidad del decorado, de la estructura y de los participantes sirve para que nos sintamos cómodos y no tengamos que pensar demasiado.

Los que viven de entretenernos saben que somos vagos, que preferimos no pensar demasiado y nos lo ponen todo lo más fácil posible. El éxito del que disfrutan las franquicias en el cine se explica por los mismos motivos. Nos gusta ver *Toy Story 4* porque ya conocemos a los héroes. Nos resulta muy cómodo ver la octava entrega de *Harry Potter* porque ya hemos visto las siete anteriores y muchos incluso ya han leído el libro que inspiró el guion. ¿Y qué decir de las inagotables franquicias de superhéroes? El reclamo oculto de estos entretenimientos repetitivos siempre es el mismo: asegurar la mayor comodidad posible a nivel intelectual. Te garantizan que no te vas a perder. Puedes disfrutar, aunque dejes el cerebro apagadito. Insisto, mi intención no es que estemos siempre haciendo una auténtica gimnasia neuronal. Me parece muy bien que elijamos actividades de ocio de puro entretenimiento. Lo que pasa es que, si por naturaleza el ser humano tiende a no activar sus neuronas, me parece preocupante que la cultura que nos rodea actúe más como una anestesia que como un despertador. Al igual que un país con un problema de obesidad no necesita más cadenas de *fast food,* una sociedad que no piensa no necesita nuevas excusas para no pensar.

¡Despierta!

¿Has adoptado la costumbre de dedicar algo de tiempo a reflexionar sobre las preguntas que planteo al final de cada capítulo? Espero que sí porque es imprescindible para poder sacar el máximo provecho de esta lectura. Este libro está pensado para activarte. Los primeros pasos para pensar más y mejor los tienes que dar aquí, al final de cada capítulo. Si lo dejas todo para después, lo más probable es que no arranques nunca.

Aquí van las propuestas para salir del letargo, evitar el exceso de confianza y vencer la pereza:

- Haz una lista de tus áreas de competencia, de las materias que más has estudiado y que mejor conoces. Compara la seguridad con la que te expresas en estos campos con la que tienes cuando opinas sobre cuestiones relacionadas con disciplinas que no están en tu lista.
- ¿Consideras que algunas temáticas importantes (funcionamiento de las instituciones, conceptos básicos de economía, filosofía, cine, calentamiento global...) se han quedado fuera de tu lista de saberes? Si es así, vence la pereza y elige una de ellas. Lee un buen libro de iniciación que hable del tema elegido. Puedes pedir a un experto que te recomiende uno y, si no, también será una buena opción pedir prestado a un amigo un manual que haya tenido que estudiar en primero de carrera.

- Atrévete a decir «no lo sé» cuando te pidan opinión sobre un tema del que no sabes nada o, en todo caso, no lo suficiente como para poder expresar ideas bien argumentadas. Observa la reacción de los demás. ¿Cambia la tónica de la conversación? ¿Los demás recogen vela, matizan sus posiciones o son más humildes en sus afirmaciones?
- Si te encuentras con un todólogo, atrévete a cuestionar sus declaraciones. Hazlo desde la ingenuidad, pídele que te explique mejor las cosas. Usa un simple: «Por qué?».
- Si te sorprendes viendo un programa de televisión que cae en la trampa de la «todología», cambia de canal o, mejor, apaga la tele.

Capítulo 4

Impaciencia e impulsividad

El apresuramiento es el padre del fracaso.
HERÓDOTO

Con el aumento de la información disponible y su actualización impulsiva, no es que estemos mejor informados, sino que podemos creer que estamos exonerados de ejercer la reflexión personal.
DANIEL INNERARITY

La aparición de internet en nuestras vidas parece condenarnos a la precipitación. Internet acelera muchos de los procesos que determinan el ritmo de nuestro día a día. Si comparamos 2021 con 1995 —cuando solo estaban conectados a internet cincuenta mil españoles—, hoy es infinitamente más rápido acceder a la previsión del tiempo para el próximo fin de semana, reservar un hotel, comprar un billete de avión, buscar información acerca de un cuadro de Rubens expuesto en un museo de Japón, encontrar la receta del guacamole, averiguar la evolución de las cifras del paro en los cinco últimos años, hacer una transferencia bancaria, etcétera.

Pero internet nos acelera a nosotros también. En los últimos años, el mundo *online* ha visto aparecer una serie de herramientas que han contribuido a convertirnos en personas más impacientes e impulsivas. No voy a repasarlas todas, pero me parece importante recordar dos fenómenos que han desempeñado un papel destacado en esta transformación.

Por un lado, tenemos el desarrollo de la prensa *online*, con la progresiva creación de las versiones *online* de todos los periódicos en papel y la aparición de una multitud de proyectos nuevos cien por cien digitales. Si la prensa tradicional de papel publicaba noticias frescas una vez al día, los actores de la prensa *online* han pasado a colgar noticias ultrafrescas cada pocos minutos, asegurando un seguimiento casi en directo de la actualidad mundial. Esto significa que, si antes podías «estar a la última» por leer un periódico o ver el telediario todos los días, ahora para «estar a la última», solo necesitas entrar en la web de tu periódico favorito cada media hora como mucho. Este síndrome es tan común que ha sido objeto de múltiples estudios y tiene hasta un nombre: el FOMO *(Fear Of Missing Out)* o «miedo a perderse algo». Una inmensa parte de la población vive con el agobio de no poder mantenerse al tanto de los últimos sucesos y de pasar por ser una persona inculta o estar desfasada.

Por otro lado, quiero destacar la aparición de las redes sociales. Facebook se abre al gran público en 2006, año en el que también aparece Twitter. Instagram conoce un éxito fulgurante a partir de 2011. En este breve espacio de cinco años, cientos de millones de usuarios de todo el mundo descubren y se acostumbran al formato *timeline* que usan las redes sociales para presentarnos la información. Me refiero a ese hilo infinito de microcontenidos que se actualiza continuamente y que hacemos desfilar varias veces al día a golpe de pulgar por la pantalla de nuestros móviles. Con este formato, las noticias se desbancan unas a otras en una carrera infinita, una información publicada hace una hora queda sepultada bajo decenas de informaciones más recientes. Cualquiera de los mensajes que publicas en las redes sociales tiene literalmente los minutos contados. Si como emisor (profesional o particular) quieres seguir presente en los *timelines* de tus seguidores o contactos, tienes que publicar sin parar mensajes nuevos. En un sistema de este tipo no hay premio para los que publican pocas cosas, pero meditadas. Los triunfadores son quienes publican ocurrencias cinco o seis veces al día o se dedican a reenviar contenidos de otros y enlaces a artículos que en muchas ocasiones ni han leído.

Espero que estos dos ejemplos te ayuden a percibir y entender mejor la aceleración a la que nos somete el mundo digital; un mundo de lo efímero que premia la rapidez de reacción sobre la reflexión. Muchas veces el periodista ya no tiene tiempo de acudir a distintas fuentes para corroborar unos hechos y menos aún para reflexionar sobre lo oportuno o útil que resulta publicar una noticia. Las prisas se lo llevan todo por delante: la reflexión, la prudencia, la profesionalidad y, cada vez más, la ortografía y la sintaxis. Lo más importante es que su periódico sea el primero en publicar esa información. El usuario de Twitter entra en la web del periódico solo para ver titulares y encontrar material para tuitear. Él también tiene prisa. Captará la atención y conseguirá retuits si la información que distribuye es ultrafresca; si se ha adelantado a los demás. Esta prisa no le da tiempo para leer los artículos y juzgar su calidad. No puede cuestionar las fuentes o la pertinencia del análisis del periodista. Apresurado, en múltiples ocasiones difunde contenidos que ni ha leído, sin saber si son fiables o no. Pero la calidad no importa. Lo que importa es la velocidad de reacción, porque solo los más rápidos se llevan la atención de las masas. Esto que acabo de ilustrar con Twitter se observa también en Facebook o en los grupos de WhatsApp, donde los usuarios también están sometidos a la dura ley de la caducidad.

El mundo digital nos transforma en personas más impulsivas y automáticamente menos reflexivas. Esta impulsividad afecta a nuestro papel activo en internet. Te precipitas como emisor, te aceleras como productor de contenidos. ¿Y qué hay de nuestro papel pasivo de receptor, de consumidor? Es la otra cara de la moneda: la impaciencia.

El mundo *online* nos lo ofrece todo más rápido que el mundo *offline* al que estábamos acostumbrados. La fibra óptica nos lo da todo más rápido que el ADSL. En internet nuestras expectativas de instantaneidad son máximas. No concebimos esperar más de unos microsegundos para conseguir lo que queremos. Un vídeo ya no puede tener un tiempo de carga: o arranca al instante o presupones que hay un problema técnico y buscas otro. Los artículos extensos te dan pereza. Más que textos largos, el público quiere fotos explícitas y muchos títulos que permitan al ojo escanear en diagonal más que leer con pausa. Las *entradas de blog* de una extensión superior a una pantalla nos hacen resoplar cuando no nos espantan. Es más, acostumbrados a tuits de ciento cuarenta caracteres, somos muchos los que cuando Twitter alargó la extensión pensamos: «¿Quién es el pesado que cree que alguien va a querer leer un tuit de doscientos ochenta caracteres?».

Nos adiestran para ser impacientes. Y cuando digo «nos» me incluyo en el grupo. Aquí no se salva nadie... Voy a confesarte algo. Me he acostumbrado a que Google me lea el pensamiento y complete mis palabras antes de teclearlas en la ventana de búsqueda. El problema es que mientras escribo esta página del libro me impaciento y me frustro porque Word no hace lo mismo. Sí, sí, a esos niveles llega mi impaciencia digital. Esta impaciencia podría parecer anecdótica y podríamos creer que no afecta a nuestra disposición a pensar. Déjame usar un ejemplo intergeneracional para demostrar en qué medida nos afecta: cuando era joven (ya ni me atrevo a decir «más joven») y estudiaba la carrera de derecho en Bruselas, teníamos que hacer muchos trabajos de investigación. Un profesor nos daba un concepto jurídico nuevo y teníamos que averiguar su sentido. Otro nos entregaba un caso y debíamos buscar sentencias de casos similares (la llamada «jurisprudencia»). Hablo del año 1994, cuando la gente normal y corriente carecía de acceso a internet. No disponíamos de correo electrónico, no existían los buscadores y solo un puñado de científicos tenía acceso a la web. Para realizar estas pequeñas investigaciones había que ir a la biblioteca de la Facultad de Derecho y buscar la información. No era una tarea sencilla y hasta habíamos tenido clases dedicadas en exclusiva a enseñarnos a buscar bien la información. En la entrada de la biblioteca recuerdo que había unos muebles inmensos con cientos de cajones estrechos pero larguísimos. En cada cajón había cientos de fichas de papel con referencias de libros: título, autor, año de publicación y códigos para localizar cada uno de ellos en las estanterías de la biblioteca. No, no había dinosaurios en los pasillos. Sí, ya se había inventado el CD (y si no sabes lo que es, joven impertinente, búscalo en Google).

Cuento estas batallitas para que veas la relación que existe entre la tecnología y los comportamientos. Por la naturaleza misma de las herramientas que nos tocaba usar, teníamos un cierto ritmo, más lento que el de hoy. Este ritmo lento nos permitía fijarnos en detalles como la fecha de publicación de los libros. Por esta fecha o por el propio estado del libro sabías si tenías entre las manos un material actualizado o si corrías el riesgo de estar desfasado. También te dabas cuenta de si tu fuente era la referencia absoluta en la materia (una obra en tres volúmenes publicada por una editorial jurídica prestigiosa y que iba por la quinta edición) o si más bien se parecía a un panfleto de dudosa proveniencia. En resumen: en 1994 nos enseñaban a buscar y el propio sistema de búsqueda nos ayudaba a separar el trigo de la paja. Después de una investigación sobre un tema muy específico, lo más habitual era que encontráramos como máximo diez fuentes relevantes. Y nos parecía obvio que teníamos que leerlas todas para forjarnos una idea.

Los estudiantes actuales ya no viven en este contexto lento y material. Viven en un contexto de inmediatez y de digitalización. Los buscadores que tienen a su disposición son tan sencillos de usar que no ha hecho falta que alguien les enseñe a utilizarlos. ¡Todo está a un clic! Y cuando digo todo es todo. Cualquier búsqueda en Google ofrece miles o millones de resultados. Por curiosidad, acabo buscar la palabra «jurisprudencia». Después de una larga espera de 0,42 segundos, he tenido a mi disposición setenta mil millones de resultados. Como me pareció una búsqueda un poco genérica y quizá improbable, probé con otra: «Jurisprudencia contrato de alquiler España». En 0,53 segundos he conseguido cerca de un millón y medio de resultados.

En efecto, hoy tenemos todo a un clic. El reto que supone esta nueva realidad hecha de inmediatez y de inmensos volúmenes de datos es que cultiva nuestra impaciencia a la vez que nos transmite una falsa sensación de conocimiento. Si percibes que tienes toda la ciencia del mundo a tu alcance en centésimas de segundos y sin esfuerzo, ya no dedicas tiempo a pensar, sino que te limitas a cliquear. Descartas el camino del pensamiento y la reflexión. De entre los miles de resultados, quieres dar con el formato corto, ultrasimplificado y que aporte una respuesta clara a tu pregunta. La gente ya no soporta una respuesta larga, detallada y con matices. Queremos respuestas que nos permitan pasar de la casilla «pregunta» a la de «respuesta» sin pasar por el rincón de pensar. No importa si el problema es complejo y necesita matices. Los matices aburren y, al haber sido educados en la impaciencia propia del entorno digital, preferimos optar por medias verdades o caricaturas de ciencia. El estudiante ve que hay un millón y medio de respuestas disponibles. No ve posible juzgar por su cuenta la relevancia de estas fuentes. Tiene que confiar en el criterio de Google. Hace clic en los dos primeros enlaces que le llevan a documentos muy extensos, técnicos y, en definitiva, tremendamente aburridos. De repente descubre este formato bonito y condensado que le ofrece Google en tercera posición. ¿Cómo no va a ser la panacea? ¡Si es el tercer mejor resultado de un millón y medio y se lee en un instante!

El problema es que resulta muy difícil luchar contra esta tendencia porque el ritmo nos viene dado por las herramientas que usamos. Por mucho que intentes controlar tu impulsividad, frenar tu impaciencia y pasar siempre por el rincón de pensar, te darás cuenta de que vas a contratiempo y a contracorriente. Imaginemos que lees un artículo en un periódico que a tu parecer se hace eco de una noticia de dudosa veracidad. Activas tu pensamiento crítico y decides emprender una pequeña investigación en otros medios de comunicación, aprovechando que hablas el idioma del país de origen de la noticia. Detectas que, en efecto, el periódico se ha precipitado y ha publicado algo incorrecto. Publicas un comentario donde subrayas el error y rectificas la información incorrecta. Lo más probable es que nadie te haga caso. Antes de ti, veinticinco o cincuenta personas han reaccionado con rapidez y sin pensar, dando rienda suelta a sus emociones (indignación o euforia) y tu comentario se va a perder en esa cacofonía. Imaginad otro ejemplo: en el chat multitudinario de padres del colegio lees un mensaje sobre la supuesta importancia de impartir clases de robótica en infantil que te genera ciertas dudas y te hace pensar. Cuando tienes tu respuesta o tu comentario pensados, ya se han colado cuatro reacciones en formato de *emoji* y se ha cambiado tres veces de tema: ha surgido el tema de la calidad del pescado servido en el comedor, de ahí se ha pasado al del precio del nuevo uniforme de verano y ahora resulta que tres padres se han puesto a hablar de fútbol. Y, claro, tú vuelves al tema de la robótica y la gente se pregunta: «¿Pero adónde va este pobre con sus robots?».

En resumen, el entorno digital de internet nos acelera. Nos hace más impulsivos e impacientes y multiplica las circunstancias en las que actuamos sin pensar. La comunicación que debería usarse para compartir con los demás, aprender o enseñar, se ha convertido en una competición de velocidad para aparentar. Colgamos micromensajes en la red para reforzar nuestra propia imagen: listo, gracioso, rico, exitoso... No buscamos entablar una conversación para contrastar opiniones o aprender de los demás. Nos damos por contentos si conseguimos una buena cosecha de *likes*, aplausos o *emojis* llorando de risa.

El hecho de que las nuevas herramientas de comunicación digitales valoren tanto la inmediatez y las fechas de caducidad ultracortas tiene efectos a corto plazo como los que acabamos de ver: por un lado, opinar sin pensar, con el riesgo de decir barbaridades, y por otro, precipitarse sobre la primera fuente de información que se nos presente, con el riesgo de desarrollar falsas creencias. Sin embargo, no son los únicos. Existe también un efecto a medio plazo de esta precipitación que conviene considerar. Para explicarlo necesito introducir un nuevo concepto: el «efecto anclaje».

El efecto anclaje es el sesgo cognitivo que nos lleva a aferrarnos a una primera impresión, a una primera idea sobre algo. Este sesgo hace que las palabras escritas sobre una página en blanco sean más difíciles de borrar que todas las demás. Si lo tenemos en cuenta, el efecto secundario de nuestra precipitación es que lo que hoy publicamos en las redes sociales sin pensar puede condicionar nuestros verdaderos pensamientos del mañana. Vamos a trabajar con un ejemplo muy concreto para entender este fenómeno. Imagínate un instante que un amigo publica este meme que ridiculiza a Greta Thunberg:

Te saca una sonrisa y para resultar simpático y reírle las gracias a tu amigo, le das un *like* en Instagram o lo gratificas con un *emoji* de risas si te ha llegado por WhatsApp. Este *like* es impulsivo, no ha supuesto la activación de tu inteligencia.

No tienes motivos reales para burlarte de Greta y menos de su físico. Es incluso posible que lo que más gracia te haga de este meme sea su evidente mala fe. Asocia a Greta con un gobierno español con el que no mantiene ni la más mínima relación. Enseña a la adolescente con una mueca agresiva que no la favorece ni seguramente representa su manera de ser. Y, para finalizar, pretende atribuir a Franco un talento para los *castings* de turistas suecas que jamás tuvo la oportunidad de demostrar. El meme, como el noventa por ciento de los memes, es una auténtica chorrada que busca provocar la risa con algún tipo de resorte cómico. Sin embargo, por mucho que no haya sido fruto de ninguna reflexión y menos acerca de la importancia de la lucha contra el cambio climático, este gesto anodino es un ancla que acabas de tirar al mar. Esta ancla lleva grabada la frase «el ecologismo es de izquierdas y es cosa de aguafiestas que nos riñen y nos culpabilizan». Imagina que pasan unas semanas y que un día asistes a un debate más profundo sobre esta cuestión medioambiental. En este debate participan, por un lado, una persona que defiende la necesidad de dar la prioridad absoluta a la lucha contra el cambio climático y, por otro, una persona que defiende que esta lucha no debería condicionar las políticas de estimulación del consumo para reactivar la economía y generar empleo. Es la primera vez que te expones a este tipo de reflexiones antagónicas. Lo quieras o no, no vas a poder pensar con tanta libertad como crees. El argumento ecologista, por llamarlo así, ya despierta en ti una tensión. Esta tensión se llama «disonancia cognitiva». Significa que dos de tus creencias entran en conflicto o que una actitud entra en conflicto con una opinión. Al burlarte públicamente de Greta hace unos días, es como si hubieras elegido ya un bando. No debería ser el caso porque, en realidad, reírse de Greta no fue fruto de ninguna reflexión, mientras que los argumentos ecologistas sí los has escuchado con atención y has pensado sobre ello. Pero da igual, ya tienes una creencia y que no haya sido más que un impulso no cambia nada. Para colmo, este impulso es un ancla porque es un tema sobre el cual no habías reflexionado nunca. Esta burla impulsiva escrita sobre una página en blanco te puede condicionar hasta el punto que es posible que, para resolver la disonancia cognitiva pagando el mínimo precio emocional, decidas dar mayor peso a los argumentos económicos de uno de los ponentes que a los argumentos ecológicos del otro.

Como puedes ver, la precipitación no suele favorecer el pensamiento. La impaciencia y la impulsividad no son buenas consejeras y nos llevan a privilegiar las emociones sobre la reflexión. Por desgracia, el contexto digital que nos rodea incrementa claramente nuestras prisas. Sobre ti recae la responsabilidad de aprender a tomar ciertas distancias con el mundo de la hiperconexión. Aprender poco a poco a controlar tu impulsividad digital, a cultivar la paciencia y a resistir a la tentación de la inmediatez son pasos decisivos a la hora de reconquistar tu capacidad de pensar.

¡Un poco más de tranquilidad, por favor!

Como siempre, llegados al final de capítulo, nos toca parar a pensar:

- ¿Recuerdas momentos de impaciencia e impulsividad provocados por los entornos digitales? Si eres un usuario activo de una red social, mira tus últimos mensajes. ¿Encuentras mensajes que te arrepientes de haber enviado y que, pensándolo mejor, no volverías a mandar?
- En los próximos días intenta hacer una pausa antes de darle al botón «enviar». Pregúntate si eso que vas a mandar

incluye una dosis de reflexión o si es pura emoción. Ten especial cuidado con los contenidos diseñados por terceros que te propones reenviar.

- También es importante reflexionar sobre la influencia que estas dinámicas ejercen sobre nosotros desde el punto de vista del consumidor: ¿animas a los periodistas, políticos... a reaccionar en caliente? (por ejemplo, reaccionando a sus tuits). ¿Das más importancia al estudio más profundo o a la primera reacción? A la hora de hacer clic en la web de tu periódico favorito, ¿privilegias las noticias de la sección «última hora» o los análisis de fondo? ¿Te atraen más los artículos de opinión cuyo título anuncia un tratamiento caricatural de la información y un tono de burla o te decantas por artículos cuyos títulos menos emocionales anuncian un trabajo en profundidad, con matices?
- Cuando buscas en internet, ¿das importancia a la calidad de la fuente o tu impaciencia hace que te precipites sobre lo primero que aparece en la lista o sobre lo que parece más corto y sencillo de leer?

Capítulo 5

Perdidos en la masa

Whenever you find yourself on the side of the majority,
it is time to pause and reflect.
MARK TWAIN

Nos aproximamos al final del estudio acerca de los fenómenos que, de alguna manera, anulan nuestra capacidad o disposición a pensar. Hemos visto cómo la distracción, nuestras emociones, nuestra apatía y las prisas tienen capacidad para neutralizar nuestro pensamiento. Antes de pasar al estudio de los fenómenos que nos impiden pensar bien, nos queda analizar una última cosa que neutraliza nuestra reflexión: la masa.

La imagen que nos viene a la cabeza cuando hablamos de «masa» suele ser la de una manifestación que aglomera a miles de personas en las calles de una ciudad. Sin embargo, como casi todo hoy en día, la masa tiene su equivalente digital o virtual. Un grupo de trescientas personas reunidas en un foro *online* es una masa. Los más de ochenta y un millones de seguidores que tenía el expresidente Donald Trump en Twitter conformaban una masa considerable.

Empecemos por ilustrar los cambios de comportamiento que se pueden observar cuando pasamos de ser una persona aislada a ser una persona perdida en una masa.

No sé si ya has sido testigo o protagonista de un altercado. No hablo necesariamente de una pelea muy violenta, solo quiero que intentes recordar una simple disputa: ese conductor que se despista y casi te atropella en un paso de cebra y al que le cantas las cuarenta o esa señora que se te cuela y a quien tienes que mandar al final de la cola mientras te mira con una falsa cara de sorprendida. Esos roces entre personas alteran mucho más de lo que parece: el corazón se acelera, sube la adrenalina, la cara se enrojece e, incluso, a algunas personas más sensibles, les tiemblan las manos y a veces las piernas. Y es que nos resulta muy violento enfrentarnos a alguien, aunque sea con palabras, para decirle que lo que hace está mal y que no estamos de acuerdo con su actitud. Sin embargo, esos mismos enfrentamientos, vividos desde el anonimato de una masa, resultan mucho menos traumáticos. Puedes desfilar durante una hora gritando invectivas y a veces hasta insultos al presidente, a sus ministros, a su partido y hasta a su madre. No te van a temblar las manos ni las piernas. Estás tan relajado que incluso lo haces con una sonrisa. Estas cosas que cantas o gritas protegido y escondido en una masa, no se te ocurriría decírselas a alguien a la cara. Y, de hacerlo, la situación te alteraría mucho. Difuminada en una masa eres otra persona o por lo menos funcionas de manera diferente.

Podemos encontrarnos con la misma situación en los entornos digitales. Si tienes que escribir un correo a alguien para enfrentarte a él, ya sea un proveedor que se está retrasando o un compañero de trabajo que rinde muy por debajo de lo que se espera de él, elegirás tus palabras con mucho cuidado. Por supuesto, poder sobrellevar estos pequeños enfrentamientos a través de una pantalla de ordenador te dará más tranquilidad que si lo hicieses en un encuentro cara a cara. Por lo general, no hay temblores ni caras ruborizadas al escribir un correo electrónico. Pero no deja de ser una situación desagradable en la que hay un enfrentamiento personal, y con toda probabilidad no sea la tarea que más te guste. Pero en los entornos digitales también encontramos contextos que nos permiten escondernos en el anonimato de una masa. Y al igual que sucede con las masas físicas, las virtuales nos van a desinhibir. Lo que la gente se atreve a decir en los comentarios de un artículo de un periódico *online*, en un foro o en las redes sociales, en la inmensa mayoría de los casos, no se atrevería a decirlo cara a cara ni en ese correo personal. Seguramente bajarían el tono si les obligásemos a pasar de un entorno de masa digital a un canal digital individualizado como el correo electrónico. Y si los sacamos del anonimato de la masa digital y los plantamos enfrente de su interlocutor, la inmensa mayoría se diluiría como un azucarillo.

Está claro que no nos comportamos de la misma manera si estamos aislados que en medio de una masa. Situarnos en una masa nos afecta por varios motivos y me gustaría detenerme un instante en estos tres: fuerza, anonimato y rebaño.

Ya sea en entornos reales o virtuales, formar parte de una masa nos hace sentir más fuertes. Este incremento de percepción de potencia, en muchos casos absolutamente real, nos lleva a darnos cuenta de que se nos presenta una oportunidad de imponernos por la fuerza bruta que no tenemos cuando estamos solos. Arropados por la masa, de repente podemos conseguir por la fuerza bruta (ejercida o como simple amenaza) lo que tendríamos que haber ganado en una larga batalla de argumentos pensados. Como puedes imaginar, nos va a resultar difícil resistir la tentación de coger este atajo y ahorrarnos el esfuerzo del pensamiento y del diálogo.

La masa nos mantiene también en un cierto anonimato. En ella somos uno entre miles y, de pronto, es como si pudiésemos reducir nuestra responsabilidad a una milésima parte de la que tenemos cuando estamos solos. Una vez liberados del peso de la responsabilidad, adquirimos el derecho a ser tontos e irresponsables. En definitiva, podemos decir o hacer cosas sin pensar porque no tendremos que responder por casi nada y podremos echar la culpa al grupo en su conjunto. No seremos un idiota o un vándalo, solo seremos 0,001 por ciento de idiota o vándalo.

Para finalizar, la masa nos transforma en una oveja dentro de un rebaño. La oveja va con el rebaño porque es rebaño. Mira a su alrededor y todas son ovejas. ¿Por qué va a manifestar un comportamiento distinto al de sus similares? A las personas nos pasa lo mismo. Raras veces nos encontramos en una masa por pura casualidad. Si estamos corriendo por las calles de Boston rodeados de miles personas, es porque todos nos hemos apuntado a la maratón. Si estamos gritando para exigir la dimisión del presidente del gobierno, es con toda probabilidad porque hemos respondido a la llamada de un mismo partido de la oposición. Si nos encontramos en ese foro de seguidores del Real Madrid, es porque nos gusta ese equipo en concreto. Así, rodeados de similares, lo más probable es que nadie cuestione nuestro comportamiento ni nos invite a reflexionar sobre si es o no acertado.

En relación directa con este concepto de rebaño, me gustaría dedicar unas líneas a dos manifestaciones muy representativas del poder de la masa que te van a resultar familiares.

Por un lado, tenemos el efecto de la moda (*bandwagon effect* en la literatura anglosajona) que provoca que las personas hagan y crean cosas solo porque observan que muchas otras hacen y creen esas cosas. Es ese fenómeno que se apodera de ti cuando al ver que muchos famosos llevan zapatillas amarillas, te entran ganas de llevar unas a ti también. A diario puedes observar este curioso fenómeno en las calles de nuestras ciudades. De paseo por la ciudad, estás esperando a que se ponga el semáforo en verde para cruzar una calle rodeado de un grupo de unas diez personas. De repente llega un grupo de cinco que cruza en rojo porque no hay coches a la vista y, enseguida, todo el mundo se pone a cruzar sin esperar a que se ponga en verde. Unos cuantos rompen una norma, no les pasa nada y los demás los siguen. Podría dar mil ejemplos, pero creo que todos somos muy conscientes de la realidad de este efecto de la moda y de la influencia que ejerce sobre las personas. Lo que pasa es que este fenómeno es el típico que nos cuesta reconocer. Detectamos con mucha facilidad las modas en las que caen nuestros amigos, pero nos cuesta horrores darnos cuenta de las que nos afectan a nosotros mismos. Claro, a todos nos gusta creer que vamos por libre.

El segundo es el sesgo de conformidad, que lleva a que los individuos que pertenecen a un grupo cambien sus actitudes y opiniones para encajar con las de la colectividad. Con este sesgo vamos un paso más allá de la moda: sube la intensidad de la anulación del pensamiento. No es que me guste algo que no me gustaba o que adopte el comportamiento de otros. Con el sesgo de conformidad puedo renunciar a mi percepción de la realidad para ajustarme a la de otros. Fue el psicólogo Solomon Asch quien estudió este fenómeno en los años cincuenta mediante unos experimentos cuyos impactantes resultados fueron ampliamente comentados. Imagina que te sientan en una sala, en la última silla de una fila de ocho, para pasar un test de visión y muestran a todos los participantes un cartel de este tipo:

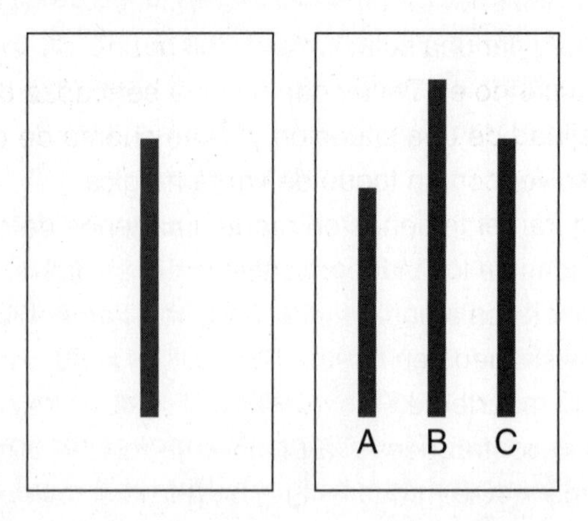

Os piden que indiquéis cuál de los tres trazos (A, B o C) es idéntico al de la parte izquierda. Te parece obvio que es el C, pero tienes que esperar tu turno para contestar y eres el último. Tus compañeros empiezan a contestar. El primero dice B y te quedas sorprendido. Pasa el turno al segundo, que también dice B. Y así sucesivamente, tus siete compañeros, que son cómplices del organizador del experimento, contestan todos B. Cuando llega tu turno, ¿qué haces? Pues también dices B. Bueno, para ser exactos, hay un treinta y dos por ciento de probabilidad de que digas B para seguirle la corriente a tus compañeros y no quedar como el rarito que ve algo que aparentemente nadie más ve. ¿Te das cuenta? Una de cada tres personas es susceptible de renunciar a su propia percepción de la realidad para ajustarse a la del grupo al que pertenece.

¿Qué nos dice todo esto acerca de la capacidad de pensar? Nos señala que no deberíamos fiarnos de nosotros mismos cuando actuamos desde una masa porque esta puede, entre otras cosas, anular nuestra inteligencia y hacer que nos movamos en registros más emotivos que racionales. Para pensar necesitamos tiempo, calma y soledad. No es profiriendo insultos al gobierno de turno en una manifestación como vas a poder imaginar una solución al problema del desempleo. No es despotricando en Twitter como vas a ser capaz de percibir la complejidad de una situación y darte cuenta de que no se puede resolver con un toque de varita mágica.

Seguramente tienes en mente imágenes de disturbios: las barricadas de los independentistas en las calles de Barcelona, los chalecos amarillos arrasando los Campos Elíseos en París o los saqueos en muchas ciudades de Estados Unidos a raíz de la muerte de George Floyd. En estos tres contextos podemos encontrar gente «normal» (inteligente, con una vida estable, una familia...) que hace gestos que se salen por completo de la normalidad: tirar piedras a policías, romper escaparates o robar. Unas horas más tarde, aisladas en sus calabozos o compareciendo ante un juez, estas personas se preguntarán: ¿qué me ha pasado?, ¿qué he hecho?, y no podrán explicar sus gestos desde una perspectiva racional. ¡Ojo!, no estoy excusando estos comportamientos, los estoy explicando. Por supuesto, tendrán que asumir sus responsabilidades. Solo estoy ilustrando el potencial desactivador de la masa sobre la inteligencia.

En conclusión, las masas no son el contexto más indicado para tomar decisiones. En ellas se piensa muy poco.

Para pensar, ¡mejor solo que *masacompañado*!

Ahora que te han quedado claros los peligros que conllevan las masas, ¿qué puedes hacer para protegerte y evitar esta peligrosa anulación de la facultad de pensar?

Por definición, va a ser difícil poder luchar contra este fenómeno una vez estés envuelto en la masa. Más que querer aprender a escapar de la influencia de la masa, lo que deberías hacer es acostumbrarte a aislarte de las masas (reales o digitales) cuando quieras o tengas que pensar.

Y ahora piensa:

- ¿Has sido testigo del impacto de las masas (reales o virtuales) sobre alguien?
- Esto que has observado, ¿crees que te ha afectado a ti en algún momento?
- Si recapacitas, ¿qué grupos de los que eres miembro o a los que te gustaría pertenecer crees que pueden anular tu pensamiento?

2.ª PARTE

CÓMO CONSEGUIR PENSAR MEJOR

A estas alturas de tu viaje por el rincón de pensar ya has empezado tu primera transformación. Eres consciente de los esfuerzos que tienes que hacer para dar más protagonismo al pensamiento en tu vida. Si has dedicado algo de tiempo a los ejercicios que te propongo en esta guía, ya habrás comenzado a fortalecer tu atención, a ordenar tus prioridades, a adquirir una mayor conciencia de los límites de tus conocimientos y a controlar tus emociones e impulsividad. Y seguro que procuras alejarte de la masa a la hora de pensar. ¡Enhorabuena!

Ahora que piensas más, es fundamental que nos aseguremos de que piensas bien. No, no estoy cuestionando tu capacidad. Hay mucha gente inteligente que piensa mal o que podría pensar mucho mejor. Es estupendo ser inteligente o muy culto, pero por desgracia eso no transforma a nadie en un buen pensador. Como veremos en los nueve capítulos que conforman esta segunda parte, pensar se asemeja a una carrera de obstáculos. Hay todo tipo de trampas. Algunas, puramente internas, son como piedras que nos tiramos en nuestro propio tejado. Otras son ataques externos. Sin embargo, te recuerdo que no estamos aquí para buscar culpables, sino para aprender a pensar más y mejor. Te invito a que leas estos capítulos armado de un sano espíritu de superación y evites buscar excusas o adoptar una postura fatalista o victimista. Los obstáculos siempre van a estar ahí, pero de nosotros depende aprender a evitarlos o superarlos.

Capítulo 6

Los sesgos cognitivos, nuestros defectos «de fábrica»

Mira este artículo. Es brillante. Es exactamente lo que decíamos el otro día.
THIBAUT DELEVAL

Los sesgos cognitivos son los defectos «de fábrica» que condicionan nuestra manera de pensar. No son defectos que influyan solo en algunos de nosotros, sino que nos afectan a todos. ¿Tenemos dos ojos, una lengua, cinco dedos por mano y un estómago? Sí, pues de igual modo tenemos sesgos cognitivos. No debemos confundirlos con los errores: un error manifiesta un componente aleatorio, lo puedes cometer o no, y su efecto es incierto. Por el contrario, un sesgo cognitivo te acompaña siempre y el efecto que produce sobre las personas es siempre el mismo. ¡Ojo! No caigamos en un cómodo fatalismo que nos lleve a desentendernos de los sesgos. Una cosa es que debas asumir que siempre estará contigo, y otra, que decidas renunciar a prestarle atención para intentar neutralizarlo, aunque sea solo de manera parcial.

Pero para que todo esto te quede más claro, lo mejor es que veamos ejemplos de sesgos. En realidad, los tres sesgos que vamos a analizar a continuación no son los primeros que abordamos en este libro. Ya hemos tratado el efecto Dunning Kruger, que perturba la evaluación que hacemos de nuestros conocimientos (véase el capítulo 3; el efecto ancla, que otorga una importancia exagerada a la primera idea que nos hacemos de algo (véase el capítulo 4); y la dupla efecto de moda-sesgo de conformidad, que acabamos de tratar al final del capítulo 5.

El sesgo de confirmación

No resisto la tentación de empezar por mi sesgo favorito: el sesgo de confirmación. Hablo de la tendencia que todos tenemos a fomentar, buscar y recordar aquella información que confirma nuestras creencias o hipótesis y a otorgar menor importancia a la información que falsea estas creencias e invalida nuestras hipótesis. A mi juicio, el mayor paso que podemos dar hacia el «pensar mejor» consiste en prestar una especial atención a nuestro galopante sesgo de confirmación. Este sesgo me apasiona porque vivimos en una sociedad que le da un protagonismo especial. Pero por muy actual que sea, no es un sesgo que hayamos descubierto hoy.

En 1620, el filósofo inglés Francis Bacon escribía en su obra *Novum Organum:* «El espíritu humano, una vez que lo han reducido ciertas ideas, ya sea por su encanto, ya por el imperio de la tradición y de la fe que se les presta, vese obligado a ceder a esas ideas poniéndose de acuerdo con ellas; y aunque las pruebas que desmienten esas ideas sean muy numerosas y concluyentes, el espíritu o las olvida, o las desprecia, o por una distinción las aparta y rechaza, no sin grave daño; pero preciso le es conservar incólume toda la autoridad de sus queridos prejuicios».*

En 1966, el psicólogo británico Peter Cathcart Wason llevó a cabo un experimento que nos ayuda a entender mejor este sesgo. Propuso a una serie de voluntarios un sencillo juego con cuatro fichas:

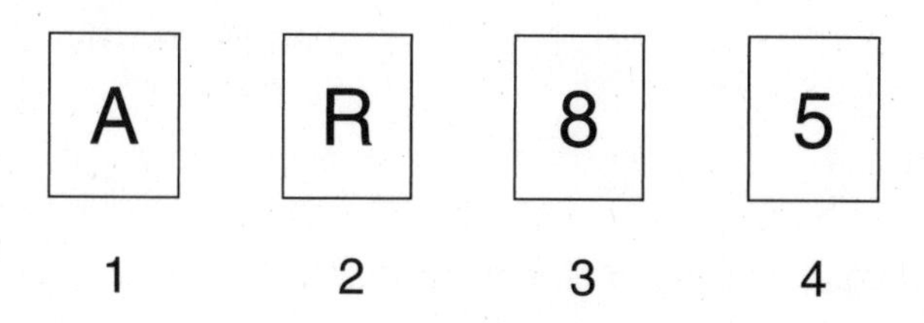

Se les explicó a los participantes que en el anverso de las fichas solo puede aparecer una letra: A o R, y que en el reverso solo se puede encontrar un número: 8 o 5. A continuación se les formuló la pregunta: «¿A qué ficha tenemos que dar la vuelta para verificar la siguiente afirmación?: si una ficha tiene una vocal de un lado, tiene un número par del otro».

¡Sorpresa! Desde ahora mismo eres uno de los voluntarios. ¿A qué fichas vas a dar la vuelta? No sigas leyendo para encontrar la respuesta sin pensar. Por favor, párate un segundo y contesta por ti mismo.

Si eres como la inmensa mayoría de los participantes, habrás contestado uno y tres. Y te habrás equivocado porque

* Francis Bacon, *La Gran Restauración (Novum Organum)*, aforismo 46, Tecnos, Madrid, 2011.

la respuesta es uno y cuatro. Veamos lo que pasa en nuestra cabeza: cuando elegimos dar la vuelta a las fichas uno y tres nos centramos en los casos que confirman la regla. Parece obvio considerar que la ficha tres confirma la regla. Ese sería el caso si al darle la vuelta encontramos una vocal. Sin embargo, podríamos encontrar una consonante sin que se viole la regla porque esta no dice que tener una consonante de un lado impida tener un número par del otro. En realidad, además de la ficha uno, solo la cuatro permite establecer la validez de la regla si al darle la vuelta no se encuentra una vocal.

Nos pueden las ganas de confirmar, aunque refutar sea muchas veces más eficaz si buscamos la verdad, ya que es la única manera de disminuir la probabilidad de dar por cierto algo que es falso. El problema es que refutar requiere más esfuerzo intelectual que confirmar. Y por esto, nos decantamos de manera natural por la confirmación.

Si el experimento de Wason te parece alejado de las circunstancias de tu día a día, te equivocarías al sacar la conclusión de que el sesgo de confirmación perturba tu manera de pensar solo cuando te enfrentas a ejercicios de laboratorio. El sesgo de confirmación nos engaña todos los días. Y me atrevo a decir esto porque desde que vivimos la revolución digital y la creación de internet, hemos asistido a dos fenómenos. Por un lado, se ha liberalizado el mercado de la creación de contenidos: todo el mundo puede publicar lo que quiera cuando quiera. Cada persona conectada a internet puede hoy ser un periódico, una radio o una televisión; cada persona con un teléfono móvil es un fotógrafo o videoproductor, cualquiera puede publicar su propio libro... Para que te hagas una idea de esta verdadera explosión de producción, te doy algunas cifras. Existen más de mil setecientos millones de páginas web; puedes consultar www.internetlivestats.com para observar la evolución en tiempo real. Cada minuto que pasa se suben quinientas horas de vídeo a la plataforma YouTube. ¿Te das cuenta de lo que representa esta cifra? Significa que solo para ver todos los vídeos que los usuarios colgarán hoy en YouTube, necesitarías más de ochenta años. Por otro lado, internet y los buscadores permiten acceder a toda la información del mundo. La herramienta Google Libros te da acceso a veinticinco millones de libros.

¿Y qué tiene que ver esto con el sesgo de confirmación? Pues es muy sencillo: en nuestro mundo digital bastan unos segundos para encontrar datos que confirmen cualquiera de nuestras creencias o hipótesis. Por lo tanto, estamos tentados a confirmar de manera automática nuestras propias ideas en lugar de ponerlas en cuestión. Como explica muy bien Frank Bruni (editorialista del *New York Times*): «Esa es la erudición de nuestra era de internet: navegas hasta encontrar la conclusión que buscabas. Te abres un camino a golpe de clics hacia la validación, confundiendo la mera existencia de una página web con la plausibilidad de un argumento».*

Puedes practicar esta confirmación sistemática que conforma el sesgo de confirmación de manera activa o de manera pasiva. La manera activa consiste en buscar información. Si lees un artículo o un libro vas a prestar más atención a los argumentos o a las opiniones que confirman tus creencias. Si haces una búsqueda en internet, vas a prestar más atención a los resultados de búsqueda que confirman tu creencia inicial que

---

* Frank Bruni, «California, Camelot and Vaccines», *New York Times*, 4 de julio de 2015.

a los que la desmienten. La manera pasiva consiste en configurar, a menudo de forma inconsciente, tus fuentes de información para que se adapten a tus creencias. Hay tanta prensa (en papel o digital) disponible que puedes encontrar con facilidad la que más te convenga, la que no cuestione tus creencias. Es así como acabaremos leyendo el periódico que nos da la razón en todo y escuchando los programas de radio que dan la palabra a invitados que piensan exactamente como nosotros.

Y pasa lo mismo con las cuentas de redes sociales. En Facebook o en Twitter, nos conectamos a cientos de personas y con el paso del tiempo dejamos de seguir a quienes nos molestan con sus opiniones contrarias a las nuestras. A medida que lo hagamos, la propia inteligencia artificial de estas redes sociales se va a poner en marcha: las cosas que no nos gustan desaparecerán de nuestra vista y nos sugerirá nuevos contactos que piensan como nosotros. Al cabo de unos meses, casi sin darnos cuenta, nos habremos entregado a una máquina de confirmar nuestros pensamientos y nuestra capacidad de pensar bien se verá muy afectada. A menudo, ni siquiera hace falta tomar la decisión de dejar de seguir. La propia mecánica de Facebook consiste en dar *likes* a los contenidos que nos gustan. De esta manera, el algoritmo de la red social aprende sobre estos gustos y opiniones y se esfuerza por enseñarnos en nuestro muro los contenidos con los que encajan. Poco a poco, este algoritmo nos va encerrando en una cámara de eco donde todo lo que vemos nos reafirma en nuestras creencias.

Recuerda esta frase: cuando todo el mundo piensa igual, alguien ha dejado de pensar. Si no te encuentras a diario con personas, libros o artículos que chocan con tus ideas, algo no funciona y requiere toda tu atención.

El sesgo de disponibilidad

Antes de hablar del sesgo de disponibilidad tengo que contarte en qué consiste el concepto de heurístico y en qué se diferencia del de sesgo. Si el sesgo es un mecanismo mental que nos engaña, lo heurístico es un atajo mental que nos permite ser más eficientes. La profesora de psicología Helena Matute explica en su libro *Nuestra mente nos engaña* que en realidad heurístico y sesgo son las dos caras de una misma moneda. En nuestro proceso evolutivo hemos adquirido o desarrollado heurísticos para protegernos o ser más eficientes.

Por ejemplo, nos hemos dado cuenta de que ir en grupo nos ofrecía más seguridad.

Imagínate que estás de viaje mochilero en África. Un día te encuentras en la costa de Kenia cerca de la frontera con Somalia y tienes ganas de ir a la playa. Como es una zona bastante insegura, te unes a un grupo y os vais de excursión a la playa. El heurístico grupal te sirve para protegerte. Pero, una vez en la playa, cuando veis todos en el horizonte una gran ola que se acerca, nadie siente pánico porque el grupo os da a cada uno sensación de seguridad. El tsunami os engulle. Entró en juego la otra cara de la moneda: el sesgo grupal que nubla nuestro pensamiento. Y os ha jugado una mala pasada.

Ahora que entiendes esta articulación heurístico/sesgo, volvamos al tema de la disponibilidad.

El heurístico de disponibilidad es un atajo del pensamiento que se apoya en ejemplos inmediatos que alcanzan nuestra mente cuando evaluamos un asunto. Fruto de la evolución, nuestro cerebro ha optimizado el trabajo mental necesario para tomar una decisión minimizando el gasto en tiempo y energía para llegar a conclusiones que maximicen nuestras probabilidades de supervivencia. Este heurístico de disponibilidad parte de la base de que, si algo se puede recordar, debe ser importante o, por lo menos, más importante que otras ideas que no recordamos con tanta inmediatez. Imagina, por ejemplo, a nuestro ancestro común en un bosque con su tribu. Se empieza a mover un arbusto y aparece un oso gigantesco y hambriento que se lleva a su mejor amigo. Desde ese día, a nuestro ancestro, la primera idea que le vendrá a la cabeza cuando se mueva un arbusto es «peligro» y se preparará para huir. El heurístico de disponibilidad provoca que demos más importancia a la información que nos viene primero a la cabeza.

El heurístico (positivo) que nos permite coger atajos y ahorrar tiempo y energía se puede convertir en sesgo (negativo) cuando nos lleva a pensar mal. Hablamos entonces de sesgo de disponibilidad cuando nuestras percepciones, reflexiones o decisiones se encuentran más influidas por lo que tenemos más presente en nuestra cabeza que por los recursos realmente más certeros o útiles a los que podríamos acceder o que deberíamos buscar.

Este sesgo es el que me afecta de manera personal cuando leo varios libros sobre un mismo tema en pocos días. Mi cabeza se llena de una temática. Además de entenderla mejor, la tengo mucho más presente que otros registros de conocimiento Y, de repente, empiezo a ver el mundo que me rodea con una especie de filtro mental (el sesgo de disponibilidad) que me lleva a relacionar todo lo que observo y vivo con la temática que tengo tan presente en mi cabeza. Creo que lo ilustra muy bien el refrán: «Cuando tu única herramienta es un martillo, todo te parece un clavo». Tengo un buen amigo (cuyo nombre voy a callar para que siga siendo un buen amigo durante muchos más años) que me regaló una anécdota que ilustra muy bien este fenómeno. Trabajábamos juntos en la universidad con grupos de alumnos que aprendían a emprender en equipo. En este grado (LEINN) que impartimos ambos, se agrupa a los alumnos de veinte en veinte y cada grupo crea una empresa que durante cuatro años tendrá que lanzar negocios reales. Como bien puedes imaginar, a lo largo de cuatro años, en un grupo mixto de veinte jóvenes de entre dieciocho y veintidós años, pasa de todo: afinidades, amores, desamores, celos, traiciones, encontronazos, voces, abrazos, éxitos, fracasos, más celos... Claramente, las dinámicas interpersonales que se dan dentro de un grupo así tienen su origen en miles de causas que unas veces se remontan lejos en el tiempo y otras son fruto de un rifirrafe en el comedor hace media hora. Unas veces nacen tensiones por motivos relacionales, pero otras surgen porque una persona en concreto está viviendo unas circunstancias personales complejas. Sin embargo, durante una época en la que leía muchos libros sobre este tema, mi amigo era capaz de explicar todos los problemas con un concepto mágico: la figura del perverso narcisista.* Se le pasó, pero, durante varios meses, disfrutó con su martillo del perverso narcisista como un niño con zapatos nuevos.

Tenemos que relacionar este sesgo de disponibilidad con otros factores que lo pueden potenciar. Hemos visto que nos van a influir más las ideas que nos vienen primero a la cabeza. Esto significa que hay una relación con la memoria. Merece, entonces, la pena prestar atención a aquellos fenómenos que pueden provocar que unas ideas nos marquen más: la repetición y las imágenes.

Todos lo hemos vivido en el colegio cuando aprendíamos poesías: repetir muchas veces las cosas nos ayuda a grabarlas literalmente en nuestra cabeza. Funciona para poemas, fechas históricas y para números de teléfono, cuando todavía

---

* Según Wikipedia, el perverso narcisista es una persona sin capacidad de empatía real. Su empatía es más bien utilitaria, pues solo reconoce las necesidades del otro en la medida que sirven a su propio beneficio.

había que memorizarlos. La verdad es que no entiendo muy bien cómo pudo popularizarse la expresión española «hincar los codos» para referirse al estudio, cuando sería mucho más explícito decir «repetir». Bueno, pensándolo mejor, es verdad que resultaría un poco confuso usar como refrán una fórmula como «el secreto para no repetir es repetir».

Las empresas usan este factor de repetición para grabar su marca en nuestra cabeza y para que, en el momento de la elección en el lineal del supermercado, el sesgo de disponibilidad nos engañe y nos haga preferir el producto «disponible» al producto con mejor relación calidad-precio, por ejemplo. Y ya sabes, si quieres vender tu coche: Canalcar.* ¿Y si quieres cambiar o reparar la luna de tu coche? Seguro que te ha venido una marca a la cabeza.

El otro factor potenciador es el de la imagen. La ciencia todavía no ha determinado con exactitud la magnitud de este efecto o su causa, pero está claro que las imágenes nos afectan a la hora de permitir que una idea tenga mayor disponibilidad en nuestras mentes. Si alguien te pregunta por un animal peligroso, me apuesto lo que quieras a que el tiburón blanco te viene antes a la cabeza que el mosquito. Sin embargo, el mosquito causa muchísimas más muertes al año que el tiburón blanco. Pero, claro, las películas y los documentales nos marcan más que las estadísticas de mortalidad. Para cualquier occidental, tiburón blanco significa «mandíbula, dolor, sangre y muerte», mientras que mosquito significa, en el peor de los casos, «mala noche y molesta picadura». Pasa lo mismo con la gente que tiene miedo a viajar en avión. A la hora de em-

---

* No sé si su estrategia tocó a toda España, pero desde luego los madrileños que escuchan la radio han quedado traumatizados con los anuncios de esta empresa que repetían «en Canalcar, compramos tu coche» sin parar durante los veinte segundos que duraba su anuncio.

barcar, las imágenes disponibles son las de los aviones que impactan en las torres gemelas el 11-S. El sesgo les impide rescatar de entre sus múltiples conocimientos las estadísticas de los medios de transporte más seguros.

Y no resisto la tentación de contarte una anécdota de mi infancia que ilustra a la perfección el impacto de estos dos factores multiplicadores que son la repetición y la imagen. Debía de tener unos nueve años cuando un día mi hermana pequeña me dijo: «Repite conmigo: lenedor, fenedor, renedor, senedor, denedor», y de pronto me lanzó la pregunta: «¿Con qué tomas la sopa?». Y contesté sin pestañear: «Con tenedor». ¡Qué humillación! Engañado por una niña de seis años... Pero, claro, era el cubierto que tenía más «a cerebro» en ese instante. Desde luego, estaba mucho más disponible en mi cabeza que la cuchara. Además de estar expuesto a una quíntuple repetición, cada vez que decía una de sus palabras sin sentido, mi cerebro intentaba encontrarle sentido y pensaba «casi tenedor». Cada «casi tenedor» que se me pasaba por la cabeza iba naturalmente acompañado de una imagen mental de este objeto.

¿Te imaginas lo que me costó asumir que podía ser tan manipulable para que casi cuarenta años después me haya venido este ejemplo a la cabeza?

Antes de pasar al tercer ejemplo de sesgo, me gustaría todavía subrayar la relación que existe entre el sesgo de disponibilidad y otro fenómeno muy actual: el de los famosos. Actores, cantantes, deportistas y estrellas de los medios de comunicación (programas de telerrealidad o *influencers* de redes sociales) tienen una exposición mediática enorme. No puedes encender la televisión o la radio, abrir un periódico o una revista, entrar en una página web o abrir tu red social favorita sin percibir la presencia de los famosos. Esto hace que cualquier opinión de un famoso sobre un asunto que te interese esté más disponible en tu mente que las opiniones de los auténticos expertos en la materia. Lo que sabes o crees saber de nutrición viene de una actriz de cine y no de un nutricionista. Hay gente que decide no vacunar a sus hijos porque hace más caso a lo que dice un cantante que a lo que le dicen su pediatra y el conjunto de la comunidad científica. Nos dejamos llevar por lo que tenemos a mano en lugar de pensar y buscar la información de calidad que necesitamos.

El sesgo del punto ciego

El sesgo del punto ciego es la tendencia que tenemos todos a no darnos cuenta de nuestros propios prejuicios y sesgos cognitivos, y a fijarnos más en los de los demás. Este sesgo fue bautizado así por Emily Pronin, una investigadora en psicología que centró su doctorado en la Universidad Stanford (2001) en este tema y que en la actualidad es profesora de psicología en la Universidad de Princeton. Con sus coautores Lin y Ross, llevaron a cabo una serie de tres estudios. Voy a describir los experimentos científicos que han servido para demostrar la realidad de estos sesgos. He decidido bajar a este nivel de detalle para este sesgo en concreto porque a mi parecer es el que mejor representa la lucha interna a la que nos someten los sesgos cognitivos. Además es un sesgo clave para este libro y para nuestro intento de reactivar nuestra inteligencia. ¿Cómo vamos a ser capaces de prestar más atención a los sesgos cognitivos que pueden afectar nuestro juicio si no somos conscientes de que tenemos una tendencia natural a negar que estos sesgos nos pueden afectar?

En el primer estudio trabajaron con estudiantes de Stanford y con los pasajeros del aeropuerto de San Francisco, a los que sometieron a una serie de encuestas. Los estudiantes de

Stanford se veían menos susceptibles de ser afectados por sesgos cognitivos que el ciudadano estadounidense medio. Al valorar que los individuos de este colectivo podían tener una elevada percepción de sí mismos por haber ingresado en una universidad de prestigio, les hicieron otra encuesta que desveló que un estudiante de Stanford también se considera menos susceptible de ser afectado por sesgos cognitivos que cualquier otro estudiante de Stanford. Al final, corroboraron esto mismo con pasajeros del aeropuerto de San Francisco que se tenían que comparar con los otros viajeros presentes en el aeropuerto ese mismo día. De esta última encuesta del primer estudio sacaron también otras dos conclusiones: (1) cuando nos reconocemos susceptibles de dejarnos influir por un sesgo cognitivo concreto, tendemos a considerar que este sesgo es muy difícil de evitar y (2) cuando descubrimos un sesgo que tiene una connotación especialmente negativa, vamos a hacer muchos esfuerzos para negar que nos pueda afectar a nosotros en concreto.

El segundo estudio de Pronin, Lin y Ross no tiene desperdicio. Pidieron a un centenar de estudiantes de Stanford que se comparasen de forma individual con el resto de los estudiantes de la universidad. Tenían que compararse según seis criterios de personalidad (fiabilidad, objetividad, consideración por los demás, esnobismo, engaño y egoísmo). Una vez hecha la autoevaluación, se les proporcionaba una descripción del sesgo cognitivo llamado «efecto encima-de-la-media». Como bien indica su nombre, este sesgo lleva a entre el setenta y el ochenta por ciento de la gente a evaluarse por encima de la media cuando se trata de algo positivo y por debajo de la media si hablamos de un atributo con connotaciones negativas. Una vez informados de este sesgo, se les pidió que comparasen su autoevaluación con lo que sería la evaluación más objetiva que les permitiese la ciencia. Tenían que elegir entre tres opciones: «La evaluación objetiva va a rebajar mi autoevaluación» (reconocimiento del sesgo), «la evaluación objetiva se va a corresponder con mi autoevaluación» (objetividad reivindicada) o «la evaluación objetiva va a mejorar mi autoevaluación» (modestia reivindicada). Y resulta que solo el veinticuatro por ciento de los participantes fueron capaces de admitir el sesgo. Un sesenta y tres por ciento insistieron en su objetividad, mientras que un trece por ciento se declararon modestos. ¿Te das cuenta? Incluso informadas del sesgo que afecta a entre el setenta y el ochenta por ciento de la población, un setenta y cinco por ciento de las personas son incapaces de concebir que este sesgo les pueda afectar. Estamos convencidos de que los sesgos solo afectan a los demás.

Y por si no fuera suficiente para demostrar nuestra ceguera, nos queda el tercer y último estudio incluido en la publicación de Pronin y sus compañeros. El estudio es un poco complejo porque lo constituyen seis fases, pero merece la pena hacer el esfuerzo de entenderlo:

Fase 1: se separa a los participantes por pares. Para que lo puedas visualizar mejor, vamos a imaginar que uno de estos pares está compuesto por María y Juan.

Fase 2: todos los participantes están sometidos a una prueba llamada test de inteligencia emocional, que consiste en unir dieciocho fotos de personas con dieciocho descripciones (profesión, actividades preferidas en el tiempo libre, cosas que les gustan...) y cuyo resultado depende del número de aciertos a la hora de relacionar una foto con el perfil que le corresponde.

Fase 3: María y Juan reciben cada uno un resultado de manera absolutamente arbitraria. En nuestro caso, María recibe una nota alta (superior a la media) y Juan una nota baja (inferior a la media). Cada uno conoce su nota y la de su emparejado. María y Juan lo ignoran, pero estos resultados no tienen ninguna validez ya que la prueba en sí misma carece de la más mínima base científica válida. Todo se ha determinado al azar.

Fase 4: se les pregunta a María y a Juan si piensan que una prueba de este tipo es válida a la hora de determinar el nivel de inteligencia emocional de una persona.

Fase 5: María y Juan reciben ahora una descripción del llamado «sesgo de autoservicio». Este sesgo lleva a una persona a considerar que sus éxitos son mérito suyo mientras que sus fracasos no lo son. En el caso del estudio se explicó de manera textual: «Las personas tienden a considerar que son más válidas aquellas pruebas en las que obtienen buenos resultados que aquellas en las que obtienen malos resultados».

Fase 6: se les enseña a María y a Juan los resultados que ha obtenido cada uno en el test de inteligencia emocional, así como la evaluación que cada uno ha hecho de la validez del propio test. Finalmente, con estos datos sobre la mesa, se les pide tanto a María como a Juan que evalúen en qué medida la nota obtenida en la prueba de inteligencia emocional influye en la valoración de la calidad de esta misma prueba. Tienen que evaluar esta relación tanto en su caso como en el caso de su compañero.

Con este estudio, Pronin y sus compañeros confirmaron, por un lado, que nos afecta el sesgo de autoservicio: los que habían recibido una nota positiva en la prueba de inteligencia emocional consideraban la prueba válida, mientras que los que habían recibido una nota negativa consideraban que carecía de validez. Por otro lado, y este es el punto que nos interesa, confirmaron que detectamos con más facilidad los sesgos de los demás que los nuestros. Efectivamente, el participante detectaba más influencia de la nota sobre la percepción de la calidad de la prueba en su compañero que en él mismo. Y los más ciegos a la hora de reconocer su propio sesgo eran los que habían sacado una nota alta en la prueba.

Este estudio nos enseña que incluso cuando se nos acaba de informar acerca de un sesgo, nos cuesta horrores admitir que este nos afecta. Es muy importante que te tomes un tiempo para reflexionar sobre esto porque te influye de manera significativa en una situación de conflicto de ideas. Tenemos una tendencia evidente a considerar que nuestra manera de pensar es objetiva mientras que la de nuestros oponentes es sesgada. Esto nos lleva muchas veces a pensar que el otro es dogmático; que es un extremista que no ve hasta qué punto está sesgado. Si no somos capaces de salir de este bucle, difícilmente podremos resolver nuestros conflictos de ideas porque seremos incapaces de entablar un diálogo sereno que nos permita acercarnos juntos a la verdad.

Conclusión

Llegamos al final de este capítulo dedicado a los sesgos cognitivos, esos mecanismos mentales innatos que nos engañan y nos llevan a pensar mal. Como es evidente, solo hemos tratado unos pocos de los muchos sesgos identificados. Decidí tratar estos en concreto porque los considero especialmente importantes, tanto por la frecuencia con la que nos engañan como por su gran toxicidad. También le doy mucha importancia a la solidez de los estudios científicos que los acompañan. Si quieres tener una visión global de este fenómeno, puedes consultar en internet el *Cognitive Bias Codex*, que reúne y clasifica más de ciento ochenta sesgos. Es un trabajo interesante, aunque conviene recordar que no todos los sesgos de este repertorio han sido demostrados por estudios y que algunos han sido objeto de estudios que han producido resultados contradictorios.

En realidad, no hace falta estudiar todos los sesgos cognitivos para darse cuenta de la importancia que tienen y la atención que les tenemos que prestar si queremos aprender a pensar mejor. Estos sesgos nos van a acompañar a lo largo de nuestra vida de pensador. Es ilusorio creer que uno puede curarse de sus sesgos cognitivos. Es tan absurdo como pensar que podemos vivir sin respirar. No hay vacuna, solo vale la atención. Si quieres pensar mejor, tienes que activar tu inteligencia y recordar que tus sesgos te están engañando. Esto requiere un esfuerzo y tampoco podemos pretender hacerlo siempre, ya que en muchos casos los sesgos, o al menos su lado heurístico, están para facilitarnos la vida. No malgastes tu energía intentando racionalizar al máximo tu cesta de la compra. No pasa nada por dejarse engañar por un sesgo de disponibilidad potenciado por los cientos de anuncios con los que te bombardean a todas horas del día. Tienes que guardar tus fuerzas para batallas más importantes: elegir a quién vas a votar, qué vas a estudiar o, por supuesto, con quién te vas a casar. Pero también necesitarás tener cuidado en tu día a día para asegurarte de que no te encierras en una cómoda burbuja informativa de confirmación...

¡Convive con los sesgos cognitivos de manera inteligente!

Los sesgos son como unas gafas con filtro de color que distorsionan tu mirada sobre el mundo. Te las tienes que quitar cuando quieres que tu inteligencia funcione mejor. No es fácil, requiere tu atención, pero para fortalecer tu atención lo mejor es que la entrenes:

- Cuando leas un libro o un artículo largo con la intención de aprender, te recomiendo que lo hagas siempre con un lápiz en la mano para poder subrayar puntos clave y anotar las reflexiones que te inspira esa lectura. Si tienes (y si no, el día que lo tengas) un libro o un artículo anotado a mano, quiero que revises estos apuntes. ¿Has destacado más elementos que confirman ideas y opiniones que tenías antes de empezar a leer o más elementos que cuestionan estas ideas y opiniones?

- Elige una persona de tu círculo familiar, profesional o de amigos. Obsérvala e intenta identificar momentos en los que se deje llevar por los sesgos de confirmación, disponibilidad, punto ciego o conformidad.
- Ahora intenta prestar atención a tu propia manera de pensar. Ya lo sabemos, es más complicado, pero merece la pena. ¿Qué sesgos parecen afectarte más a menudo?
- Aprende a convivir mejor con personas o medios de comunicación que te lleven la contraria. Compra, por lo menos, un domingo al mes un periódico del «otro bando» que cuestione tus ideas.
- Sigue en tu red social favorita a unas cuantas de esas personas molestas que parecen empeñarse en querer desmentir todas tus creencias.

Capítulo 7

Lógica y falacia

Cuanto más aprendes, más sabes. Cuanto más sabes, más olvidas. Cuanto más olvidas, menos sabes. Entonces ¿por qué aprender?

ANÓNIMO*

En esta segunda parte del libro, dedicada al «pensar mejor», hemos dado un primer paso que es el de reconocer los sesgos cognitivos que nos impiden pensar bien porque afectan a nuestra percepción de la realidad. Ahora me gustaría dar un paso más y que nos interesáramos por nuestra manera de procesar la información y expresar nuestras ideas. Vamos a descubrir la lógica, esa disciplina fascinante que está a caballo entre la filosofía, las matemáticas y la informática. Es una disciplina muy antigua y se suele considerar a Aristóteles (siglo IV a.C.) como su padre. Pero es una disciplina muy moderna también, ya que sigue siendo clave para el desarrollo de la informática y de la llamada «inteligencia artificial». Necesitamos adentrar-

---

* Y no es de extrañar que nadie se haya atrevido a firmar esto... ¡Vaya falacia!

nos un poco en la lógica para entender cómo se desarrolla un razonamiento y qué métodos nos permiten pensar, expresar nuestros pensamientos y transmitir conocimientos.

Cuando Aristóteles fijó las primeras reglas de la lógica clásica, centró su estudio en la forma del razonamiento y no en su contenido; es decir, en la manera en la que pensamos y no tanto en lo que pensamos. Así, lo que hizo fue identificar esos mecanismos del pensamiento. Uno de ellos, por ejemplo, es el principio de contradicción, que afirma que una proposición y su negación no pueden ser verdaderas al mismo tiempo y en el mismo sentido. Un número no puede ser mayor que cinco y menor que cinco a la vez. Una cosa es verdadera o falsa, no existen medias verdades.

Otro de esos mecanismos que nos enseñan cómo pensamos es el «principio del tercero excluido» que sostiene que si existe una proposición que afirma algo y otra que lo niega, una de las dos debe ser verdadera y una tercera opción no es posible. Una forma geométrica es un cuadrado o no lo es, no existe una tercera opción.

Pero de todas las reglas que nos dejó Aristóteles, la más reconocida es probablemente la del silogismo. No te voy a marear con la teoría del silogismo, todo te va a quedar mucho más claro con un ejemplo:

Todos los A son B	Todos los perros son animales
x es una A	El caniche es un perro
Entonces x es B	Entonces el caniche es un animal

Las dos primeras frases de estos silogismos se llaman premisas y la tercera es la conclusión. En este ejemplo vemos que la conclusión es lo que se deduce de las premisas y se considera entonces que el razonamiento es válido. Un silogismo válido (Aristóteles identificó catorce formas de silogismos válidos) permite garantizar que si las premisas son verdaderas, la conclusión también lo será.

Después de tantos siglos y aunque parezca simple, este sigue siendo el fundamento de la investigación científica moderna. Seguimos aprendiendo y descubriendo según dos mecanismos de la lógica: la deducción y la inducción. Lo que pasa es que, a veces, nos despistamos y consideramos lógicos unos razonamientos que no lo son. En realidad no siempre lo hacemos por despiste. A menudo nuestros interlocutores nos intentan engañar con razonamientos que parecen lógicos, pero en realidad no lo son porque no son construidos sobre silogismos válidos o porque sus premisas no son verdaderas. Mira, por ejemplo, este pseudorrazonamiento:

La democracia es buena.
Esta decisión se ha tomado de manera democrática.
Entonces esta decisión es buena.

Notas que hay algo que no funciona, ¿no?

En estos casos nos apartamos del campo de la lógica para adentrarnos en el terreno peligroso de las falacias. Las falacias parecen lógicas, pero son trampas que engañan a nuestra inteligencia. Analicemos seis falacias que los enemigos del pensamiento riguroso usan a menudo para manipular o engañar.

Falacia n.º 1 - Afirmación del consecuente

La falacia de la afirmación del consecuente se presenta de la siguiente manera:

Si A, entonces B	Si comes demasiado, te duele la tripa
B	Te duele la tripa
Por lo tanto, A	Entonces, has comido demasiado

Como puedes ver, tenemos dos premisas verdaderas y una conclusión errónea. El razonamiento no es válido porque no contempla que pueden existir otros muchos motivos que expliquen un dolor de tripa. Esta falacia nos engaña porque se parece mucho a un razonamiento válido llamado *modus ponens*:

Si A, entonces B	Si comes demasiado, te duele la tripa
A	Has comido demasiado
Por lo tanto, B	Entonces, te duele la tripa

Quizá con estos ejemplos tan sencillos te pueda parecer que solo un idiota puede caer en esta trampa. Pero, escondido en discursos más elaborados, en realidad no es tan sencillo de detectar:

> *Los sociólogos, los historiadores y los politólogos están de acuerdo al afirmar que en un país dotado de instituciones y leyes justas, los ciudadanos tienden a respetar estas instituciones y leyes. El hecho de que los ciudadanos chinos no se rebelen contra el Estado es entonces un buen indicador de que sus instituciones y leyes les parecen justas y de que deberíamos dejar de criticar al gobierno chino.*

¿Puede ser que los ciudadanos chinos no se rebelen por otros motivos? Me temo que sí.

Falacia n.º 2 - Falso dilema

Un dilema es una situación que nos enfrenta a una elección imposible: tenemos buenos motivos para decantarnos por ambas opciones. Te encuentras frente a un dilema cuando un grupo de amigos te propone ir de excursión el sábado a Toledo y otro al pantano de San Juan. Te gustan las dos propuestas, pero sabes que decir sí a una significa renunciar a la otra.

El falso dilema es una manipulación que consiste en hacerte creer que solo tienes dos opciones, mutuamente excluyentes, cuando en realidad no es así. Y por lo general la persona que te ofrece esta pseudoalternativa te pinta un panorama muy dramático e inaceptable frente al cual sitúa la opción que quiere forzarte a elegir. Veamos unos ejemplos:

- O recortamos plantilla o tenemos que cerrar la empresa.
- Mamá, creo que en esta casa comemos demasiada carne, deberíamos tener cuidado.
  Pero, hija mía, ¿qué pretendes?, ¿que nos hagamos crudiveganos?
- En estas elecciones, las opciones son muy claras: o gana el PSOE o volvemos a la España de Franco.
- En estas elecciones, la alternativa es muy sencilla: o gana el PP o España acaba como Venezuela.

Cuando detectas que te quieren manipular presentándote un falso dilema, tienes que activar tu inteligencia y demostrar creatividad. No, no solo existen el blanco y el negro. Hay muchos tonos de grises y, si buscas bien, incluso colores.

Falacia n.º 3 - Generalización

Uno de los mecanismos más usados para descubrir nuevos conocimientos y hacer progresar la ciencia es la inducción. Se trata de un proceso que consiste en descubrir reglas generales a partir de la observación de un número limitado de casos. Esta forma de generalización suele llevarnos a conclusiones que no tienen la certeza absoluta de una deducción, pero en muchas situaciones, por imperfecta que sea, es la mejor manera que tenemos de acercarnos a la verdad. En el capítulo anterior hemos mostrado varios estudios científicos que proceden así. Vimos cómo se demostraba el sesgo de punto ciego observando el comportamiento de un grupo de poco menos de cien personas. Es la manera habitual de proceder en las ciencias humanas y sociales: observamos un número limitado de comportamientos y extrapolamos los resultados para establecer una regla general. Obviamente, para que esta metodología pueda ser considerada científica debe cumplir unos criterios.

El segundo estudio de Pronin, Lin y Ross del que acabamos de hablar en el capítulo anterior se llevó a cabo con noventa y un estudiantes. Por supuesto, no lo podemos confundir con una encuesta de opinión que, para ser representativa de la opinión de todos los ciudadanos de un país, debería contar con una muestra mucho mayor. En este caso, no es una encuesta sino un experimento científico. Los noventa y un participantes estuvieron sometidos a un proceso rigurosamente diseñado que fue igual para todos y del que lo único que interesaba era la observación del comportamiento en este entorno controlado. Además, el proceso se documentó para que pudiera ser reproducido por otros investigadores que quisieran corroborar o invalidar las conclusiones sacadas.

La generalización de por sí no es mala. Sin embargo, se puede convertir en una falacia y engañarnos cuando se produce con relación a un caso en particular. El caso más habitual de esta falacia de generalización se da cuando queremos establecer una regla general de un caso que hemos observado personalmente o que nos ha llegado a través de otros. «Los taxistas son todos unos ladrones. Lo sé porque el otro día un taxista me dio mal el cambio». «Los inmigrantes africanos son violentos. Lo sé porque a una amiga de la vecina de mi madre que tiene una farmacia la atracó un negro». ¡Ojo!, este truco no nos engaña solo para denigrar; también se usa para adular: «Las parejas homosexuales educan fenomenal a sus hijos. Hay un caso en la clase de mi hija, la niña es encantadora y viene a jugar a casa».

Por mucho que un caso te afecte, nunca será suficiente como para pretender extraer una conclusión general.

FALACIA N.º 4 - *AD HOMINEM*

El argumento *ad hominem* consiste en atacar una idea atacando a la persona que defiende esa idea en lugar de buscar argumentos relacionados con la propia idea. Es muy triste pero el debate político español nos da muchos ejemplos de *ad hominem* últimamente. Es bastante frecuente escuchar a gente criticar las propuestas de Podemos por el simple hecho de que las defienden «perroflautas». Y, de igual modo, otros critican las posiciones del PP por el simple hecho de que las defienden «pijos». En ambos casos, los críticos pretenden ahorrarse la producción de verdaderos argumentos descalificando a la persona que presenta la propuesta.

Para usar el *ad hominem*, el manipulador va a analizar a su audiencia e intentar identificar rasgos personales que no le gustan (rico, pobre, comunista, religioso, gordo, ruso, joven, viejo...). Después va a buscar entre esos rasgos uno que pueda asociar a su oponente. Normalmente intentará soltar esta información descalificadora lo antes posible para que desde ese instante la audiencia vea con malos ojos todo lo que pueda decir su oponente. Por desgracia es una técnica que se usa mucho en las entrevistas de los medios de comunicación partidistas. Antes de preguntar al entrevistado por su libro y por el análisis que hace en él de la crisis financiera, el entrevistador malintencionado intentará destacar algunos aspectos del entrevistado que sabe que harán que los lectores lo miren con sospecha. Imagina, por ejemplo, dos entrevistas a dos autores que empiezan cada una por una pregunta de este tipo:

> *¿Es verdad que sus padres no le dejaban decorar las paredes de su habitación más que con estampas religiosas?*
> *¿Es cierto que su padre tenía un retrato de Karl Marx en su despacho de casa?*

Con estas preguntas presuntamente inocentes, lo que pretende el entrevistador es «contaminar el pozo». Es decir, generar un anclaje mental que distorsione todo lo que se diga más adelante. Quiere que a partir de esta primera pregunta desarrolles un prejuicio acerca del autor, que le pegues una etiqueta. Da igual lo que cuente el primer autor en su libro, ya no te puede parecer relevante si eres ateo. Da igual los argumentos desarrollados por el segundo autor, si no eres comunista no te puede aportar nada.

Es muy tóxico para el pensamiento caer en esta trampa de la descalificación.

En algunos casos muy específicos, sin embargo, deberemos tener en cuenta los atributos de la persona para valorar su discurso. Si se nos presenta un ciego como testigo de un accidente de coche, naturalmente es un problema. Si un médico que publica un estudio que defiende que fumar aumenta la capacidad pulmonar percibe un sueldo millonario por parte de una empresa tabacalera, por supuesto que debemos ser prudentes a la hora de examinar los resultados de sus investigaciones.

Pero, en general, se te debería encender una alerta en la cabeza cuando observas que el debate se centra más en el mensajero que en su mensaje.

Falacia n.º 5 - Argumento de autoridad

El argumento de autoridad consiste en defender algo como verdadero por el simple hecho de que la persona a quien se atribuye el argumento tiene autoridad en la materia. No quiero que mi libro se convierta en un factor de desestabilización familiar, pero el argumento de autoridad más típico es el que usan los padres cuando no quieren discutir con sus hijos: «esto es así porque lo digo yo y porque soy tu madre».

Fuera del ámbito familiar este argumento se usa mucho. Y, por lo que he podido observar, en nuestra sociedad contemporánea existen dos tipos muy comunes de argumentos de autoridad. El primer tipo lo podríamos bautizar como «argumento de autoridad internacional». Es el que usa y abusa del nombre de cualquier institución que tenga en su nombre la palabra «internacional» o «mundial». Da igual que digas muchas tonterías, si las proclamas desde la Agencia Mundial de algo o desde la Asociación Internacional de lo otro, de repente eres una voz autorizada.

Al segundo tipo lo podemos llamar el «argumento de autoridad genial». Su mejor ejemplo lo encontramos en el abuso descarado que se hace de la figura y de la imagen de

Albert Einstein. Convertido en el símbolo de la inteligencia superior, es ahora muy habitual ver cómo se atribuyen a Einstein un sinfín de citaciones y declaraciones sin ninguna base seria. Cualquier frase acompañada del nombre y de la foto de Einstein corre como la pólvora en las redes sociales. Y, por supuesto, el efecto es aún más potente si se consigue activar en las personas el sesgo de confirmación. ¿Cómo resistir a la tentación de creer que el mismísimo Albert Einstein piensa como tú?

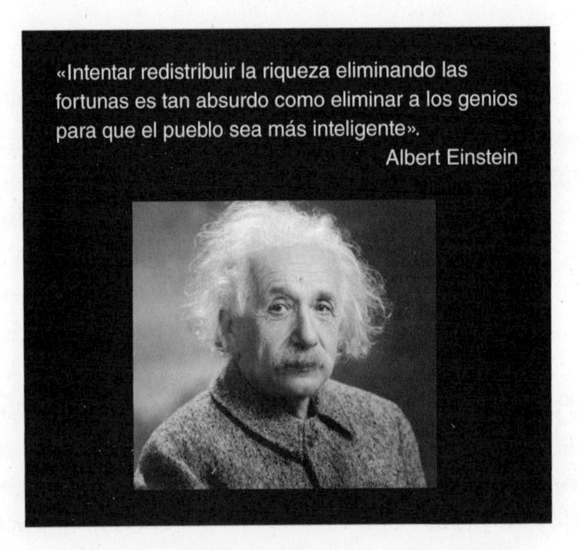

Este meme con una frase que no se puede atribuir a Einstein circula por Whatsapp.

Esto que acabo de ilustrar con Einstein se puede aplicar a muchas otras personas e instituciones. Nadie duda de que Bill Gates, Warren Buffet, la Universidad de Harvard, el Instituto de Tecnología de Massachusetts (MIT) o el Fondo Monetario Internacional (FMI) puedan producir pensamientos brillantes, pero hay que ser prudentes: ni son referencias en todas las materias ni son los autores de todo lo que se les atribuye en internet.

Falacia n.º 6 - Correlación no implica causalidad

El nombre exacto de esta falacia es *Cum hoc ergo propter hoc* (que traducido del latín significa: «Con esto, por tanto, a causa de esto»). Pero no creo que sea el nombre más explícito o fácil de recordar si tenemos en cuenta el poco éxito que tiene la asignatura de latín en nuestra época... La falacia consiste en deducir que existe una relación causal entre dos eventos por el simple hecho de observar una correlación estadística entre ellos.

A tiene una correlación con B	La gente que se duerme con los zapatos puestos se despierta con dolor de cabeza
A causa B	Dormir con zapatos causa dolor de cabeza

En realidad, si nos dejemos llevar por esta falacia, se nos puede escapar que a veces B será la causa de A, que otras veces un tercer factor causará la relación entre A y B o que simplemente la relación entre A y B es una mera coincidencia.

Observar que existe una relación entre el hecho de dormir con los zapatos puestos y despertarse con dolor de cabeza no permite establecer ninguna causalidad entre estos dos fenómenos. Los zapatos no causan el dolor de cabeza. Simplemente se nos escapa un tercer factor que es la borrachera. A menudo, los borrachos se acuestan sin quitarse los zapatos y el despertar después de una borrachera suele ir acompañado de dolor de cabeza.

Del mismo modo, detectar que existe una relación entre el consumo de queso *raclette* y las fracturas de piernas tampoco permite establecer ninguna causalidad. Es un tercer factor el que puede unir estos dos hechos: el queso *raclette* se consume mucho en las estaciones de esquí de los Alpes porque es típico de allí, donde seguro hay más accidentes y fracturas de piernas que en otros lugares.

La inmensa cantidad de datos de todo tipo disponibles en internet multiplica las probabilidades de encontrar correlaciones que son puras coincidencias. El siguiente código QR te permite acceder a una página web que ilustra este fenómeno y permite imaginar relaciones de causalidad absurdas.

Pero esta falacia no es siempre tan inocente o graciosa. No puedes perder de vista que se usa a veces con siniestros objetivos políticos. Es el caso, por ejemplo, de la correlación que puede existir entre la inmigración y la delincuencia, y de la que algunos intentan inferir una causalidad para estigmatizar a los inmigrantes. En realidad no existen estudios científicos que establezcan una relación de causalidad entre inmigración y delincuencia. La delincuencia es un problema muy complejo cuyas causas se tienen que buscar en múltiples factores que influyen unos sobre otros: pobreza, desempleo, estructura familiar, educación, exposición a la violencia, consumo de drogas y alcohol...

No te dejes engañar por el parecido de dos curvas en una gráfica.

Hay más tipos de falacias que no vamos a examinar en este libro. De momento, creo que con aprender a reconocer estas seis tan presentes en los discursos que nos rodean tienes trabajo de sobra.

Y acuérdate: «Ni es oro todo lo que reluce, ni es lógico todo lo que lo parece».

¿Por qué no nos asociamos?

A lo largo de este capítulo te he proporcionado varios ejemplos de falacias. Sacadas de contexto, es relativamente fácil desenmascararlas. Ahora, el reto consiste en cazarlas al vuelo en conversaciones, discursos o artículos.

¿Qué te parece si entre todos hacemos un esfuerzo para crear una colección de contenidos (vídeos, artículos e incluso memes) que contengan falacias?

Si me mandas lo que encuentres a la dirección falacias@turincondepensar.es, me comprometo a publicar los mejores ejemplos en la página www.turincondepensar.es para que todos podamos seguir aprendiendo y entrenando.

Capítulo 8

Entra basura, sale basura

España va a ganar el Mundial.
UN PULPO LLAMADO PAUL EN 2010

«I did[1] my own[2] research[3]»

[1] *watched*
[2] *someone else's*
[3] *shitty youtube video*

Para hacer una tarta necesitas ingredientes. Para pensar también necesitas materia prima. No puedes pensar de la nada. Eso sería, más bien, soñar. Si vas a dedicar dos horas a preparar una tarta, más te vale elegir una materia prima de calidad. ¿Qué sentido tendría que te molestases en seguir paso a paso una receta complicadísima para terminar con una tarta incomible porque tu harina estaba rancia, la fruta pocha o el chocolate era de pésima calidad? ¡Ninguno! Pues para pensar y no perder el tiempo en el intento o arriesgarse a caer en conclusiones equivocadas, deberías ser precavido a la hora de seleccionar tus fuentes. Vamos a repasar en este capítulo los elementos clave a los que debes prestar atención, las preguntas que te tienes que hacer.

¿Quién?

Si estás alimentando tu reflexión o tu estudio con un libro, un artículo o cualquier otro tipo de fuente, conviene que te intereses por el perfil de su autor. En este primer punto de control nos encontramos con un problema propio de nuestra época: las fuentes anónimas. El mundo digital permite una difusión de información sin ninguna firma que antes era inimaginable. En el mundo preinternet el anonimato necesariamente condenaba a una difusión reducida. Podías imprimir un pequeño panfleto y meterlo en los buzones de tus vecinos o en el parabrisas de los coches, o podías pegar carteles a escondidas durante la noche, pero debido a las propias limitaciones físicas de estos medios de difusión, tu mensaje no llegaba a mucha gente. Los medios de difusión masiva de la época (imprentas, radios, televisiones) no daban voz a fuentes anónimas.

Esta situación ha cambiado con internet. Podemos publicar contenidos de manera anónima o escondidos detrás de un alias: blogs, zonas de comentarios de las noticias de los periódicos, redes sociales... Y la capacidad de difusión que tenemos todos los ciudadanos conectados a la red (*email*, redes sociales, aplicaciones de mensajería como WhatsApp o Telegram) puede multiplicar hasta el infinito la propagación de estos mensajes anónimos. Este anonimato es el mayor peligro al que te puedes enfrentar a la hora de pensar bien. Sencillamente, nunca deberías tener en cuenta informaciones y datos que no estén firmados por una persona o una institución. Lo que más me sorprende es que haya tanta gente que pase por alto algo tan obvio. Y no me refiero a idiotas que se creen cualquier cosa, que hacen caso a todos los charlatanes que se les cruzan por el camino. Me refiero a personas sensatas, muchas de ellas con una formación universitaria sólida que reenvían por WhatsApp informaciones anónimas a las que dan credibilidad y difusión. Por favor, dime que tú no haces eso. Y si lo haces, prométeme que no lo vas a hacer nunca más. Desconfía siempre de las informaciones que no están firmadas.

Bien, resuelto el crucial tema de las fuentes anónimas, podemos centrar nuestra atención en las noticias firmadas por un autor, un grupo de autores o una institución. Si hay una firma, estás en presencia de una fuente que podría merecer tu atención.

Si tienes que comprar un ordenador nuevo, estoy seguro de que te acuerdas de un familiar, un amigo o un compañero de trabajo que sabe mucho de eso y que consideras que te va a poder asesorar con criterio. Del mismo modo, sabes que en esa materia las recomendaciones de tu abuela o de tu hija de seis años que han visto un anuncio en la televisión te servirán de muy poco.

Con las fuentes que alimentan tus reflexiones y pensamientos debes proceder exactamente de la misma manera. Debes prestar más atención a los especialistas y, por supuesto, asegurarte de que cada uno de ellos respeta bien el perímetro de su especialidad. Cuando un experto en desarrollo de aplicaciones para *smartphones* empieza a opinar sobre las consecuencias del cambio climático o sobre la reproducción de los tiburones blancos, su opinión vale tanto como la mía en materia de gimnasia rítmica, de horticultura o de póquer: nada.

Este problema se plantea sobre todo en las redes sociales, donde podemos observar a personas con un número considerable de seguidores. Normalmente deben esta notoriedad a una especialidad: tal *influencer* tiene quinientos mil seguidores en Instagram porque es actriz y, además, viste con estilo y sabe más de pintalabios veganos que nadie. Este emprendedor tiene ochenta mil seguidores en Twitter porque ha creado dos *startups* de éxito en el ámbito del *marketing online* y nadie en España sabe más de *cost per click*. Hasta aquí todo bien, pero ¿qué pasa cuando la *influencer* se pone a animar a sus seguidores a no vacunar a sus hijos? Y ¿qué pasa cuando nuestro mini Elon Musk empieza a opinar sobre política monetaria o derecho laboral? A esto le llamo abusar de la audiencia y me parece una falta de respeto. Lo sorprendente, sin embargo, es la pasividad de la audiencia que no se rebela nunca y jamás grita: «¡Zapatero, a tus zapatos!».

Evaluar la legitimidad de un autor no siempre es tarea fácil. Por definición, solo conoces los nombres de los expertos en los campos del saber en los que te acostumbras a mover. Si eres un apasionado de la inteligencia artificial o de los chihuahuas, sabes quiénes son los grandes expertos en esta materia. Pero si te estás preguntado acerca de las consecuencias de la pandemia de la COVID-19 en la economía mundial, si no eres ni economista ni geopolitólogo, lo más normal es que no sepas distinguir entre las voces autorizadas en esta materia y los caraduras que hablan del tema sin conocimientos sólidos. Para estos casos, podemos investigar al autor y buscar en internet referencias (qué ha estudiado y dónde, qué ha publicado sobre este tema y qué acogida han tenido sus publicaciones...) o delegar este trabajo y confiar en otros para que realicen el filtrado. Es lo que vamos a ver en el siguiente punto.

¿Dónde?

Para no tener que investigar el currículo de cada autor que lees o te planteas leer, puedes confiar en los medios que dan voz a estos autores. Si no conoces a Juan Delibex, te ayudará saber que es un periodista que cubre la actualidad bursátil para el mayor periódico económico del país. No es grave si no conoces personalmente a María Mazoculta, pero al descubrir que es crítica en el suplemento literario de un periódico de renombre, comprenderás que sabe de qué habla cuando leas un artículo suyo sobre el último ganador del Premio Nobel de Literatura.

El mismo mecanismo se puede aplicar a todos los medios. Para que una editorial de prestigio publique un libro, este habrá tenido que pasar por muchos filtros. Un analista financiero que publica sus análisis en la *newsletter* que un gran fondo de inversión envía a sus mejores clientes ofrece más garantías que un don nadie que los publica en su blog personal o en su pódcast.* Hay establecidas unas categorías de seriedad y fiabilidad que los medios adquieren con el paso del tiempo. El *Washington Post* y el *New York Times* son más fiables para temas relacionados con la actualidad de la Casa Blanca que un periódico de la zona noroeste de Dakota del Sur. Pero, ¡ojo!, este periódico local es con toda probabilidad la mejor fuente de información si lo que te interesa es seguir la elección de Miss Belle Fourche.

Por supuesto, existe también una jerarquía de fiabilidad entre los distintos tipos de medios. Esta jerarquía depende, sobre todo, de un criterio: la revisión. Por este motivo se considera que las revistas científicas son las más fiables. Para publicar un artículo en este tipo de revistas, hay que someterlo a una relectura por parte de científicos considerados referentes en la materia que trata dicho artículo. Son las revistas

---

* Bonus para los lectores asiduos que leen hasta las notas a pie de página: tampoco te creas todo lo que diga la *newsletter* del analista...

científicas más prestigiosas las que adoptan un proceso de revisión más estricto que implica a los científicos de mayor renombre. Después vendrán las editoriales de prestigio que filtran los libros que aceptan publicar con el asesoramiento de comités. Solo después vienen los grandes grupos de prensa (escrita, de radio o de televisión) y, para finalizar, los blogs y las cuentas personales en redes sociales.

Me gustaría añadir un comentario acerca de las redes sociales, que se han convertido en una importante fuente de información (y de desinformación) en los últimos años. Son medios de comunicación que no ofrecen ninguna garantía de calidad. Un usuario de Twitter, LinkedIn o Facebook puede publicar lo que le dé la gana. El inmenso renombre que han adquirido estas empresas no se puede, en absoluto, extrapolar a sus usuarios. Es posible que a muchas personas les suene más Facebook que *The Wall Street Journal* o *The Boston Globe,* pero cometerán un grave error si piensan que lo que leen en Facebook ofrece tantas garantías de seriedad y fiabilidad como los artículos que publican estos dos periódicos. En las redes sociales es fundamental resolver bien la cuestión del quién porque el dónde no aporta ninguna garantía.

¿Por qué?

Otra pregunta que te tienes que hacer cuando te enfrentas a una información nueva es la de la intención del autor. Puede que el autor de la publicación sea neutral o que esté vinculado a intereses particulares, lo que afectaría seriamente a su objetividad. Como receptor del mensaje puedes ejercer dos tipos de controles.

El primero está relacionado con el propio autor. Puedes investigar e intentar averiguar si el autor tiene alguna vinculación con un partido político, un gobierno, una empresa o una institución relacionados con el tema que trata en su publicación. Imaginemos por un instante que tienes delante un artículo extenso de un catedrático de economía que, en plena crisis financiera del 2007, defiende con pasión que los gobiernos cometerán un grave error si refuerzan los mecanismos de control y las regulaciones de las actividades de los bancos. ¿No crees relevante averiguar que el setenta por ciento de los ingresos de este señor provienen de trabajos de consultoría que vende a bancos? Del mismo modo, si un *influencer* que sigues en Instagram pone por las nubes a un restaurante, ¿no te parece importante saber que este mismo restaurante pertenece a su primo o que el dueño del restaurante le ha pagado quinientos euros por la publicación?

El segundo tipo de control que puedes ejercer tiene que ver con el propio contenido de la publicación: ¿cómo procede el autor?, ¿expone solo argumentos y teorías a favor de una tesis o recopila también los de la tesis contraria? Si lees un libro sobre la guerra civil española, ¿crees que puede ser una fuente digna de confianza si solo comenta las atrocidades cometidas por uno de los dos bandos? Evidentemente, no. Un autor que solo presta atención a una de las caras de la moneda debe ponerte en alerta. Esto no significa en absoluto que las únicas fuentes fiables sean las que pitan empates. Cuando uno busca la verdad puede llegar a la conclusión de que tienen la razón los defensores de la tesis A o los de la tesis B, o puede llegar a la conclusión de que la verdad se encuentra en un punto intermedio. Lo que digo es que, cualquiera que sea el caso, debes desconfiar de los autores que caricaturizan, demonizan o ignoran de forma sistemática los argumentos de unos para alabar los de otros, sin poner el foco en sus necesarias zonas de sombra.

¿Cómo?

Cuando has prestado atención a la identidad del autor, al medio que lo publica y a sus intenciones, te queda por examinar un último elemento más formal, casi diría que de estilo. Parte de esta formalidad tiene que ver con la trazabilidad. ¿El autor respeta unas normas de estilo que te permiten verificar que los hechos que relata son verdaderos? ¿El libro contiene referencias bibliográficas de calidad? Las fuentes consultadas por un autor dicen mucho de la profundidad de su investigación. Valorarás que se haya nutrido de autores reconocidos de aquí, pero también extranjeros; que haya leído las últimas publicaciones, pero también que no se haya olvidado de los clásicos. ¿El autor cita a sus fuentes sin modificar sus declaraciones? Un libro sin bibliografía es una novela. Que nadie te haga creer que puede decir cosas interesantes sobre finanzas, medioambiente, teología o un personaje histórico a lo largo de trescientas páginas sin haber bebido de múltiples fuentes. Cuando alguien se refiere a un estudio científico o a los resultados de una encuesta de opinión, te tiene que dar referencias para que, si quieres, puedas consultar esas fuentes y comprobar que efectivamente dicen lo que el autor afirma que dicen.

Pero quizá el punto clave radique en distinguir entre hechos y opiniones. Los hechos son eventos reales que han ocurrido o siguen en curso. Conviene describirlos con objetividad, de manera fría, sin entrar en juicios de valor. Por el contrario, las opiniones son interpretaciones de los hechos por parte del autor. Por definición, son subjetivas. Para distinguir entre hechos y opiniones te recomiendo que prestes atención a los verbos que utiliza el autor. Los verbos que denotan una percepción sensorial deberían de estar reservados a los hechos: «se pueden observar colas de varios kilómetros», «los vecinos escucharon una explosión», «la casa desprendía un olor a quemado»... En cambio, las opiniones deben ser identificadas con claridad por otros verbos: «Pienso que», «me parece que», «me imagino que», «creo que»... Por lo general, los periódicos serios toman precauciones para evitar que sus lectores puedan confundir hechos y opiniones, y agrupan los artículos de opinión bajo títulos explícitos: opinión, cartas al director, editorial o críticas, por ejemplo. Sin embargo, es cada vez más frecuente que algunos autores indelicados hagan pasar sus opiniones por hechos, lo que confunde a su público. Lo pueden hacer por motivaciones personales, pero lo más probable es que lo hagan para cumplir con los objetivos comerciales del periódico. Como bien lo explica Tom Nichols en su libro *The Death of Expertise*: «Hoy existe una fuente de información para cada gusto y opinión política, con la línea que separa el periodismo del entretenimiento intencionadamente borrada para conseguir más clics».* En lugar de proveernos con la información más veraz, cada vez más la prensa busca proporcionarnos las opiniones que nos gustan.

Más allá de este trabajo que te toca hacer al contestar a las preguntas: ¿quién?, ¿dónde?, ¿por qué? y ¿cómo?, me gustaría atraer tu atención sobre un elemento relacionado con la revolución digital que hemos vivido en las dos últimas décadas.

La transformación de los medios de comunicación masivos

Este tema merecería un libro entero y hay muchos volúmenes que lo tratan muy bien. No pretendo analizar en detalle la trans-

* Tom Nichols, *The Death of Expertise: The Campaign Against Established Knowledge and Why it Matters*, p. 142.

formación de los medios de comunicación a partir del nacimiento de internet y de la nueva economía digital. Sin embargo, necesito describir algunos aspectos de esta transformación para que seas consciente de hasta qué punto nos puede afectar a la hora de informarnos, aprender y, en definitiva, ejercer nuestra inteligencia.

Resumiendo mucho, pero intentando no faltar a la verdad, podemos decir que antes de internet la información era un bien escaso de mucho valor. Para acceder a ella, la gente compraba un periódico todos los días. Los periódicos vivían de los ingresos que generaban sus ventas y cobraban también a las empresas que querían anunciar sus productos en sus páginas. Los grandes periódicos conformaban grupos muy poderosos que podían tener decenas de periodistas profesionales en plantilla, corresponsales en las capitales más importantes y reporteros que viajaban por el mundo para cubrir los grandes acontecimientos. En este entorno, los periódicos competían en calidad. Ganaban prestigio y lectores cuando eran capaces de sacar a la luz un reportaje inédito o una noticia bien escondida que había movilizado a un equipo de investigadores.

Con la llegada de internet nacieron periódicos digitales que regalaban las noticias y cuyo modelo de negocio consistía, en exclusiva, en vender publicidad. El público se acostumbró con mucha rapidez a esta gratuidad y las ventas de los periódicos de toda la vida se desplomaron. La consecuencia directa de este cambio radical de modelo de negocio es doble. Por un lado, los periódicos ya no se pueden permitir mantener las plantillas que tenían. Se reduce el número de corresponsales permanentes, se cubre la actualidad internacional con menos reporteros y se reduce también el número de redactores. En consecuencia, llegan cada vez más noticias de terceros y se relaja el control de calidad. Por otro lado, los periódicos dependen ahora mucho más de la publicidad y esto cambia por completo las reglas de juego. Ya no se puede dar prioridad a la calidad. A partir de ahora se necesita captar el mayor número posible de lectores para poder vender más anuncios y a un precio más elevado. Y esto significa que la calidad de la noticia, su valor informativo, ya no es el criterio que marca el norte del periódico. Lo que prima es que la noticia sea atractiva. Hay que atraer al lector como sea. Ya no le podemos imponer un contenido que va a hacer que sea más inteligente y entienda mejor las grandes cuestiones del mundo. Lo tenemos que entretener. Y si esto significa escribir más artículos sobre Shakira que sobre Christine Lagarde, más artículos sobre la última temporada de *La Casa de Papel* que sobre las elecciones europeas, se hace. Si significa tener una sección de deportes tres veces más extensa que la sección de política internacional, ¿qué le vamos a hacer?

Pero esta nueva dependencia de la publicidad no solo afecta a las prioridades de los periódicos, sino que también influye en la esencia del periodismo. En principio, un periodista debe comprometerse a descubrir la verdad de interés general, describir el mundo tal y como es y expresar sus opiniones con libertad. El problema es que la dependencia que el periódico tiene de la publicidad interfiere con los principios básicos del periodismo. Si la supervivencia de tu periódico favorito depende principalmente de los anuncios de las grandes empresas y del gobierno, ¿de verdad crees que sus periodistas tienen plena libertad para escribir artículos sobre los abusos de un banco que engaña a sus clientes vendiéndoles productos financieros de riesgo como si fueran seguros? ¿Crees que es fácil criticar la política de un gobierno, destapar casos de corrupción del partido del presidente del gobierno o hacer el inventario de las promesas de campaña incumplidas si tu sueldo depende de los anuncios que compra la propia administración pública?

Como puedes ver, en la situación actual es complicado para cualquier ciudadano confiar en los medios de comunicación para abastecer su reflexión de materia prima de calidad. Todos tenemos que redoblar nuestra prudencia, multiplicar nuestras fuentes de información, leer y mirar con ojo crítico. No viene mal recordar aquí que la calidad de la prensa depende en gran medida de sus recursos financieros y de la proveniencia de estos recursos. Los recursos permiten financiar el trabajo de reporteros que se desplazan para investigar en el terreno, pagar a redactores que aseguran la calidad de la información y dotar a los periodistas de la tecnología puntera que necesitan a veces para tratar grandes cantidades de datos. Para preservar la independencia de la prensa, es mejor que la financien cientos de miles o millones de particulares que grandes empresas o *lobbies*.

Conclusión

Hemos identificado en este capítulo una serie de filtros que debemos usar como consumidores de información. Desde esta perspectiva, corremos el riesgo de complacernos en un rol de víctima: «Yo, el pobre lector, oyente, telespectador que me tengo que esforzar para no caer en las trampas de los malvados emisores que me intentan manipular, engañar, desinformar y sepultar bajo una avalancha de *fake news*». Sería una visión reduccionista. En realidad, no somos solo víctimas. Somos, incluso cada vez más, cómplices de estas malas prácticas. Con la revolución digital, todos somos emisores y esto nos obliga a asumir una responsabilidad. No podemos exigir a los emisores profesionales tradicionales que sean serios, que mencionen sus fuentes, que verifiquen sus informaciones, que presenten las dos caras de la moneda, mientras damos rienda suelta a nuestra propia mediocridad de emisores aficionados. No podemos escribir en nuestro blog, en Instagram, Twitter, Facebook, LinkedIn o WhatsApp la primera opinión que se nos pasa por la cabeza como si fuera un hecho. Tampoco podemos reenviar contenidos de mala calidad (anónimos, parciales, falsos...).

Tenemos cada uno que ejercer tanto la libertad de expresión como la libertad de dudar con responsabilidad. De ti depende ser parte del problema o de la solución. De ti depende ser una persona que contribuye a descubrir la verdad o un soldado del ejército de la mentira.

¡Toca ser sibarita!

Del mismo modo que sabes reconocer un buen jamón y que ves las diferencias entre un Fiat y un Ferrari, debes aprender a reconocer la mejor materia prima para alimentar tus reflexiones. Veamos qué puedes hacer para entrenar esta habilidad:

- ¿Cuáles son tus fuentes de información? Si no lees habitualmente el periódico, te animo a que compres uno de calidad el próximo sábado o domingo. No tienes por qué leerlo de pe a pa, pero sería interesante, por ejemplo, que te fijases en la diferencia entre hechos y opiniones. También puedes prestar atención a los nombres de los anunciantes e identificar posibles conflictos de intereses en artículos que hablan de esas mismas empresas.
- En tus conversaciones con amigos y familiares, ten especial cuidado en preguntar por las fuentes cuando alguien te cuente algo sobre un tema complejo o polémico. No lo hagas para fiscalizar o dar lecciones. Pregunta de manera ingenua, por curiosidad. Y no dejes que nadie se escabulla

con «lo he leído» o «lo han dicho en la tele». ¿Dónde? ¿En qué periódico? ¿En qué programa? Ayudarás a que esas personas se den cuenta de la debilidad de sus fuentes.

- Es un tema que ya hemos tocado en los ejercicios de otros capítulos, pero insisto porque es crucial. No te precipites a la hora de reenviar contenidos en redes sociales o WhatsApp. Ten especial cuidado cuando son noticias que te gustan. ¿Quién quieres que gane, tu inteligencia crítica o el maldito sesgo de confirmación?
- ¿Has leído un artículo de una revista científica? No siempre es una lectura sencilla, pero resulta muy útil para descubrir o recordar lo que representa la mayor exigencia de seriedad y transparencia en materia de información.

Capítulo 9

Engañados por las palabras

El valor de las palabras cambia a medida que los hombres reclaman el derecho a usarlas para justificar sus acciones: la sinrazón es llamada valor y lealtad al partido; la demora prudente se vuelve cobardía; la moderación y el autocontrol son rechazados y tachados de timidez.

TUCÍDIDES

No diría que es fea, diría mejor que tiene mucha personalidad.

MI ABUELA

Las palabras son un recurso indispensable de nuestro pensamiento. Si queremos pensar con otros, construir sobre el pensamiento de otros y que otros puedan un día construir sobre el nuestro, necesitamos expresar nuestras reflexiones con palabras. Al ser un elemento tan importante de la actividad intelectual, las palabras también se pueden convertir en un arma de destrucción masiva del pensamiento. No respetar el sentido de las palabras permite a algunas personas malintencionadas manipular y engañar al público.

Una técnica que se utiliza mucho para influir sobre nuestro pensamiento es el uso del eufemismo.

> Eufemismo: *m.* Manifestación suave o decorosa de ideas cuya recta y franca expresión sería dura o malsonante.

El eufemismo maquilla la realidad de las cosas, impide acceder a la verdad e impide pensar bien. Lo más gracioso del eufemismo es que ni él mismo se salva de su propia toxicidad. Estoy seguro de que has oído hablar más de «lo políticamente correcto» que de eufemismo. Claro, suena mucho más correcto y positivo así, ¿no?

Es curioso cómo, en los últimos años, los medios de comunicación han ido incorporando esta versión *light* de la lengua que promueven las agencias de comunicación y relaciones públicas, y que ayudan a políticos y empresas a esconder las malas noticias y los mensajes que el público debería percibir de manera negativa. Los periódicos, que tendrían que estar escritos con las palabras críticas de los periodistas, acaban llenos de palabras que provienen de las notas de prensa que tantas veces suenan a hueco, esconden o directamente engañan.

Si te fijas, España ya no conoce la pobreza. Como mucho, nuestra población cuenta con un cierto número de «familias con menos recursos». Tenemos la suerte de vivir en una época en la que ya no hay despidos o paro. No, las empresas solo reducen o, mejor dicho, optimizan su plantilla provocando desempleo. Pero dentro de «desempleo» sigue apareciendo «empleo», así que no todo está perdido...

Tampoco es que hagamos frente a una multiplicación de los puestos de trabajo precarios. No, los empleados que se contratan y despiden a diario son trabajadores que se benefician de una mayor «flexibilidad» en su vida profesional.

Tenemos la suerte de vivir en un país que no se enfrenta a crisis económicas o a angustiosos periodos de recesión. España, como mucho, se enfrenta a «episodios de ralentización» o de «desaceleración» que solo provocan «crecimientos negativos». Pero, tranquilos, seguimos hablando de crecimiento...

¿Acaso algún médico se atrevería a decirle a una víctima de un accidente de tráfico que recobra la conciencia después de una operación que no se preocupe porque no ha sufrido ninguna amputación sino un «crecimiento negativo de la pierna izquierda»? Recuerdo un gobierno que hablaba de «soluciones habitacionales» porque no se atrevía a reconocer que algunas personas pobres estaban condenadas a vivir en pisos del tamaño de una despensa. Lo peor es que todos estos ejemplos que acabo de darte ya no se llaman «mentiras» o «cuentos chinos». Se llaman «relatos» y los diseñan expertos en *storytelling*.

Podría resultar hasta gracioso este fenómeno si no tuviera auténticas consecuencias sobre nuestra manera de percibir la realidad, de entender el mundo y de articular nuestros pensamientos. Pero es que para pensar bien hace falta estudiar la realidad y buscar la verdad. No podemos pensar bien si se nos esconde o disfraza el mundo tal y como es. ¿Cómo puede un ciudadano entender y evaluar la política exterior y de defensa de su gobierno si las guerras no dicen su nombre y se llaman «intervenciones» o «despliegues de tropas» y si los bombardeos pasan a ser «ataques aéreos de precisión»?

Más allá de tu opinión al respecto, ¿crees que se dan las mejores condiciones para tener un diálogo de calidad sobre las cuestiones morales del aborto si se pasa a llamarlo «interrupción voluntaria del embarazo»? Si lo piensas, una interrupción es algo benigno, un contratiempo. La interrupción por publicidades de la serie que estás viendo no es un problema. Sabes que se va a retomar el programa en unos instantes y al final hasta viene bien para ir a la nevera a picar algo. La interrupción de una conversación por un intruso tampoco es un drama. Nos puede molestar, pero sabemos que no pone en peligro la continuidad de esta conversación cuando se haya ido. Entonces ¿es el aborto una interrupción? ¿Se puede retomar el embarazo después? ¿No crees que sería más apropiado hablar de «finalización» para no faltar a la verdad?

Desde el punto de vista moral, tenemos desde siempre un problema con la prostitución. No lo vamos a resolver aquí; sin embargo, me gustaría hacerte una pregunta: si como sociedad queremos tener un debate de calidad y considerar la realidad de este asunto, ¿crees que ayuda llamar a las prostitutas «trabajadoras del sexo»? Al fin y al cabo, si son trabajadoras, ¿no nos deberíamos preocupar de que no se queden sin trabajo?

Me imagino que ahora te estarás dando cuenta de que un cambio de nombre puede modificar nuestra percepción de una misma realidad. Pero el esfuerzo por maquillar la verdad no se termina aquí. Hay otro recurso a disposición de los artistas del eufemismo: las siglas.

La palabra «aborto» incomoda mucho. La expresión «interrupción voluntaria del embarazo» le empieza a quitar hierro al asunto. Y ¿qué me dices si el titular del periódico solo menciona las siglas IVE? Esto ya parece un tema burocrático, algo parecido al IVA. Cambiemos de ámbito. ¿Qué imagen viene a tu cabeza si te hablo de inmigrantes menores de edad que han llegado a España sin estar acompañados por sus padres? Contado así, creo que es posible que te imagines a tu hermana pequeña o a tu hija sola en un país desconocido. Lo más probable es que sientas compasión. Sinceramente, dudo que puedas sentir lo mismo cuando se te describe esta situación escondiéndola detrás de las siglas MENA (por «Menores Extranjeros no Acompañados»).

Se esfuma la compasión frente a unas letras tan frías como las de IBM. ¿Acaso ha cambiado la realidad del menor?

Los eufemismos sirven siempre a un propósito. En función de la orientación política del medio de comunicación, se usarán para proteger o no. Al igual que los padres nunca dirán que tienen un hijo mentiroso sino un hijo con una gran imaginación, un periódico podrá tratar a un personaje público de drogadicto o de «persona que se enfrenta a un problema de adicción a las sustancias psicoactivas», según tenga ganas o no de hacer daño.

Cuando un virus afecta a la lejana China, para atraer la atención del público y activar fuertes emociones de miedo, se le llama «coronavirus». Con este nombre se le percibe como una amenaza potente con un fuerte poder de contagio. Es necesario dramatizar para que el público se interese por algo que ocurre al otro lado del planeta. Todo cambia, sin embargo, cuando este mismo virus entra de repente en nuestro país y se dispara la ansiedad entre la población. Entonces es más conveniente rebautizarlo como «COVID-19». Así ya no suena tan viral o virulento y la gente puede visualizar una enfermedad de esas que solo afectan a los demás.

A veces, algunos eufemismos parecen hasta nacer de una buena intención. Por lo general, se trata entonces de no herir susceptibilidades. Por este motivo, dejamos poco a poco de hablar de «personas minusválidas» para hablar de «personas con movilidad reducida». Dejamos de hablar de «viejos» o de «ancianos» para hablar de «personas mayores» o, mejor incluso y escondido detrás de la barrera de la traducción, de «seniors». El problema es que en muchos de estos casos corremos el riesgo de engañarnos a nosotros mismos. Creemos que el respeto por las personas minusválidas aumenta si las llamamos «de movilidad reducida», pero quizá eso solo sirva para que algunos nieguen o perciban con mayor dificultad todas las barreras y obstáculos que estas personas encuentran a diario. Evitamos las palabras «anciano» o «viejo» para no sentir tan de cerca la realidad de la vejez y la muerte que nos tocará a todos, aunque quizá haya quien con esta conceptualización suavizada pierda cierto respeto al valor propio de esa edad, con la sabiduría y la perspectiva que ofrece.

Como puedes ver, no hay absolutamente nada de anecdótico o baladí en este debate. No se trata de meros juegos de palabras.

Tenemos la suerte de vivir en una democracia, pero no podemos confiarnos y olvidarnos de que los totalitarismos siempre se han construido sobre confiscaciones y manipulaciones de las palabras. Hace poco menos de un siglo, los nazis empezaron a utilizar palabras despectivas como «cucarachas», «ratas» o «seres inferiores» para referirse a los judíos. Imponiendo estas palabras consiguieron, poco a poco, que todo un pueblo llegase a olvidarse de la humanidad de millones de personas y acabase convencido de la necesidad de exterminarlas como si de una plaga se tratara. Es exactamente lo mismo que hicieron los hutus con los tutsis en Ruanda cincuenta años después. Dejarse confundir por las palabras puede tener consecuencias dramáticas. Y si las tiene es porque la manipulación de las palabras nubla y hasta desactiva nuestra inteligencia.

Necesitamos elegir las palabras con cuidado para articular bien nuestro pensamiento y comunicarlo con claridad. Esto resulta imposible o, por lo menos, difícil en esta nuestra época donde prosperan el lenguaje de la opacidad y el de la falsa claridad. Llamo «lenguaje de la opacidad» a la jerga técnica que se usa para esconder la realidad cuando resulta incómoda. Es el lenguaje que utilizan las personas que no dominan una disciplina para confundir a quienes saben aún menos que ellas. Sueltan cuatro o cinco tecnicismos que no entienden para impresionar y acomplejar a una audiencia que no se atreve a pedir explicaciones más claras para no tener que admitir su propia ignorancia. Es el lenguaje que utilizan los empleados de las sucursales bancarias para vender a sus clientes productos que no entienden muy bien: «Blablablá, *high yield*, blablablá... Política monetaria expansiva del Banco Central Europeo, blablablá... Cobertura del riesgo, blablablá... Una firmita aquí abajo, por favor. Muchas gracias y buena suerte...». Es también el lenguaje que usan los vendehumos que quieren dar un brillo extra a su actividad de toda la vida. Es así como puedes escuchar una conferencia de un profesional del *marketing* digital que parece una ponencia sobre la teoría de cuerdas porque envuelve las cosas más sencillas en tres capas de jerga, anglicismos y acrónimos. Pero vamos a ver, ¡si estamos hablando de anuncios en internet!

Igual de peligroso es el «lenguaje de la falsa claridad» que, a golpe de simplificaciones y burdas caricaturas, borra los imprescindibles matices de los debates complejos. Es el lenguaje de los todólogos de las tertulias y, por desgracia, de muchos políticos y del populismo. Estamos en el siglo XXI. Como civilización, hemos acumulado mucha sabiduría e infinidad de conocimientos. Nos han precedido innumerables mentes brillantes y tenemos la suerte de convivir con muchas de ellas. Es un insulto a la inteligencia proponer soluciones simplistas a problemas extremadamente complejos. No, el paro no se soluciona echando a los inmigrantes al mar. No, la educación no se transforma regalando una tableta a los alumnos. No, el cambio climático no se resuelve de forma milagrosa con subvenciones al coche eléctrico. Simplificar en exceso no ayuda a entender las cosas complejas de la vida. Las simplificaciones esconden mentiras y manipulaciones.

Pero cometerías un error si piensas que eres una víctima de los malvados manipuladores que te engañan con sus eufemismos y sus lenguajes de opacidad y falsa claridad. En este ámbito tampoco deberíamos echar la culpa a los demás. Necesitamos reconocer nuestra propia responsabilidad en el ámbito de las palabras. Cada uno tenemos la obligación de adquirir un vocabulario amplio que nos permita hablar con precisión y nos evite tener que renunciar a los matices, que son la esencia de los intentos de dar respuesta a las grandes cuestiones. No podemos, cual camaleones, adoptar los hábitos de comunicación de los manipuladores que nos desconectan de la realidad y nos alejan de la verdad. Tenemos que hacer el esfuerzo de leer y de aprender para adquirir el lenguaje que nos permita acercarnos a las grandes cuestiones. No vale vivir distraído por un ocio omnipresente que no requiere apenas ninguna activación de la inteligencia. Un león que renunciara a sus dientes y garras no sería un león. Un pájaro que renunciase a sus alas, ¿en qué se quedaría? Una persona que descuida su lenguaje es, sin duda, una persona cuya humanidad se encoge.

Antes de concluir este capítulo dedicado a las palabras, me gustaría añadir dos breves comentarios. El primero tiene que ver con el aprendizaje de los idiomas extranjeros. A veces parece que aprender un idioma solo proporciona dos beneficios: cobrar un mejor sueldo y poder viajar para hacerse *selfies* por todo el mundo. Creo que es importante recordar que hablar idiomas también permite entender a más personas y acceder a más pensamientos originales que nos puedan acercar a la verdad. El libro que tienes en tus manos no es el compendio de mis elucubraciones. Por supuesto, contiene ideas originales mías, pero sobre todo articula los pensamientos de otros muchos pensadores que me superan de largo. Si he podido acceder a estos pensadores es a través de los libros. Entender el español, pero también el francés y el inglés, me ha permitido nutrir mi reflexión de múltiples fuentes. Hablamos de un fenómeno exponencial. Los autores franceses tienen su propia cultura y mantienen a menudo una estrecha relación con sus vecinos alemanes y con intelectuales francófonos de medio oriente y de África que enriquecen su propia visión de las cosas. A su vez, los autores españoles o hispanohablantes ofrecen muchas referencias interesantes al pensamiento de los intelectuales italianos. Y, por supuesto, el inglés permite acceder a una infinidad de libros. Conocer mejor tu propia lengua es un requisito básico para pensar mejor, pero descubrir otros idiomas se podría decir que es la vitamina del pensamiento.

El segundo comentario, con el que voy a cerrar este capítulo, es una recomendación de lectura. Para que consigas percibir bien la importancia que la palabra tiene a la hora de pensar y reivindicar tu verdadera humanidad, te invito a leer la novela *1984* de George Orwell. Publicada en 1949, mantiene, como todas las obras maestras, una sorprendente sintonía con el tiempo actual. No te voy a engañar, es una novela dura. No es un libro que termines con una sonrisa, embobado por un dulce final feliz. Pero su lectura te va a marcar y sobre todo, te va a hacer pensar, entre otras cosas, en el poder de las palabras.

¡Llama al pan, pan y al vino, vino!

- ¿Reconoces los eufemismos que pululan en los medios de comunicación? No dejes que nadie te anestesie con ellos. Entrena tu capacidad de visualizar la cruda realidad que intentan esconder o maquillar.
- Esfuérzate para no adoptar esos eufemismos en tu propia comunicación. Llamar a las cosas por su nombre te permitirá pensar mejor y expresar tus ideas con mayor claridad.

- No te dejes engañar por los discursos que usan el «lenguaje de la opacidad». Atrévete a decir qué no entiendes y obliga a tu interlocutor a expresarse con claridad. Si no lo consigue, lo más probable es que no sepa de qué está hablando o que quiera esconder algo.
- Lee más libros y, de vez en cuando, atrévete con libros «complejos» que no rehúyan los matices y prefieran asumir una cierta dificultad en vez de engañar al lector con simplificaciones reduccionistas y seductoras que le alejen de la verdad.

Capítulo 10

Engañados por los números

Los números no mienten.
(Ahora mismo no recuerdo bien quién lo dijo,
no sé si fue Bernard Madoff, un contable de Enron
o algún dirigente del Foro Filatélico)

Hemos visto cómo las palabras, que conforman nuestro lenguaje más natural, nos pueden engañar. Ahora nos toca interesarnos por un lenguaje que a la mayoría de las personas les resulta de por sí más incómodo que el de las palabras: los números.

Nos adentramos en un campo que es tan esencial como peligroso para nuestro pensamiento. Los números son importantes porque constituyen el lenguaje de las ciencias exactas que, en principio, no nos pueden mentir porque en este campo las cosas o son verdaderas o son falsas. Si los números representan un peligro para pensar es, sobre todo, por lo incómodos que muchos nos sentimos frente a las matemáticas cuando van más allá de las operaciones básicas. Convertidas en un misterio, las matemáticas asustan e infunden un gran respeto. Esta mezcla de ignorancia y de respeto es la que hace posible que personas malintencionadas nos engañen al presentar informaciones inciertas con apariencia de certeza y solidez matemática. Muchas veces, frente a los números, perdemos confianza en nuestra capacidad de pensar y nos sometemos sin atrevernos a cuestionar. Veamos juntos unos cuantos casos en los que nuestro pensamiento corre peligro al enfrentarse a los números.

Cegados por las grandes cifras

Nuestra mente está siempre manejando cifras: precios de los productos de la compra, distancias, horas, minutos y segundos de cada instante de nuestras ajetreadas vidas, cantidades para cocinar, etcétera. Lo que pasa es que todas estas cifras del día a día forman parte de un rango bien definido. Cuando salimos de este rango, las cifras dejan de hablarnos para convertirse en abstracciones.

Cuando la Unión Europea anuncia un plan de rescate de varios cientos de miles de millones, estas cifras, a excepción de a unos cuantos banqueros, no nos dicen absolutamente nada. Son números con los que la mente no puede conectar. En general, esto pasa con la mayoría de las cifras de los presupuestos de un país grande como España. Es imposible que nos podamos hacer una idea de lo que representan los tres mil setecientos cincuenta millones de euros del plan de ayuda al sector del automóvil que anuncia el presidente del gobierno de turno. Tampoco somos capaces de hacernos una idea de lo que representaron en su momento los mil seiscientos setenta millones de euros del presupuesto del difunto proyecto olímpico de Madrid 2020. Para resolver esto y juzgar estas cantidades, quizá la única solución consista en comparar.

La comparación se puede hacer con cifras más adecuadas a nuestro día a día. Como es obvio, tendremos entonces que asumir que cada uno se hará una idea distinta en función de cómo sea su propio día a día, sus propias circunstancias. Tomemos, por ejemplo, la cifra de treinta mil muertos registrados por un brote de ébola en el Congo. Un habitante de Madrid se verá afectado por esta cifra cuando piense que son decenas de miles las familias como la suya que se ven afectadas por un duelo. Pero a la vez, al vivir en una ciudad de más de tres millones de habitantes, es posible que llegue a visualizar esta cifra como el equivalente a menos de la mitad del aforo del estadio que alberga los partidos de su equipo favorito. Muy distinta será la visión que tenga el habitante de la pequeña ciudad de Ronda, en Andalucía, que visualizará la muerte de todos sus conciudadanos.

En Estados Unidos existe una iniciativa curiosa que, entre otras cosas, permite a los ciudadanos visualizar el coste de la «guerra contra el terror» (las intervenciones armadas estadounidenses posteriores a los atentados del 11 de septiembre de 2001). En la página web costofwar.com se ofrece la posibilidad de traducir unas cifras anuales de gasto militar abstractas en el número de profesores que se podrían contratar o en la cantidad de personas que podrían estar cubiertas por un sistema de seguridad social. La herramienta no es neutral: forma parte de un esfuerzo de sensibilización de la población por parte de un colectivo «antimilitarista» o, por lo menos, preocupado por un desequilibrio que considera que afecta al presupuesto del gobierno federal. Pero no deja de ser un modelo interesante a la hora de mejorar nuestra comprensión de unas cifras que a veces exceden nuestro entendimiento.

Si necesitas comunicar un mensaje que incorpore cifras grandes y quieres que tu público entienda bien este orden de magnitud, haz el esfuerzo de traducirlas para poderlas representar y encontrarles un sentido.

Para facilitar la percepción de los números, usamos a menudo representaciones gráficas. Estas representaciones, cuya función es mejorar nuestro entendimiento y permitir que podamos pensar mejor, son a veces manipuladas para engañarnos. Sería imposible cubrir todos los aspectos de esta problemática en un libro como este, así que me voy a limitar a analizar tres de los engaños más comunes en tu vida diaria.

- *No poner el contador a cero*

Cuando te presenten una gráfica, te recomiendo comprobar que el eje Y* empieza en 0. De no ser así, es muy probable que alguien esté intentando darte gato por liebre.

Imagina, por ejemplo, que eres el dueño de una pequeña empresa y que te sientas a hablar con tu director de ventas que quiere renegociar su sueldo.

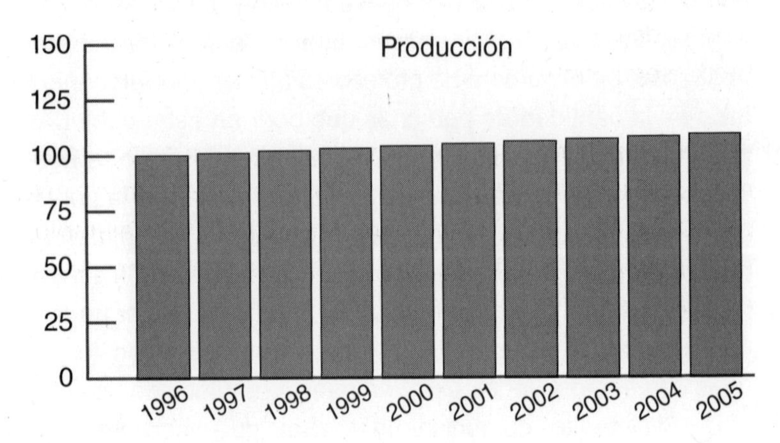

Figura A

* El eje vertical ;D

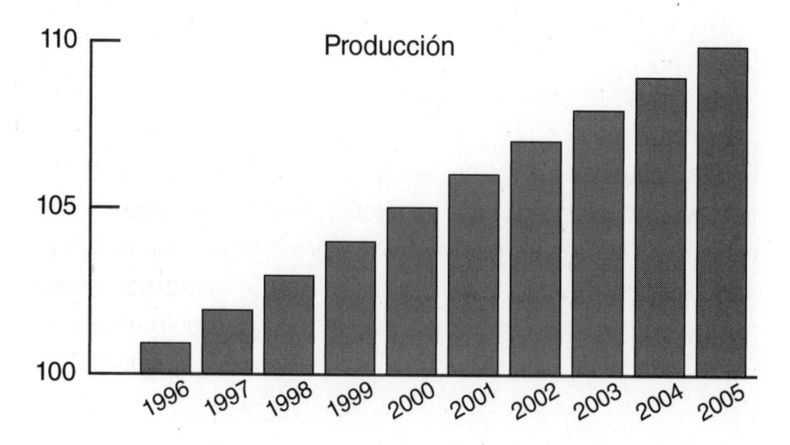

Figura B

¿Crees que tu opinión sobre estas cifras de ventas de los últimos años podría variar según te los presente con la figura A o con la figura B?

En realidad, los datos son los mismos. Pero el hecho de que la figura B no empiece en 0 sino en 100 le permite a tu director de ventas modificar la escala y dar la impresión de que ha conseguido un crecimiento mucho más espectacular de lo que fue.

Cuidado, no te vayas a creer que este truco es fruto de mi imaginación de malpensado. Estamos continuamente expuestos a este tipo de manipulaciones. Mira, por ejemplo, este caso que reportó hace unos años el periódico digital *eldiario.es*:*

---

* https://www.eldiario.es/rastreador/paro-desaparece-solo-TVE_6_171542857.html

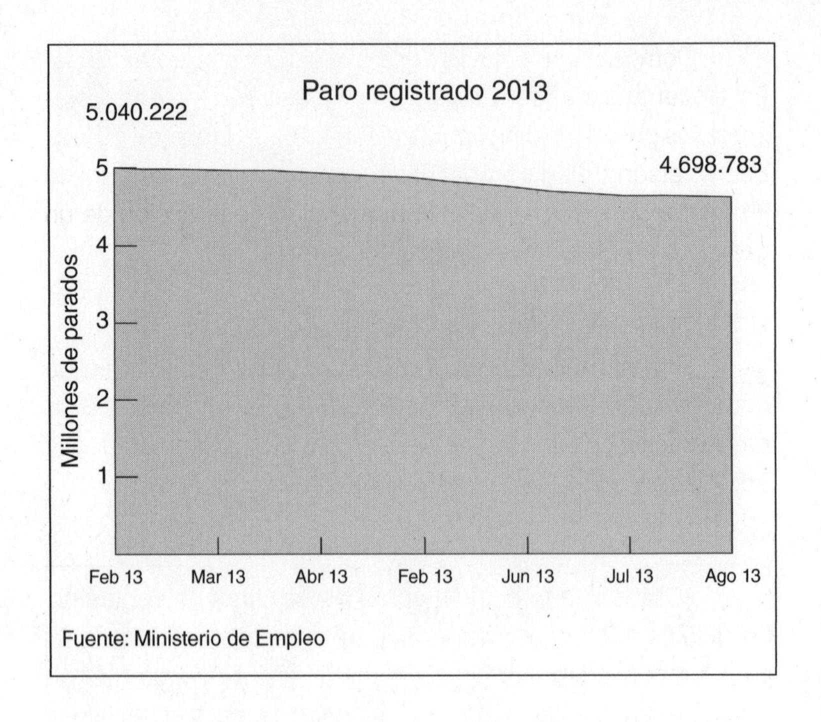
Paro registrado 2013
5.040.222
4.698.783
5
4
3
2
1
Millones de parados
Feb 13
Mar 13
Abr 13
Feb 13
Jun 13
Jul 13
Ago 13
Fuente: Ministerio de Empleo

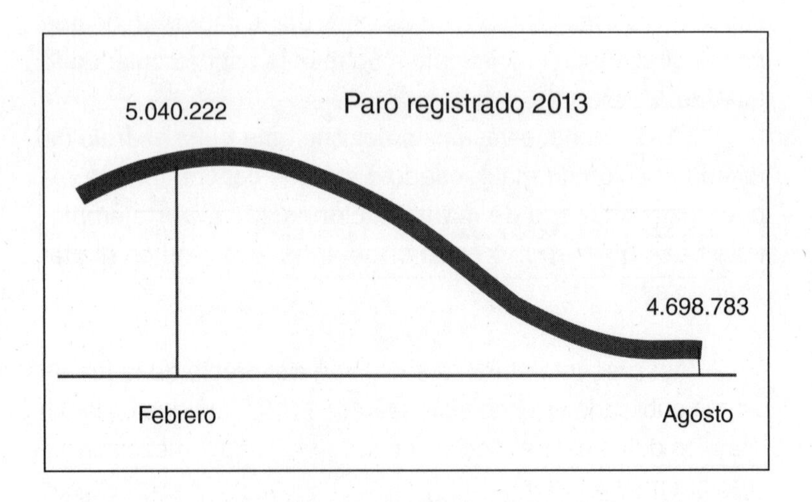
Paro registrado 2013
5.040.222
4.698.783
Febrero
Agosto

Compara estos datos de la evolución del paro en España presentados de forma correcta (arriba) con los datos presentados por RTVE después de recortar el eje Y (abajo). ¿Crees que el diseño elegido por RTVE podría engañar al público y mejorar de forma artificial la percepción de la acción de un gobierno en materia de política económica?

- *Cambiar las reglas del juego a medio partido*

Otra manera de engañar con gráficas consiste en no respetar la consistencia. Es decir, cambiar las normas de representación de los datos en una misma gráfica. Como puedes apreciar en este ejemplo, esto causa mucha confusión:

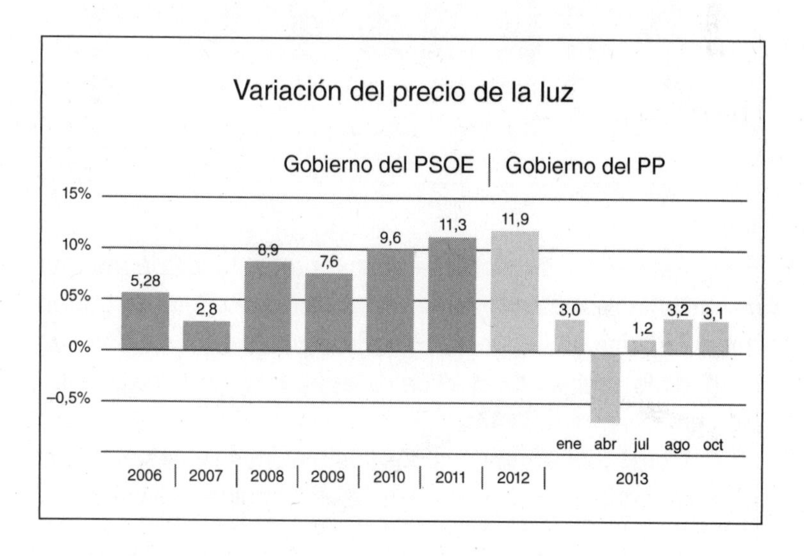

Así presentó el PP la evolución del precio de la luz en un tuit publicado el 19 de diciembre de 2013. Para que brillasen más los datos del periodo en el que gobernaba, mezclaba de manera muy oportunista datos anuales con datos expresados en meses.

Mira ahora estos mismos datos presentados por el periodista y experto en datos Kiko Llanera:

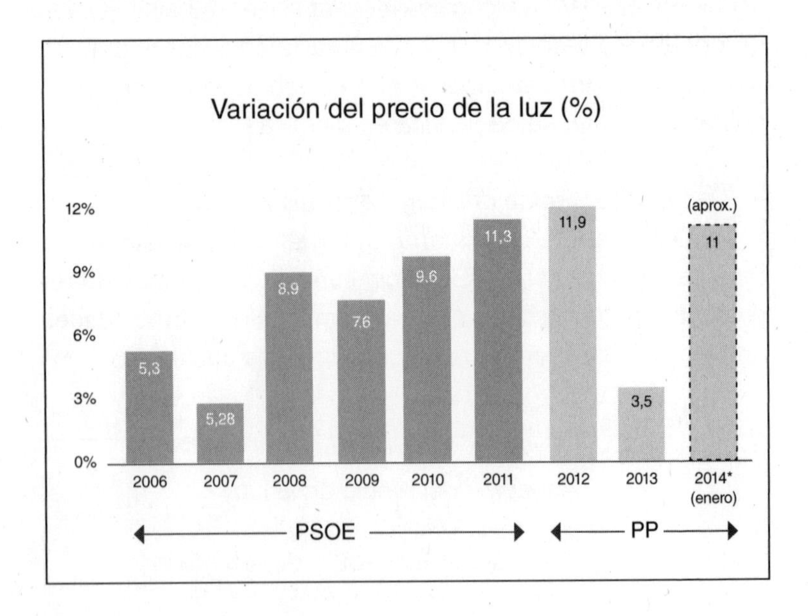

Esta vez, los datos aparecen representados de manera consistente, respetando la frecuencia anual. Aunque se podría debatir acerca de la oportunidad de introducir en una tabla de datos reales publicada el 19 de diciembre de 2013 una estimación para enero de 2014...

Como puedes ver, las dos ilustraciones se basan en los mismos datos, pero pintan dos paisajes bastante distintos.

- *Cuando la estética nos lleva a mentir*

Edward Tufte ha dedicado un libro entero al estudio de la representación gráfica de datos cuantitativos *(The Visual Display of Quantitative Information)*. En él advierte de múltiples peligros y proporciona recomendaciones muy útiles para no faltar a la verdad, aunque sea de manera involuntaria, sucumbiendo a la tentación de presentar la información de forma estética.

Voy a ilustrar este «riesgo estético» con un ejemplo señalado por el mismo Tufte:

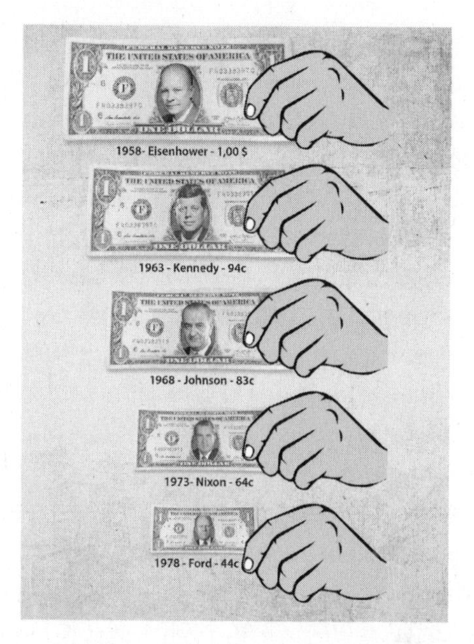

Imagen basada en una viñeta del *Washington Post* de 25 de octubre de 1978.

Esta ilustración sirvió al periódico *Washington Post* para mostrar a sus lectores la pérdida de poder adquisitivo en Estados Unidos. De acuerdo con los datos que recoge la ilustración, en 1978 se podía comprar con un dólar lo que en 1958 se podía comprar con cuarenta y cuatro centavos. Esto representa una pérdida de poder adquisitivo o de valor del dinero de un cincuenta y seis por ciento.

Al diseñador gráfico del *Washington Post* le pareció una buena idea jugar con el diseño de los billetes de dólar, que, como probablemente sabes, llevan retratos de antiguos presidentes. Para ilustrar la evolución cronológica, se inventó billetes con la cara del presidente en función de cada una de las épocas comparadas. A primera vista, la idea es buena, pero vas a ver que comete un error importante: el ilustrador refleja las pérdidas de poder adquisitivo de una presidencia a otra mediante la longitud del billete. La disminución progresiva de la longitud de los billetes representa exactamente las pérdidas de poder adquisitivo en comparación con la referencia de 1958: –6% en 1963, –17% en 1968, –36% en 1973 y –56% en 1978. El problema es que el lector no mira el tamaño del billete, sino el billete en sus dos dimensiones. Y si comparamos las superficies y no las longitudes, nos damos cuenta de que ya no son un fiel reflejo del dato. Si nos referimos a las superficies de los billetes de la ilustración, vemos que representan pérdidas de un 14%, un 32%, un 60% y un 80%. Al querer presentar los datos de una manera visualmente atractiva, se ha producido una importante exageración. La representación gráfica mediante los billetes duplica la pérdida real de poder adquisitivo.

A partir de hoy acuérdate de este ejemplo cuando veas infografías. Efectivamente, es muy habitual que las ilustraciones dejen de ser fieles a los datos cuando los grafistas deciden usar representaciones en dos o tres dimensiones para que quede todo más bonito.

El efecto rastrillo

Si el rastrillo da su nombre a este curioso sesgo es porque todos sus dientes están separados a la misma distancia. Esta imagen representa muy bien el proceso mental que nos hace de forma inconsciente repartir los datos que recibimos de manera uniforme.

Por ejemplo, imagina que descubres mientras lees tu periódico que en tu ciudad hay doce asesinatos con arma de fuego al año. En la frase siguiente, el periodista subraya que cuatro han sucedido el mes pasado. ¡Estupor! Notas que sube tu nivel de angustia. Te entra la duda: ¿he cerrado la puerta de casa con llave?, ¿qué es ese ruido?

¿Qué te está pasando? Es muy sencillo: afectado por el efecto rastrillo, tu cerebro ha ido repartiendo con su rastrillo el primer dato recibido (doce asesinatos al año) para concluir que había un asesinato con arma de fuego al mes. Entonces, automáticamente, al añadir que han ocurrido cuatro en un mes, te has imaginado que tu ciudad se estaba convirtiendo en el lejano oeste y has empezado a pensar que tu entorno es ahora mucho más peligroso de lo que era. En realidad, no es el caso: que haya una media de doce asesinatos con arma de fuego al año no significa en absoluto que se produzca uno al mes. Y todavía implica menos que vivir cuatro en un mismo mes signifique que vayan a ocurrir cuarenta y ocho este año. La vida no es así. No hay rastrillos que distribuyan los datos. Después de los cuatro asesinatos de este mes puede que pasen tres meses antes de que ocurra el siguiente.

Recuerda que la vida es infinitamente más caótica que las medias que tanto nos gusta calcular, imaginar y rastrillar.

Consumidores crédulos

A menos que seas contable o profesor de matemáticas, lo más probable es que tu interacción diaria con los números ocurra principalmente en las tiendas cuando vas a comprar. El comercio se convierte, entonces, en el ámbito donde se pueden producir más casos de confusión numérica. No te quiero asustar, pero debes saber que para colmo hay profesionales que se dedican a descubrir y analizar nuestro mal pensar con los números para sacar provecho de ello e incrementar la rentabilidad de sus negocios. En algunos casos extremos, estos trucos se pasan de la raya y se convierten en prácticas ilegales; en la mayoría, sin embargo, son simples muestras de astucia que todos deberíamos aprender a detectar. Centraremos nuestra atención en tres de estas astucias:

- *Los datos desconectados*

Este ordenador tiene un procesador tres veces más potente.

Nuestro nuevo motor consume un treinta por ciento menos de gasolina.

El ochenta por ciento de los dentistas con los que hemos hablado recomiendan nuestros cepillos de dientes.

Seguro que has visto muchas frases de este estilo en el bombardeo de anuncios que te golpea en tu vida cotidiana. Son ejemplos de datos desconectados: datos que no se pueden evaluar de manera inteligente porque son incompletos. Este procesador es tres veces más potente ¿que cuál? ¿Es más potente que todos los demás o simplemente es más potente que el que este fabricante usaba antes? En el primer caso sería un argumento de peso, pero en el segundo caso es posible que sea todavía muy inferior al producto de la competencia. El mismo razonamiento se puede aplicar al argumento del consumo del coche. Y si nos interesamos por los dentistas..., ¿qué vemos? Que, a falta de saber a cuántos han interrogado y cómo los han seleccionado, no podemos dar mucha credibilidad al dato. No es lo mismo que se haya entrevistado a los cien dentistas a los que el fabricante paga para probar sus productos o que se haya entrevistado a mil dentistas que no tienen ningún vínculo con ese fabricante. Tampoco sabemos exactamente lo que se les ha preguntado a estos dentistas. No sabemos si recomiendan este cepillo de dientes al igual que muchos otros que consideran de buena calidad o si de verdad lo recomiendan por encima de todos los demás porque les parece mejor.

- *La gratuidad*

A la hora de comprar, el cero nos hace perder los papeles.

Dan Ariely, catedrático de psicología y economía conductual de la Universidad de Duke, en Estados Unidos, ha llevado a cabo experimentos que demuestran que entre una variación de precio de doce a dos (reducción de diez) y otra de dos a cero (reducción de dos), la mayoría de la gente prefiere la segunda.*

Sí, sí, lo has leído bien. La gente prefiere una rebaja de dos en lugar de una de diez, tan solo porque la de dos les conduce a la palabra mágica «gratis». Ariely explica que el factor decisivo en este caso es que la rebaja de dos nos permite reducir nuestro riesgo a cero. Vamos a preferir la camiseta que pasa de costar dos euros a ser gratis frente a la que pasa de diez a dos euros porque la que nos llevamos gratis supone un riesgo cero. Es posible que no nos la pongamos nunca, que su algodón rasque tanto que la dejemos de usar o que se rompa después de tres lavados. Nos da igual porque no supone ninguna pérdida.

Es ese resorte psicológico que hace que una promoción «segundo producto gratis» active más al consumidor que una rebaja del cincuenta por ciento. También es ese mecanismo mental que lleva a algunas personas a comprar un montón de

---

* Dan Ariely, *Las trampas del deseo*, Ariel, Barcelona, 2008, pp. 69-84.

cosas que no necesitan solo para conseguir un regalo de escaso o nulo valor.

- *El contraste*

El último ejemplo que te voy a dar es uno de los que analiza Robert. B Cialdini en su famoso libro *Influence: The Psychology of Persuasion.** Cialdini nos enseña que cuando estamos perdidos nos aferramos a un sistema de comparación. Y, en muchos casos, el único sistema de comparación del que disponemos es el precio.

Ya lo dice el refrán: «Confundir valor y precio es de necio». El problema es que, en muchas ocasiones, no disponemos de los conocimientos o de la información que nos permiten apreciar el valor de algo. En estas situaciones, desamparados, solo nos queda el precio. Si mi mujer me pide que vaya a la farmacia a comprar un jarabe para la tos para una de nuestras hijas, me encuentro exactamente en esta situación: no dispongo de conocimientos médicos como para juzgar las moléculas o los dichosos «principios activos» de una medicina. Realmente dependo de la recomendación del farmacéutico. Pero si no quiere asesorarme porque está de mal humor, ¿qué me queda? ¡El precio! Si hay uno de doce euros y otro de quince euros, es muy probable que proyecte en estos simples números toda una serie de suposiciones y acabe concluyendo que el de quince euros debe de ser mejor.

Los buenos vendedores saben aprovecharse de este desamparo. Así, el vendedor de coches vende primero el coche «desnudo», sin ningún extra. Después, una vez tengo asumido

---

* Robert B. Cialdini, *Influence: The Psychology of Persuasion*, Harper Collins, Nueva York, 1984 (2007).

el desembolso de, digamos, quince mil euros para el coche, este precio se va a convertir en mi punto de comparación para definir si los extras que me propone son caros o no. Obviamente, muy pocos compradores saben lo que cuesta en realidad un techo panorámico. Pero desamparados, y por muy absurdo que parezca, evaluarán este extra comparándolo con el precio del coche.

Curiosamente, el mismo mecanismo mental nos engaña a veces, aunque solo tengamos un producto frente a nosotros. Imagina que por primera vez en tu vida debes comprar una cámara de aire para reparar la rueda de una bicicleta. No tienes ni idea de lo que puede costar, pero te figuras que rondará los cinco euros. Si el dependiente te dice que tiene una que cuesta siete euros y medio, tu primera reacción será: «¡Qué cara!». Pero basta que te diga que está en oferta y que su precio original es de diez euros para que la adquieras encantado, convencido de haber hecho una muy buena compra. Un solo producto, pero con dos precios (con y sin descuento), también nos sirve para que contrastemos.

Con todos estos ejemplos espero haberte convencido de la necesidad de prestar atención y de tomarte tiempo para pensar y dudar cuando te presentan argumentos numéricos. Como puedes ver, los números resultan a veces tan traidores como las palabras.

¿Te salen las cuentas?

A lo largo de este capítulo dedicado a los números hemos examinado un total de ocho obstáculos con los que podemos tropezar a la hora de pensar.

Para afianzar estos conocimientos, te propongo elegir tres obstáculos y hacer un esfuerzo consciente para descubrir en los próximos días y semanas tres ejemplos de cada:

- ☐ Cifras grandes (cifras descontextualizadas que no te dicen nada)
- ☐ Gráfica cuyo eje Y no empieza en cero
- ☐ Gráfica con un repentino cambio de unidad
- ☐ Estética que engaña
- ☐ Efecto rastrillo (tendencia a repartir datos de manera uniforme)
- ☐ Datos desconectados («procesador tres veces más rápido» → ¿más rápido que qué?)
- ☐ ¡Ojo con la palabra «gratuito»!
- ☐ El contraste (comparar a veces no ayuda)

Por cierto, aprovecho este capítulo para repasar temas anteriores...

Te habrás dado cuenta de que he ilustrado uno de los puntos con un ejemplo que no habla muy bien del Partido Popular. Pregúntate si este ejemplo ha podido activar en ti un sesgo de confirmación o un rechazo emocional.

Capítulo II

Engañados por las imágenes y atontados por la televisión

Encuentro la televisión muy educativa. Cada vez que alguien la enciende, me retiro a otra habitación y leo un libro.
GROUCHO MARX

En el último capítulo hemos visto hasta qué punto el respeto que tenemos por los números nos puede exponer más a la manipulación. Debido a que consideramos que son el lenguaje de la exactitud, nos cuesta mirarlos con espíritu crítico y activar nuestra inteligencia. Con las imágenes nos pasa algo similar. Damos por hecho que son una fiel representación de la realidad y bajamos la guardia. Dejamos que nuestros ojos neutralicen nuestra capacidad de dudar.

Una imagen no es la realidad, sino una representación de la realidad. Puede ser absolutamente fiel a la realidad... ¡o no! Al ser una representación de la realidad, podemos ver cómo algunas imágenes han evolucionado, a medida que nuestra percepción de la realidad ha mejorado. Para darse cuenta de este fenómeno lo mejor es mirar viejos mapas del mundo.

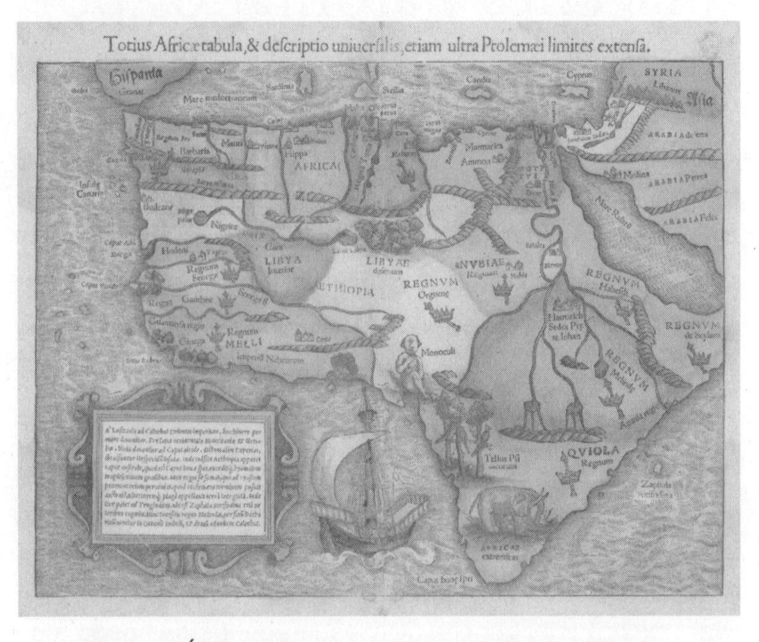

Mapa de África realizado en 1554 por Sebastian Münster.

Estos mapas se dibujaban en función de las observaciones que podían hacer los navegantes que bordeaban las costas, en este caso africanas. Claramente, dibujando lo que percibían desde sus barcos, los cartógrafos de la época no conseguían reflejar la realidad con precisión. Hoy, con las imágenes de satélite a las que todos tenemos acceso (por ejemplo, con Google Maps), hemos adquirido una percepción ultraprecisa de esta realidad.

La ciencia ha usado las representaciones con imágenes para reproducir la realidad y registrar los descubrimientos que se producían. Podemos encontrar libros muy antiguos con dibujos de animales y plantas que hacían los primeros descubridores. Con independencia de su talento como dibujante, se puede suponer que cuando una persona preocupada por la comunicación de nuevos conocimientos elaboraba una imagen, su objetivo era reflejar lo mejor posible la realidad. Sin embargo, esta postura no es necesariamente la de todos los productores de imágenes.

Un artista puede añadir belleza cuando considera que falta. Unas veces lo hace por puro sentido estético. Al pintar un paisaje, por ejemplo, puede decidir pintar un cielo azul, aunque haga mal día. Otras, lo hace por motivos comerciales: si un rico mercader encarga un retrato de su mujer o de su hija, el retratista puede sentir que quitando una verruga o reduciendo el tamaño de una nariz prominente puede agradar a su mecenas y conseguir una mayor retribución. Estas mejoras son más frecuentes aun cuando el personaje representado es una figura de poder que quiere, a través de las imágenes, reforzar su autoridad.

Los emperadores romanos nos brindan buenos ejemplos de imágenes que se toman ciertas libertades con la realidad. Que algunos hayan sido literalmente deificados nos ayuda a entender esta tentación de idealizar la imagen. Pero no hace falta remontarse a los emperadores romanos. En casos más recientes podemos citar a Napoleón Bonaparte, del que es bastante difícil hacerse una idea precisa de su aspecto físico por la gran variedad de representaciones suyas que tenemos. Entre estas dos, me imagino que no te costará mucho distinguir el retrato encargado por el propio emperador de la visión que daban de él los artistas ingleses de la época.

A veces encontramos casos en los que las imágenes sirven más para crear una realidad que para representarla. Es el caso de las caricaturas que se usaron, por ejemplo, para convencer a los ciudadanos de Estados Unidos para que apoyasen la entrada de su país en la Primera Guerra Mundial. Para conseguir esto, se organizó una enorme campaña en la que las imágenes desempeñaron un papel muy importante.

Cuando se trata de activar emociones como el miedo y el odio, las imágenes son mucho más efectivas que las palabras. Los artistas de la época dieron rienda suelta a su creatividad con carteles como este:

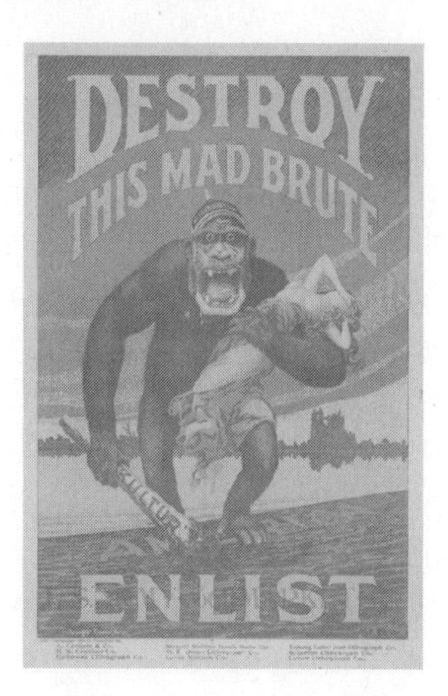

El aterrador gorila gigante de este cartel recupera una imagen creada en 1887 por el escultor francés Emmanuel Frémiet. Esta figura representativa de la bestialidad tuvo mucha repercusión en la prensa de la época y dio lugar a la creación de novelas populares. Con este cartel, el artista Harry R. Hopps representó a Alemania como un gorila enfurecido que después de arrasar Europa iba a desembarcar en América para brutalizar a las mujeres estadounidenses. Como decía el cartel, no había más remedio que alistarse para destruir a esta bestia enloquecida. Y así se hizo.

Como muy bien expresa David Colon en su libro *Propagande:* «A diferencia del texto, la imagen no busca activar la razón sino los sentidos, y de alguna forma consigue así evitar que entren en juego nuestros reflejos cognitivos».* Podría hablarte durante una hora del terrorismo islámico y de sus nefastas consecuencias, pero mi discurso no te conmoverá nunca tanto como lo harán las imágenes de los aviones que impactaron en las torres gemelas de Nueva York.

Fotografía

Podrías creer que con la fotografía estás protegido de las relativas incertidumbres que hemos visto que se pueden asociar a las imágenes. Al fin y al cabo, ¿no se dice de las fotos que son «instantáneas», auténticos momentos de realidad congelados para la eternidad? Sin duda, tener fotos de Napoleón o de los emperadores romanos nos permitiría hacernos una idea precisa de su auténtica apariencia.

¿Son entonces objetivas las fotos?

No siempre. Hay muchas maneras de crear una cierta percepción de la realidad mediante una foto. Veamos las tres principales:

- *Ángulo*

  El punto de vista que decida adoptar el fotógrafo ejercerá una gran influencia. Si saca la foto de un jefe de Estado de abajo hacia arriba, le saldrá una foto que agrande su figura. La foto impresionará más que si la saca a la altura de los ojos: transmitirá una mayor sensación de poder y dominio.

---

* David Colon, *Propagande-La manipulation de masse dans le monde contemporain*, Belin, París, 2019, p. 175.

Imagen de la película *El gran dictador* (1940) de Charlie Chaplin.

Para terminar de convencerte de la importancia del ángulo de la toma, te sugiero que te fijes en la gente que se hace *selfies* por la calle. Observa cómo mueven el brazo en busca del ángulo mágico que les favorezca más.

- *Encuadre*

Por definición, una foto tiene unos límites muy concretos: sus cuatro lados. Cuando tomas una foto, decides qué parte de la realidad vas a incluir en ella y qué parte vas a dejar fuera del marco. La persona que verá la foto después, sin embargo, no sabrá que has dejado algo fuera. Para ella, la foto es el todo. Se hará una idea de la realidad basada en una representación parcial.

Elegir el encuadre puede tener muchas consecuencias sobre la percepción que tendrá el público de un evento. Puedo hacer una foto de una manifestación con un gran angular y enseñar un grupo de cien manifestantes aglutinados en medio de una inmensa plaza vacía. Sin embargo, también puedo usar un teleobjetivo para acercarme mucho al grupo de manifestantes y que mi foto esté llena de gente. Según te enseñe la primera o la segunda foto, te harás una idea muy distinta del respaldo popular que ha tenido la causa que defendían esos manifestantes.

Por instinto, verás las fotos como prueba de las historias que te cuentan. El riesgo es que olvides que una foto no es más que un fragmento de una realidad y que, en función del fragmento que te enseñen, te podrán contar historias radicalmente distintas.

- *Retoques*

La aparición de la fotografía digital ha supuesto un duro golpe a la credibilidad de la foto como reflejo de la realidad. Con herramientas profesionales o con las herramientas gratuitas disponibles en internet, hoy cualquiera puede literalmente fabricar fotografías que dejan de ser muestras de la realidad y se conviertan en auténticas mentiras. Estas mentiras pueden ser inocentes o no.

Si eres dueño de una pequeña marca de camisetas y cuentas con escasos recursos, puedes sacar fotos de un modelo vistiendo tu camiseta delante de un fondo verde en el salón de tu casa de Torrelavega y en pocos clics añadir un paisaje urbano de París, Nueva York o Los Ángeles, según el estilo que quieras transmitir a tus potenciales clientes. Comprarán una camiseta que no ha salido de España, pensando que es «lo que se lleva» en estos sitios con los que se quieren identificar. Es una estrategia comercial y, al final, no se trata de una gran mentira porque también podrías haber ido hasta allí para hacer la foto. La mentira está casi más en el ojo del cliente que en la propia foto.

Menos inocente sería una foto manipulada publicada en plena campaña electoral que situase a un candidato en la entrada de un banco suizo para levantar sospechas de corrupción o evasión fiscal. Y en el medio quedaría una categoría de retoques sin mala intención pero que acaban haciendo mucho daño. Hablo de los retoques de las fotos de moda que llenan las revistas y que meten en la cabeza de muchas personas unos cánones de belleza inhumanos.

Para protegerte de todos estos engaños es imprescindible que actives tu inteligencia también frente a imágenes y fotografías que creen en ti un «efecto de realidad» pero que no son la realidad.

Vídeo y cine

Las imágenes animadas de las películas y de los vídeos nos llevan un paso más allá en la credulidad. Como espectador es muy difícil recordar que hay una diferencia entre la realidad y una grabación de la realidad. Sin embargo, es fundamental que seas consciente de que las mismas manipulaciones que se aplican a las fotos se pueden aplicar a los vídeos. No voy a volver sobre el ángulo y el encuadre, que funcionan exactamente igual que con la fotografía. Me voy a centrar en dos aspectos propios de las imágenes animadas: el montaje de las secuencias y el llamado *deepfake*.

- *Montaje de secuencias*

El hecho de que con una cámara se pueda grabar de manera continua una hora de realidad no significa que los vídeos que miramos reproduzcan eso. Cuando ves una película de dos horas, no ves una escena de dos horas, sino un montaje compuesto por una multitud de secuencias breves.

En realidad, son tanto el montaje como el contenido de las propias secuencias las que permiten contar una determinada historia.

Esta importancia crucial del montaje la subrayó muy bien el cineasta ruso Lev Kuleshov a principios del siglo XX. Hizo un experimento con cuatro sencillas secuencias: un primer plano de un hombre con una expresión facial neutra (hombre), un plano con un plato de sopa (sopa), un plano con una niña tumbada con los ojos cerrados en un ataúd abierto (ataúd) y un plano con una mujer tumbada en un sofá (mujer). Cuando enseñaba el montaje hombre + sopa, el público interpretaba que el hombre tenía hambre. Cuando enseñaba el montaje hombre + ataúd, el público interpretaba que el hombre estaba triste. Y cuando enseñaba el montaje hombre + mujer, el público interpretaba que el hombre la deseaba.* En los tres montajes, la imagen del hombre es exactamente la misma y, sin embargo, en función del montaje el público ve en una misma expresión facial el hambre, la tristeza o el deseo.

Esto demuestra que un vídeo montado nunca es neutro. Por supuesto, no quiero decir que haya siempre una intención de manipular por parte de la persona que edita un vídeo. Sin embargo, es evidente que, por muy honesto que sea, un editor de vídeo no puede reconstruir la realidad. Más nos vale que lo recordemos cuando ocupemos la posición del espectador.

- *Deepfake*

La mayor potencia de los ordenadores que se fabrican hoy y el desarrollo de la inteligencia artificial han hecho posible crear herramientas que permiten manipular el formato vídeo de la misma manera que, como hemos visto, se retocan y manipulan las fotos. Desde hace poco es posible sustituir una cara

---

* *The Kuleshov Effect-everything you need to know*: https://youtu.be/OVwKltbgd3s

por otra en un vídeo. Esta técnica permitió a una persona crear vídeos que hacían creer que famosas actrices de Hollywood habían rodado películas pornográficas.

También es posible crear vídeos en los cuales un político pronuncia un discurso que en realidad no ha pronunciado nunca. Este código QR te muestra un ejemplo de este fenómeno conocido como *deepfake* («falsificación profunda»):

Un periodista se inventó un discurso y se grabó pronunciándolo. A continuación, usando una herramienta de inteligencia artificial, consiguió crear un vídeo donde aparentemente es el propio expresidente de Estados Unidos Barack Obama quien pronuncia ese discurso.

¡Es posible poner cualquier discurso en la boca de cualquier persona! ¿Te imaginas las repercusiones que tendrían este tipo de herramientas sobre nuestra percepción de la realidad? ¿Te imaginas el impacto que alcanzaría la divulgación de un *deepfake* que ridiculice o calumnie a un candidato en vísperas de unas elecciones?

Televisión

Para hablar sobre el poder de la imagen debo dedicarle un apartado especial a la televisión. Un aparato presente en todas las casas y al que la gente presta atención durante varias horas al día, ejerce, como puedes imaginar, un enorme poder de influencia sobre el pensamiento.

La televisión se puede asemejar al formato vídeo, pero se merece un tratamiento especial, teniendo en cuenta algunas de sus características propias. Con la televisión apareció, por ejemplo, la posibilidad de asociar la imagen animada y el comentario. Esta asociación permite ofrecer a los espectadores una simplificación de la realidad muy potente en un mundo cuya complejidad asombra y frente a la cual muchas personas se sienten perdidas.

- *Simplificación irresistible*

Esta simplificación es el primer peligro al que la televisión expone nuestra capacidad de pensar. Cuando vemos un informativo en la televisión, observamos unas imágenes que se nos presentan como la realidad y escuchamos un comentario que guía nuestro entendimiento de esta realidad. Si a esto le añadimos que, para mucha gente, la televisión es todavía una verdadera autoridad porque les remite a una época en la que era un medio de comunicación oficial en manos del Estado, tenemos una potente herramienta de desactivación de la inteligencia. Nos creemos con demasiada facilidad lo que vemos en la televisión, lo que «dice la televisión». La televisión podría ser un medio fantástico para explicar la complejidad. Esta explicación nos permitiría ser mejores ciudadanos. Por el contrario, la simplificación engaña y confunde al ciudadano.

Envueltas en una competición feroz por captar anunciantes, las cadenas de televisión han optado por ofrecer, sobre todo, contenidos cortos, simples, impactantes y que produzcan emociones. La explicación que requiere tiempo, calma y a veces muchos matices no tiene demasiada cabida en este contexto.

• *Realidad empobrecida*

La televisión es un medio masivo que vive de la publicidad y que está sometido a una feroz competencia. El principal objetivo de un canal de televisión es captar la atención de la mayor audiencia posible y mantener esta atención para evitar que la audiencia se vaya *(zapping)* y así conseguir imponer mayores tarifas a los anunciantes. Para alcanzar ese objetivo, la televisión ofrece un menú que deja de ser representativo de la realidad. Este menú está marcado por unas exigencias de ritmo, de entretenimiento y de generación de emociones.

Como bien sabes, la exigencia de imágenes atractivas y de secuencias cortas condiciona el menú que nos sirve la televisión y hace literalmente desaparecer toda una serie de contenidos. La televisión de hoy, siguiendo estas premisas, no incorpora contenidos centrados en conceptos «abstractos» porque estos conceptos no se pueden ilustrar con imágenes y porque la gente ya no soporta un largo primer plano de alguien que explica cosas. La filosofía, la psicología, la sociología y muchas otras disciplinas ya no caben en el molde. La dificultad que tiene la televisión para transmitir lo abstracto es, desde mi punto de vista, uno de los motivos de la creciente confusión entre felicidad y placer. El placer y sus emociones asociadas son mucho más telegénicas que la felicidad, que es a menudo muy poco espectacular.

La televisión de hoy tampoco permite tratar temas serios con la profundidad y los matices necesarios. Cuando se habla en televisión de economía o medio ambiente, los eventuales expertos invitados a pronunciarse están obligados a simplificar todo hasta la caricatura. Y, para colmo, se les suele imponer un formato de debate que, por lo general, está organizado por un presentador que se esfuerza más en crear conflictos que en propiciar acercamientos. Claro, el conflicto provoca emociones más fuertes que el diálogo sereno abierto al compromiso. Como telespectadores nos gustan las voces, los insultos y las simplificaciones que activan nuestro sesgo de confirmación provocando esta sensación de: «Claro, es lo que siempre he dicho». Pasa lo mismo con la política. Que no te engañen los muchos programas que la comentan. Nunca llegan al fondo de los asuntos. Se suelen quedar en el comentario de las «frasecitas» que han soltado los políticos a lo largo de la semana. Los propios políticos preparan estas microintervenciones pensando en este juego mediático superficial. Están cada vez más obsesionados con la comunicación y menos con el estudio y la investigación para llegar al fondo de los asuntos.

Creo que el ejemplo paradigmático de este fenómeno de empobrecimiento lo podemos encontrar en el telediario. Este programa, concebido en origen para informar a la población, se ha convertido en lo que se llama un programa de *infotainment* (contracción de las palabras inglesas *information* y *entertainment* que significan «información» y «entretenimiento»). El telediario se diseña, por supuesto, en función de la actualidad, pero el criterio de selección de las noticias no es puramente el de la relevancia. Se trata de producir un programa que informe y divierta al espectador, respetando un ritmo que lo mantenga en alerta y active sus emociones. Para no aburrir, se descartan los formatos largos y se renuncia a la profundización que, sin embargo, exigirían muchos temas complejos. Se reserva un espacio desproporcionado a los sucesos frente a las grandes problemáticas: accidentes de coches, incendios, explosiones, actos de delincuencia.

¿De verdad nos interesa más el derrumbe de un edificio en una ciudad desconocida de China que las consecuencias a medio plazo del incremento de la deuda pública española? El tiempo dedicado al puro entretenimiento que suponen los deportes supera al destinado a cualquier otro tema (economía, salud, política internacional, asuntos sociales, medio ambiente o cultura).

Sometidos a este régimen, se atrofia nuestra facultad de comprender el mundo que nos rodea y nuestra capacidad de tener una mínima claridad a la hora de establecer una escala de prioridades. Un cerebro formateado por el telediario da la misma importancia a la hambruna en Sudán que al estreno de las nuevas botas de fútbol de un famoso jugador.

Conclusión

Las imágenes tienen una gran facultad para activar las emociones. Y las personas e instituciones que quieren influir sobre nuestro comportamiento para que compremos esto o votemos a este candidato lo saben muy bien. Vivimos rodeados de imágenes. Las calles de nuestras ciudades rebosan de carteles de todo tipo. Las pantallas nos acompañan a lo largo del día. Lo primero que hacemos por la mañana es encender una pantalla y lo último que hacemos por la noche es apagarla. Mientras tanto, nuestros ojos devoran pantallas de todos los tamaños y en cualquier circunstancia. Pretender evitar las imágenes no tiene sentido, pero sí es recomendable que tomemos conciencia del efecto que producen en nosotros, lo cual hará que de manera automática nos autorregulemos de una forma mucho más sensata.

Necesitamos mirar las imágenes con ojo crítico porque sabemos que pueden ser falsas o estar manipuladas. Que lo hayamos visto en una pantalla no significa que sea real o verdadero. «Visto en la televisión» no es un sello de calidad.

También necesitas introducir algo de distancia o de pausa en tu relación inteligente con estas imágenes. Frente a ellas, debes tener templanza y evitar las reacciones impulsivas. Sabes que se dirigen a tus emociones más que a tu razón. Es tu responsabilidad restablecer el equilibrio.

Esta vez, un único ejercicio, pero muy práctico

Eres, como todos nosotros, más consumidor que productor de imágenes. Sin embargo, en lugar de reflexionar sobre el contenido de este capítulo desde una perspectiva de consumidor, creo que puede ser más útil y memorable hacerlo desde una perspectiva de productor.

Te lanzo el reto de hacer dos fotos de una misma realidad, pero cambiando el ángulo o el encuadre para que cuenten historias muy distintas. Para que todos los lectores de este libro y yo mismo podamos aprender juntos, te propongo que las cuelgues en uno de tus perfiles de redes sociales con la siguiente etiqueta:

#1realidad2historias

Capítulo 12

Manipulados por la propaganda y la publicidad

La receptividad de las grandes masas y su inteligencia son muy limitadas, pero su capacidad para olvidar es enorme. En consecuencia, toda propaganda eficaz se debe limitar a unos pocos puntos e insistir en ellos con eslóganes hasta que la última persona del público entienda vuestro mensaje. (...) su misión es la de llamar la atención de la masa y no enseñar a los cultos o a aquellos que procuran cultivar su espíritu; su acción debe estar cada vez más dirigida al sentimiento y solo muy condicionalmente a la llamada razón.

ADOLF HITLER

El mal está inscrito en el vacío del pensamiento.

HANNA ARENDT

Estoy seguro de que no te gusta que te manipulen. A mí tampoco me gusta nada. Para que esto no ocurra tenemos que estar muy atentos y muchas veces no lo estamos. Creo que, en general, se nos da bien detectar los intentos individuales de manipulación. Me refiero a esas ocasiones en las que una persona en concreto intenta manipularnos. Los sospechosos habituales son los padres, que intentan manipular a sus hijos, y esos amigos un poco caraduras que nos quieren imponer sus planes. Sin embargo, me he dado cuenta de que somos mucho más torpes a la hora de detectar las manipulaciones colectivas propagandísticas. En este capítulo vamos a interesarnos por estas técnicas de propaganda y por las serias cuestiones éticas que plantean.

El origen político

Aunque la primera cosa que se nos viene a la cabeza cuando escuchamos la palabra «propaganda» es «totalitarismo» y, más concretamente, los regímenes de la Rusia comunista y de la Alemania nazi, la propaganda es en realidad «hija de la democracia».*

Para que lo entiendas mejor te voy a poner un ejemplo real. Es, quizá, el ejemplo más emblemático de la propaganda moderna: el Comité Creel en el que participa Edward Bernays, padre de la propaganda moderna y de las relaciones públicas.

A partir de abril 1917, el Comité Creel manipuló a la opinión pública estadounidense para que apoyase la entrada de Estados Unidos en la Primera Guerra Mundial. En 1917, el pueblo estadounidense era reacio a involucrarse en una guerra que consideraba puramente europea. Poco a poco fue cambiando de opinión, influido por una gigantesca campaña de comunicación que se apoyó en la distribución de panfletos,

* David Colon, *Propagande*, Belin, París, 2019, p. 9.

en campañas publicitarias en prensa, en la difusión de breves películas en las salas de cine y en discursos de cuatro minutos por parte de una red de voluntarios a través de todo el país. Se calcula que setenta y cinco mil voluntarios pronunciaron un total de siete millones y medio de discursos de cuatro minutos frente a un total de trescientos millones de oyentes. Si tenemos en cuenta que en esa época el país contaba con ciento tres millones de habitantes, solo por este medio se consiguió impactar, al menos, tres veces en cada uno de ellos. ¿Te imaginas el nivel de machaconería?

Edward Bernays nos enseña que la propaganda sirve para organizar el caos y fabricar el consentimiento. Según él, los gobiernos democráticos necesitan guiar a los ciudadanos porque estos no pueden estudiar por sí mismos todas las problemáticas sociales. El pueblo no sabe y la propaganda ayuda a explicar esos asuntos a la opinión pública. Pero el problema es que no los explica de manera objetiva y que se usa esta propaganda para hacer que el pueblo llegue a desear las medidas que el gobierno propone. Como afirma el propio Bernays en su libro *Propaganda:* «Lo importante para el estadista de nuestro tiempo no es tanto saber cómo agradar al público sino saber arrastrarlo».* Para Bernays, un político o un gobierno no deben hacer lo que quieren sus electores o administrados, tienen que ser capaces de llevarlos a alinearse con sus propios planes porque ellos son los que mejor saben lo que conviene hacer.

El éxito rotundo que esta campaña obtuvo en la gran democracia americana se convirtió en una referencia para el mundo

---

* Edward Bernays, *Propaganda*, reeditado por Melusina en 2008, p. 130.

entero. Desde entonces, todos los candidatos a unas elecciones, todos los gobernantes locales, regionales, nacionales e, incluso, las grandes organizaciones internacionales usan herramientas propagandísticas para influir en la opinión pública y llevarla a apoyar sus propuestas o decisiones.

La mutación consumista

En la primera mitad del siglo xx, con la revolución industrial aparecieron la mecanización de la producción y las cadenas de montaje, lo que derivó en que las fábricas pudieran producir una cantidad mucho mayor de productos en menos tiempo y en que, a su vez, necesitaran dar salida a un volumen mucho mayor de productos. Así nació la llamada «sociedad del consumo». En Estados Unidos, Edward Bernays detectó la oportunidad de inventar la versión comercial de la propaganda para que las empresas pudieran aprovechar los métodos desarrollados por el Comité Creel con el fin de generar más demanda y vender su producción.

Es así como la industria tabacalera encargó en 1929 a Bernays el desarrollo de una estrategia de propaganda para liberar a las mujeres de la opresión de los hombres y conquistar el derecho a fumar cigarrillos en público y en plena calle. Esta exitosa campaña multiplicó por dos el mercado de las tabacaleras. ¿Crees que fumar era el camino más indicado hacia la liberación?

Por cierto, Bernays vendió la misma estrategia de liberación a la empresa Hoover para que las mujeres reclamaran aspiradoras a sus maridos como regalo de Navidad. ¿De verdad estamos hablando de la liberación de la mujer? Yo creo que haríamos mejor en hablar de la manipulación de la mujer.

Nos guste o no, como ciudadanos o como consumidores estamos permanentemente sometidos a campañas de manipulación que pretenden llevarnos a apoyar políticas o a desear cosas. Es fundamental que aprendas a reconocer los mecanismos de esta manipulación para poder así defender tu libertad de pensar.

Las técnicas de manipulación

La propaganda en su vertiente política o comercial usa técnicas para activarnos desde las emociones más que desde la reflexión. El objetivo es hacerte sentir lo más posible y pensar lo menos posible. Las emociones más potentes que han descubierto estos expertos manipuladores para activarnos son el miedo, el odio y la envidia.

En el ámbito político encontrarás ejemplos muy claros de esto en el discurso, pero también en las imágenes usadas, en particular, por los partidos populistas o extremistas. La extrema derecha suele usar el miedo a lo desconocido (el extranjero, el inmigrante, el mundo de la innovación que nos trae cambios...), mientras que la extrema izquierda suele apostar por el miedo a una vuelta atrás, el odio al rico y la envidia hacia el que ha tenido éxito. La historia nos enseña que no existe estrategia más segura y rentable que la creación de un enemigo malo malísimo para nublar la capacidad reflexiva. Ahora que estamos avisados, queda por ver si somos capaces de evitar caer en esas trampas.

Si tomamos un ejemplo que empiezas a conocer, imagínate que eres estadounidense en 1917. Tu gobierno defiende que hay que entrar en guerra contra Alemania. No lo ves claro porque piensas: «¿Qué pinto yo, un ciudadano de Estados Unidos, cruzando el océano para arriesgar mi vida disparando a soldados alemanes que no me han hecho nada?». Sin embargo, llevas meses escuchando y leyendo por todas partes que Alemania es el mismísimo diablo y que sus soldados son monstruos inhumanos que matan a los pobres niños belgas, cortan sus manos y a veces hasta se los comen. Y entonces se produce un cortocircuito y no puedes pensar más allá del miedo, el odio y el rencor. ¡Que te den un uniforme y un fusil, que te vas a Europa para matar a la bestia alemana!

Ahora eres alemán en 1938. El régimen nazi decreta que los judíos ya no pueden administrar negocios. La medida afecta a tus vecinos que conoces de toda la vida y te preguntas si podría estar mal y ser injusto. Sin embargo, ya llevas años escuchando que los judíos son la fuente de todos tus males y la causa de la ruina de Alemania. A tu alrededor muchos han adoptado el nuevo lenguaje del régimen y ya no hablan de judíos sino de cucarachas. Y entonces se produce el cortocircuito. No consigues pensar y te dejas llevar por el miedo, el odio y el rencor. No manifiestas tu oposición a esas nuevas medidas antisemitas. Permites que se dé un pasito más en este camino que llevará a la exterminación.

Y ahora eres español en 2022. Un colectivo lleva años defendiendo que la diferencia biológica entre hombre y mujer está desfasada porque está basada en una mera construcción social y que ha llegado la hora de dejarla atrás. No se trata del derecho a la transexualidad, es decir, el que defiende que un hombre sea sexualmente mujer o viceversa y que tenga todo el derecho a adoptar el sexo acorde con su género, sino que va mucho más allá al afirmar que el género es algo fluido y que aleatoriamente se puede intercambiar de manera indefinida.

Quizá tú no veas bases científicas suficientes que apoyen esta teoría y tengas muchas dudas al respecto.

Sin embargo, este colectivo tacha a todo el que cuestione este argumento como homófobo, retrógrado e intolerante.

Afirman que discrepar de ello sería otorgar poder medieval a la Iglesia y resucitar la dictadura. Entonces, a pesar de que tus dudas no han sido resueltas, tu cabeza produce un cortocircuito y el miedo a ser descalificado públicamente te lleva a callar.

La propaganda consumista de la publicidad no usa un tono tan dramático como la política, pero funciona exactamente igual. Se aprovecha de nuestros instintos más básicos como, por ejemplo, el que nos lleva a preocuparnos mucho por la imagen que los demás tienen de nosotros.

Como decía el psicólogo Floyd Henry Allport: «La idea que tengo de mí mismo está hecha de la que me imagino que mi vecino tiene de mí».* Para crear nuevos deseos y necesidades la publicidad instrumentaliza este sentimiento de inseguridad social que todos llevamos dentro.

Si te fijas un poco, te darás cuenta de que innumerables anuncios buscan provocar el miedo a quedar mal. Para activar al público masculino juegan con el miedo a parecer tonto, mientras que para activar al público femenino juegan con el miedo a parecer descuidada. En realidad, si te fijas bien, descubrirás que en una multitud de anuncios de televisión hay un personaje que desempeña el papel de ese juez que te examina. A veces es un vecino que presume de su coche nuevo mientras mira con desprecio el tuyo. Otras es una vecina que se permite darte consejos sobre los productos que usas para lavar la ropa de tus niños. Como puedes ver, estos personajes, aparte de encajarnos en unos roles terriblemente tópicos, sirven para meternos miedo, provocando que nos hagamos la pregunta fatídica: «¿Qué pensarán de mí mis vecinos, mis amigos o mis compañeros de trabajo?». Con esta preocupación en mente

---

* Floyd Henry Allport, *Social Psychology*, Boston, Houghton Mifflin, 1924, p. 325.

das el paso y decides comprar. De repente necesitas un nuevo cortacésped para que tu vecino se quede pasmado cuando mire tu jardín por encima del seto. Necesitas una nueva lavadora o un detergente maravilloso para que la ropa de tus hijos sea más blanca que la de los hijos de los vecinos.

¿Y qué decir de los muchos anuncios que cuestionan nuestra capacidad de seducción? Por supuesto que apelan también a la percepción que tienen los demás de nosotros. La seducción está omnipresente en la publicidad. En los anuncios, cuando un hombre conduce un nuevo modelo de coche, lo hace bajo las miradas lascivas de mujeres guapísimas que lo admiran. En la publicidad, los perfumes caros hacen que los hombres elegantes se den la vuelta cuando se cruzan con alguien que lo lleva en la acera o en un ascensor. En los anuncios, los yogures con bífidus tienen efectos secundarios sorprendentes... hacen que todo el mundo se quede pasmado cuando entras en el gimnasio. Y, por supuesto, la envidia se puede leer en las caras de las compañeras de trabajo cuando entras en una reunión con una melena teñida con el nuevo producto X.

¿Qué no compraríamos para ser reconocidos, admirados, envidiados o, por lo menos, para no ser considerados menos que nadie?

Estoy seguro de que te habrás dado cuenta de que en la propaganda interviene el sesgo de conformidad que ya hemos comentado, aunque en este caso se refuerza de manera artificial. Por el constante bombardeo de mensajes se te hace creer que todo el mundo piensa esto, hace eso o compra lo otro. Y, claro, no quieres ser el «raro» que no piensa, hace o compra lo mismo. Los expertos en relaciones públicas que trabajan para vender ideas o productos consiguen muchas veces este efecto «todo el mundo lo hace» centrando sus esfuerzos en personas que tienen mucha exposición en los medios de comunicación. No pueden comprar al cincuenta por ciento de tus amigos o compañeros de trabajo, pero sí pueden comprar la colaboración de unos cuantos actores, cantantes y deportistas que están presentes en el cincuenta por ciento de las noticias que ves.

Estos mecanismos de propaganda no anulan por completo tu capacidad de pensar, pero sí influyen de manera decisiva en tu reflexión, llevándote a dar por hecho algunas cosas concretas que te tocan la fibra.

Para funcionar, la propaganda necesita convencerte de que esa idea la has tenido tú y que no te des cuenta de que en realidad alguien te la ha metido en la cabeza. Para lograr esta interiorización es fundamental conseguir dos cosas.

Por un lado, se necesita una omnipresencia: aparecer en todos los medios y que la gente vea el mensaje por todos lados en una gran variedad de formatos (televisión, radio, prensa, internet, anuncios, publirreportajes, reportajes, entrevistas, encuestas...). Y por otro lado se necesitan correas de transmisión: personas de carne y hueso que difundan los mensajes de las instituciones y empresas. El objetivo final consiste en fabricar una obviedad: que esa idea te parezca «de cajón» por haberla escuchado ya tantas veces en boca de un montón de gente.

Vas a poder apreciar este esfuerzo por crear una aparente obviedad en el siguiente ejemplo: entre 2005 y 2010, el gobierno de Estados Unidos, consciente de que la población tenía serias dudas sobre los motivos de la intervención militar en Irak, sintió que necesitaba recuperar de manera rotunda el apoyo popular. ¿Qué hacer para que la gente apoye o, por lo menos, deje de criticar una intervención militar en un país extranjero? El truco consiste en cambiar ligeramente el objeto del apoyo. Si desconfías del gobierno y, por efecto rebote, del mando militar, la clave radica en conseguir que dejes de centrarte en la cima de la pirámide para poner el foco en su base. Los soldados de a pie son unos mandados que no pueden discutir órdenes. Son los que se juegan la vida y dejan en casa a unas familias muertas de preocupación. Es obvio que la población los apoyará en cualquier circunstancia. Aquí está la respuesta entonces: se monta una gran campaña de comunicación para que la población apoye a las tropas y, de rebote, apoye al ejército, al mando militar y hasta al gobierno. ¿Cómo no vas a pegar en tu coche una pegatina para animar a los chicos que combaten? Es obvio que lo tienes que hacer. Después pasan los días y empiezas a asumir de manera inconsciente el apoyo a la guerra que te parecía muy cuestionable en un inicio.

Además de usar los resortes psicológicos adecuados y de conseguir estar en todos lados, para rematar la faena, el propagandista cuenta con un recurso más: la repetición. Para meter una idea o un deseo en la cabeza de alguien, no dudará en insistir hasta la saciedad porque sabe que la repetición puede con todo. Es como con las canciones: ¿cuántas veces has terminado tarareando una canción que no te gustaba nada cuando la escuchaste por primera vez? Claro, entre medias, la has escuchado ciento cincuenta veces por la radio y ya no hay quien te la quite de la cabeza. Ten mucho cuidado porque esto que funciona para las canciones, sirve para cualquier cosa.

Veamos ahora cómo estos mecanismos de propaganda han multiplicado sus efectos con la eclosión del mundo digital.

Un mayor riesgo de manipulación en internet y en las redes sociales

La propaganda siempre se ha adaptado para sacar provecho de las innovaciones tecnológicas. Lo ha hecho con la radio, el cine, la televisión y lo sigue haciendo con internet, las redes sociales y todos los medios que ofrece el mundo digital. Aunque los resortes psicológicos que activa no han cambiado, la tecnología permite ahora a los propagandistas y publicistas machacarnos con mayor eficacia.

Una de las características de los medios digitales es que permiten segmentar y personalizar. Si antes con la televisión o la prensa se preparaba un anuncio igual para todos, ahora se puede enseñar a cada usuario de internet una variante de un mismo anuncio que se ajuste más a su perfil. Un partido político puede asustar a los mayores diciéndoles que los inmigrantes vienen a robarles la cartera en las calles, a los padres de familia diciéndoles que van a molestar a sus hijas y a los jóvenes que entran en el mercado laboral diciéndoles que les van a quitar los puestos de trabajo. El anuncio que veamos cuando entremos en Facebook o en la página web de nuestro periódico favorito tendrá un diseño a medida en función de nuestra edad.

No sé si conoces el *retargeting*. Es una técnica que permite perseguir al usuario de internet adonde vaya, enseñándole una y otra vez un mismo anuncio. Es lo que ocurre cuando, después de haber buscado un hotel en Roma en Google, empiezan a aparecerte anuncios de vuelos con destino Roma cada vez que consultas tus *emails* o cuando ves un vídeo en YouTube. Si a esta técnica le sumamos la capacidad de predicción de comportamientos que permiten el *big data* (gestión de enormes cantidades de datos personales) y los algoritmos de inteligencia artificial, vemos hasta qué punto es posible sumergir a la gente en una perpetua sensación de *déjà-vu*. Menos mal que todavía hay cosas que se escapan a estos sistemas y les acaban traicionando. Si buscas *online* un nuevo traje de baño de cara al verano, van a empezar a aparecer un montón de anuncios de este tipo de productos. Como es lo que buscas, no te va a chocar tanto. Sin embargo, una vez comprado el producto, estos mensajes dejan de interesarte, te empiezan a molestar más y tu atención se fija aún más en ellos. Entrados en agosto, te habrás hartado de verlos y te sorprenderás pensando: «¿Dónde está el maldito botón para decirles que ya no me interesan los trajes de baño?».

Para finalizar, quiero volver un instante sobre el principio básico de la propaganda: estamos más convencidos cuando creemos que hemos sido nosotros quienes hemos tomado la decisión y no cuando percibimos que nos han metido una idea en la cabeza. Creo que esto nos hace especialmente vulnerables a los anuncios que aparecen en nuestros *timelines* de las redes sociales. Un anuncio en la televisión o en una web te puede impactar, pero sabes que alguien te lo «impone». Sin embargo, un anuncio que aparece en tu *timeline* de Facebook, Twitter o Instagram se encuentra entre una multitud de microfuentes que has elegido de manera personal. En consecuencia, corres el riesgo de llegar a despistarte y creer que, de alguna manera, has elegido ver esa marca o ese producto. Puedes darles a estos anuncios una relevancia que en realidad no tienen. Les puedes prestar una atención que no se merecen y que no prestas a los anuncios cuando te los encuentras en otros contextos.

Las redes sociales potencian también la propaganda porque permiten a los usuarios reenviar los mensajes que reciben. Está facultad de retransmisión esconde de alguna manera a la empresa o a la institución que emite un mensaje detrás de un conocido en el que confías. En principio estas fuentes podrían generar sospechas o cautela; sin embargo, se esfuman cuando los mensajes nos llegan a través de amigos o familiares.

Por supuesto, no quiero decir que la solución consista en huir de la tecnología. La tecnología es útil, está para quedarse y somos nosotros quienes tenemos que aprender a usarla bien. Solo pretendo llamar tu atención acerca de este contexto específico en el que todos somos aún más manipulables. El problema es que nuestro mundo digital nos sumerge en un océano de información. Frente a esta profusión que no podemos gestionar, existe la tentación de dejarnos guiar por propagandistas que nos van a poner las cosas más fáciles.

Claramente, este omnipresente mundo digital reclama de tu parte un mayor espíritu crítico, una mayor capacidad para cuestionar las opiniones, creencias e ideas que parece que son tuyas pero que a menudo no lo son.

Cuestiones éticas sin resolver en el mundo de las «relaciones públicas»

Antes de acabar con la propaganda me gustaría tratar brevemente los problemas éticos que plantea.

Cuando Edward Bernays escribe *Propaganda* en 1927, es un hombre joven de treinta y cinco años que no resiste la tentación de presumir de haber cosechado grandes éxitos tanto en el ámbito público (Comité Creel) como al servicio de las empresas (cigarrillos, aspiradoras...). Su libro es tan sincero como ingenuo. En sus páginas no esconde la esencia manipuladora de la propaganda. No lo hace porque todavía cree que la propaganda es fundamentalmente beneficiosa para el ciudadano de a pie. La considera un fenómeno necesario para asegurar que las masas puedan acceder a una versión simplificada de un mundo cuya complejidad les sobrepasa de lejos. Considera que la propaganda permite alinear los intereses de gobiernos y ciudadanos para facilitar la gobernabilidad. Sin embargo, no es ingenuo del todo y sabe que puede haber riesgos. Por este motivo, insiste sobre la deontología que tiene que respetar todo profesional de las relaciones públicas: «La profesión de asesor en relaciones públicas está desarrollando rápidamente un código ético que aventaja al que rige la profesión médica o la abogacía. (...) Aunque reconozca, al igual que el abogado, el derecho a que cada cual dé su mejor perfil ante la gente, rechaza sin embargo un cliente del que piensa que no es honrado, un producto que crea fraudulento o una causa que le parezca antisocial».*

Señor Bernays, para un lector de hoy, sus sabias palabras generan muchas dudas y una cierta perplejidad...

¿Tú crees que en la actualidad se puede decir que la industria de las relaciones públicas ha demostrado un comportamiento ético a lo largo de sus casi cien años de vida? ¿Es una industria que ha ayudado a los ciudadanos a pensar mejor y a entender asuntos complejos? Yo tengo serias dudas al respecto.

Puedo creer que cuando escribió esas líneas Bernays no era consciente de los daños del tabaco en la salud y entonces no podía tener remordimientos por haber contribuido a romper el tabú del cigarrillo para las mujeres. Pero ¿qué decir del trabajo de las mayores agencias de relaciones públicas para ayudar a la industria tabacalera a tapar las pruebas científicas que relacionaban directamente el consumo de tabaco con el cáncer de pulmón desde los años cincuenta? Estas estrategias que han recurrido a la mentira, la calumnia y la amenaza no son éticas y no han tenido jamás como objetivo estimular el pensar mejor ni propiciar el acercamiento a la verdad. Son estas mismas estrategias las que sirvieron para ayudar a las empresas del sector energético a sembrar dudas en la opinión

---

* Edward Bernays, *Propaganda*, reeditado por Melusina en 2008, p. 59.

pública acerca de la relación entre las emisiones de gases de efecto invernadero y el calentamiento global. Mentiras, calumnias... Los medios más sucios han sido usados para debilitar el peso que debe tener en el debate un verdadero consenso científico. Volveremos sobre este caso específico al final del libro.

En su libro, Bernays cita a la revista *Scientific American:* «La verdad es poderosa y deberá imponerse, y si cualquier grupo de gentes cree haber descubierto una verdad valiosa, además del privilegio, tendrá el deber de diseminar esta verdad. (...) La propaganda se vuelve perjudicial y reprensible solo cuando sus autores saben consciente y deliberadamente que diseminan mentiras, o cuando se proponen objetivos que saben perjudiciales para el bien común».* Esto parece muy sensato, pero me resulta difícil creer en una propaganda limpia en una época en la que cuesta cada vez más distinguir entre verdad y mentira, como veremos en el capítulo 14 dedicado a la posverdad.

Está claro que para pensar mejor necesitas aprender a reconocer la propaganda y a desconfiar de las buenas intenciones que pretenden manifestar los profesionales que la utilizan para condicionarte a adoptar creencias y desear productos.

Tengamos mucho cuidado y evitemos dejarnos llevar por la corriente y las falsas obviedades.

¡A VER SI DETECTAMOS LA PROPAGANDA QUE NOS RODEA!

Es tal la presencia de propaganda política y de su vertiente consumista en nuestras vidas que ofrece un excelente terreno

---

* Edward Bernays, *Propaganda,* reeditado por Melusina en 2008, p. 29.

de juego para activar la inteligencia y desarrollar nuestra capacidad de pensar:

- Fíjate en los anuncios en los próximos días e intenta detectar los que juegan con nuestros miedos, nuestras ganas de ser admirados y nuestra búsqueda de afirmación a través de la mirada de los demás (vecinos, compañeros de trabajo...).
- Presta especial atención al discurso de los políticos: ¿usan nuestros miedos o construyen enemigos malos malísimos para nublar nuestro juicio?
- Analiza un poco el *timeline* de tu red social favorita. ¿Puede haber una excesiva representación de algunos perfiles que te lleve a considerar normales o generalizados unos comportamientos que no lo son si miras a la gente de la calle?
- Antes de reenviar un mensaje en las redes sociales o en WhatsApp, pregúntate: «¿No estaré sirviendo de transmisor a una operación de propaganda?».

Capítulo 13

Anestesiados por el relativismo

La única base desde la que se puede evitar
el relativismo no es la verdad misma,
sino solo la pretensión de verdad y con ella el
mantenimiento de la posibilidad de la verdad.
FERNANDO INCIARTE Y ALEJANDRO LLANO

En las próximas páginas vamos a profundizar en el análisis del relativismo, un fenómeno que afecta de manera significativa a nuestra capacidad de pensar en el siglo XXI. Mi intención con este capítulo no es soltar una pataleta contra el mundo o la sociedad para echarles la culpa de nuestros problemas como si fuéramos ajenos a ellos. Necesitamos observar y entender el relativismo para tomar conciencia del obstáculo que supone para pensar y para descubrir en qué medida contribuimos personalmente a este nefasto fenómeno.

El relativismo es la «teoría que niega el carácter absoluto del conocimiento al hacerlo depender del sujeto que conoce».* Esta teoría niega la posibilidad de una verdad objetiva y universal, considerando, por el contrario, que la verdad es siempre producto de unas circunstancias históricas y de un conjunto de individuos. Para el relativismo la verdad está inevitablemente condicionada por y limitada a un aquí, un ahora y un nosotros. Voy a exponer unos ejemplos muy sencillos para intentar ilustrar esto.

Empecemos por los extremos, que son más fáciles de entender. En un extremo tenemos el campo de las ciencias exactas. ¿El agua hierve a cien grados centígrados? Sí, sin duda alguna. Te lo contaron de pequeño en el colegio y ahora que eres mayor lo puedes comprobar por ti mismo. Basta con juntar agua, un recipiente, una fuente de calor, un termómetro y un poco de cuidado para no quemarte. La ciencia comparte este extremo con las afirmaciones puramente factuales. ¿Quién ganó el mundial de fútbol de 2010? España. Puedes conversar con alguien que patine un poco y crea recordar que fue en 2008, pero no hay lugar a debate: es un hecho que se puede comprobar con facilidad. En este campo de las ciencias experimentales, de lo cuantificable y de lo puramente factual, contamos con la comodidad del pensamiento binario: verdadero o falso.

Ahora nos vamos a trasladar al otro extremo. ¿Es mejor la tortilla de patatas con o sin cebolla? ¿El mejor sitio para veranear es Ibiza, Cádiz o Santander? ¿Es mejor Messi o Ronaldo? Aquí estamos en territorio gallego: depende. En este ámbito no hay una verdad absoluta, solo hay gustos personales. En realidad, estas preguntas están mal formuladas. Sería más conveniente formularlas asumiendo el personalismo y así evitar discusiones inútiles. ¿Te gusta más esto o lo otro?

---

* Definición de la Real Academia Española (RAE).

Si te paras a pensar un instante, te darás cuenta de que la gran mayoría de las afirmaciones que formulamos a diario son más bien «gallegas» y que muy pocas son científicas o estrictamente factuales. Pero ¿qué pasa entre estos extremos? Veámoslo con otro ejemplo.

¿Es alta mi mujer? Cuando la mira mi hija de ocho años, levanta la cabeza y la ve altísima. Cuando lo hace mi hija de diecisiete, la mira a los ojos y la ve normalísima. Y cuando la miro yo, que mido casi dos metros, la veo pequeñita. En realidad, ninguno de los tres miente. Todos reflejamos lo que observamos desde nuestro punto de vista en ese preciso instante. ¿Es entonces imposible conocer de verdad la altura de mi mujer? Los relativistas dicen que es imposible. Bajo el imperio del relativismo, la aspiración a la verdad solo cabe en los ámbitos binarios del verdadero o falso. Fuera de este ámbito solo existirían opiniones.

El relativismo solo ve tres colores: el blanco y el negro del territorio donde podemos oponer verdadero y falso, y el gris para todo lo que no pertenece a este territorio. No hay escala de grises. Para los relativistas no hay afirmaciones más veraces que otras. Si volvemos a nuestro ejemplo, ¿de verdad no se puede afirmar si mi mujer es alta o si no lo es? En realidad, no es así. Podemos y debemos mantener la ambición de acercarnos a la verdad. Bastaría con ir a buscar una cinta métrica y saldríamos de duda al descubrir la verdad: mi mujer mide exactamente un metro y sesenta y cinco centímetros. Y si todavía no basta para determinar si es alta, baja o normalísima, podemos acudir a las estadísticas y averiguar que está un poco por encima de la media española, que se sitúa en la actualidad en un metro y sesenta y tres centímetros para las mujeres.

Como buen aprendiz de pensamiento crítico, te preguntarás de dónde viene este abandono relativista de la pretensión de verdad. Este salto al vacío se lo debemos a los pensadores del posmodernismo, que han identificado la verdad con el dogmatismo que defiende que ciertas afirmaciones son por esencia incuestionables. En su rechazo al dogmatismo, los posmodernistas han incluido la verdad. El problema está, en realidad, muy mal planteado. Me atrevería incluso a decir que se plantea como un falso dilema. En realidad, ni el relativismo ni el dogmatismo son válidos. Solo vale la búsqueda de la verdad que por definición tolere la duda y el cuestionamiento.

Creo que un buen ejemplo para ilustrar esto es el matrimonio.

Durante siglos y hasta mediados del siglo XX, se concebía el matrimonio como una relación definitiva. Una vez casadas, las personas no se podían separar. Esta afirmación se fundamentaba en un dogma de tipo religioso relacionado con la fe católica. El dogmatismo, por definición, no requería ninguna justificación. «Es así» y punto. Con la evolución de la sociedad hacia una creciente laicización, el dogma acabó por desaparecer del ámbito administrativo (sigue vigente, sin embargo, en el plano religioso) y se adoptó una reglamentación del divorcio.

Con este contexto en mente formulo la siguiente pregunta: ¿es el matrimonio estable el mejor contexto para vivir en pareja y crear una familia? Desde un punto de vista relativista, se considera que, una vez vencido el dogma del matrimonio católico indisoluble, «da igual»: eres libre de permanecer casado o de divorciarte y no hay una cosa mejor que la otra ni desde el punto de vista personal ni desde el familiar (hijos).

Pero, en realidad, aunque no estemos ya vinculados por un dogma, deberíamos mantener la aspiración de descubrir la verdad mediante el análisis de datos objetivos. Podemos analizar esta cuestión de manera racional reuniendo varios tipos de datos disponibles. Podemos, por ejemplo, intentar averiguar el impacto del divorcio sobre la felicidad de las personas (tasas de suicidios, depresiones, consultas de psicólogos...). Podríamos analizar las consecuencias patrimoniales (nivel de vida, capacidad de ahorro...). Podemos, también, examinar el impacto sobre los eventuales hijos (evolución de los resultados académicos, por ejemplo). No voy a seguir con esta lista porque el propósito de este libro no es, en absoluto, examinar esta cuestión. Lo que quiero es que te des cuenta de que no estamos condenados a pasar del dogma al relativismo. Podemos seguir aspirando a la verdad y optar por pensar juntos con la ambición de acercarnos a ella.

En definitiva, en un mundo relativista, todas las opiniones son válidas y no compiten. No nos tenemos que molestar en averiguar cuál de las opiniones acerca de una misma cuestión se acerca más a la verdad o tiene más razón. Por un lado, está el ámbito de la ciencia experimental y de las matemáticas, donde solo existen el blanco y el negro (verdadero o falso) y, por otro, está ese inmenso espacio donde todo es gris y no puedo defender que mi opinión se acerque más a la verdad que la tuya.

La confusión que alimenta el relativismo

¿Cómo hemos podido pasar de «muchas afirmaciones son relativas» a «todas las opiniones son válidas»?

Podemos encontrar una explicación en una mala comprensión del concepto de democracia que ocupa un lugar tan central en nuestras sociedades modernas. La democracia establece la igualdad entre las personas: todos tenemos los mismos derechos y debemos respetar las mismas leyes. Todos visualizamos muy bien esta igualdad el día de las elecciones: todos tenemos un voto. Y es precisamente aquí donde nace la confusión. Todos tenemos un voto porque todos somos ciudadanos. Tenemos la misma dignidad con independencia de que seamos hombre, mujer, rico, pobre, soltera, casado, panadero, abogada o parado. Sin embargo, el problema surge cuando se intenta extender la igualdad entre las personas al campo de sus opiniones libremente expresadas pretendiendo que la ignorancia de uno tiene el mismo valor que el conocimiento de otro.

Sin que responda a ninguna lógica, partiendo de las premisas «mi voto vale lo mismo que tu voto» y «tenemos derecho a expresar nuestra opinión con libertad», se saca la errónea conclusión: «Mi opinión vale lo mismo que tu opinión». Y así es como mucha gente llega a creer erróneamente que tener los mismos derechos en un sistema político significa que las opiniones de una persona acerca de cualquier tema deben recibir la misma consideración que la que se le otorga a las opiniones de otros. Por supuesto, esto es un sinsentido.

Yo, por ejemplo, ignoro por completo la situación energética de España. No sé qué porcentaje de la electricidad consumida en España proviene de centrales nucleares, de centrales térmicas, de molinos de viento, de placas solares... Tampoco sé de dónde provienen el gas o el petróleo que consumimos en el país. No sé cuántos molinos de viento hacen falta para producir la misma cantidad de electricidad que una central nuclear ni conozco las posibilidades de almacenamiento de la electricidad producida por paneles solares durante el día para su uso por la noche. No tengo ni idea. Entonces ¿tiene sentido considerar mi opinión igual de válida que la de un experto que estudia estos temas desde hace veinticinco años? Sería una auténtica locura. Sin embargo, es justo a eso a lo que nos ha acostumbrado el relativismo: a poder opinar de todo y a exigir que se respete nuestra opinión como se respeta cualquier otra.

No tiene sentido que exijamos a los demás que respeten nuestras opiniones. El respeto se lo debemos a las personas en función de su dignidad como seres humanos y a pesar de las diferencias que puedan existir dentro de esta condición humana común. Debemos respetar la libertad de opinar, pero se pueden juzgar las opiniones y considerar que algunas nos acercan más a la verdad que otras. No tenemos por qué considerar que todas las opiniones tienen la misma validez. Rechazar mi opinión acerca de las políticas energéticas no significa faltarme al respeto. No tengo ningún derecho a tener razón. El problema es que nos hemos olvidado de que todos tenemos la obligación de buscar la verdad.

Distinguir entre relativismo bueno y relativismo malo

Hasta ahora lo único que he hecho ha sido criticar el relativismo y me imagino que te preguntarás: «Si es tan malo, ¿cómo es posible que se haya extendido tanto?».

En realidad, también necesitamos una dosis de relativismo para pensar bien. El sociólogo francés Raymond Boudon explica en su libro *El Relativismo* que «para entender a un individuo que pertenece a una sociedad distinta de la suya, el observador debe tener en cuenta las diferencias entre el contexto del individuo y el suyo. En este caso, el relativismo contribuye a apartar el "sociocentrismo" y favorece el respeto del Otro».* El relativismo sería entonces un remedio contra el sociocentrismo. Voy a intentar aclarar este concepto de «sociocentrismo» para que entiendas mejor esta afirmación.

---

* Raymond Boudon, *Le Relativisme*, PUF, París, 2008, pp. 54-55.

El concepto es doble. Por un lado, se habla de «sociocentrismo horizontal» cuando una persona condena un comportamiento considerado normal en una sociedad por el simple hecho de que la suya condena ese mismo comportamiento. Es el caso si viajas a Japón y no entiendes las normas de cortesía del país: puedes llegar a considerar que los japoneses son muy fríos porque no se dan abrazos. Por otro lado, se habla de «sociocentrismo vertical» cuando una persona condena un comportamiento del pasado que en el presente no se considera normal. Una ilustración de este fenómeno sería derribar las estatuas de Cristóbal Colón en Estados Unidos por considerarlo racista.

Se entiende, entonces, que el relativismo nos protege del sociocentrismo y nos permite darnos cuenta de que el japonés no es frío, sino que es distinto. Del mismo modo, nos permite entender que Cristóbal Colón era un hombre de su época y que de ninguna manera se le puede comparar con un racista del siglo XXI. A este relativismo que nos protege del sociocentrismo, Boudon lo denomina «buen relativismo».

Otra cosa muy distinta es que el relativismo nos lleve a colocar todos los comportamientos y todos los valores en un mismo plano de igualdad, aniquilando el discernimiento. A esto Boudon lo llama «relativismo malo». Surge cuando confundimos entender con aprobar o explicar con justificar. Así, un etnólogo, a su vuelta de una larga estancia en la jungla de Papuasia, nos puede explicar por qué motivos una tribu de esa isla sacrifica personas para conseguir buenas cosechas y lo podemos entender. Sin embargo, por mucho que seamos conscientes de las diferencias que hay entre nuestra cultura y la de la tribu de esa isla, no podemos aprobar o justificar esas prácticas. Tratar al miembro de la tribu de bárbaro sería una manifestación de sociocentrismo, pero considerar que su sistema es igual de válido que el nuestro sería ridículo.

Este fenómeno no es anecdótico. No se puede concebir bien qué es el progreso en una sociedad si no se renuncia al relativismo malo.

¿Cómo daña el relativismo a nuestra capacidad de pensar?

- *Desaparición del debate*

El relativismo permite que cada uno defienda su posición con comodidad: «Esta es mi opinión y, por lo tanto, puede ser mi verdad». En este contexto desaparece la ambición colectiva de progresar hacia la verdad y de mejorar como sociedad. Si puedo defender una opinión A y escuchar a otros defender las opiniones B y C sin preocuparme de saber cuál es la más acertada o cuál encierra más razón, desaparece el verdadero debate. Solo queda una conversación absurda donde todo el mundo habla, pero nadie escucha. En consecuencia, en este pseudodebate desaparece la posibilidad de que unos aprendan de otros, incluso por parte de las personas que lo ven o escuchan. Un verdadero debate nos habría permitido descubrir juntos que la opinión más inteligente resulta de una mezcla entre las opiniones A y C. Este descubrimiento podría, incluso, ser fruto de una escucha muy atenta a la persona que en origen defendía la opinión B.

Sin embargo, si has visto un debate últimamente, te habrás dado cuenta de que a menudo las personas que intervienen no intentan aportar. Cada uno viene a exponer su opinión sin ninguna intención de construir algo en común. Y si se trata de un debate político, los candidatos vienen con textos preparados y una lista de mensajes que tienen que encajar en sus intervenciones, sin que importe lo que digan los demás. Ya casi no pierden tiempo en rebatir los argumentos ajenos porque temen darles más protagonismo. Cuando hablan del otro es para descalificarlo o para criticar sus resultados pasados.

Y lo peor es que nos hemos acostumbrado a ver el mismo triste espectáculo en el parlamento, donde los representantes de los distintos partidos aprovechan la presencia de las cámaras de televisión para hacer publicidad de sus opiniones si están en el gobierno y para descalificar las de los demás si están en la oposición. Somos los espectadores de unos discursos de pura propaganda electoral que no buscan conseguir el consenso ni manifiestan la más mínima intención de mejorar las propuestas de los demás.

- *Autoengaño*

¿Te acuerdas del efecto Dunning-Kruger? Sí, aquel sesgo cognitivo que hace que personas con escasas habilidades o conocimientos muestren un falso sentimiento de superioridad y lleguen a considerarse más capaces que otras personas más preparadas.

Lo curioso es que, al parecer, este sesgo se ve considerablemente atemperado cuando tenemos indicios (vivencias o angustias) que nos demuestran que somos malos en algo. Así, por ejemplo, la gente no se suele autoengañar respecto a su mediocridad a la hora de hablar en público. Ya sea porque han sufrido experiencias traumáticas o porque sienten mucha angustia cuando se imaginan hablando en público, esas personas son propensas a autoevaluarse con dureza en este ámbito. Sin embargo, esas mismas personas tienden a sobrevalorar sus capacidades en materias de las que no tienen vivencias pasadas o en las que no se pueden imaginar.

¿Podría tener algo que ver este autoengaño con el ambiente relativista que nos rodea? El problema del relativismo es que en muchos campos «abstractos» nos permite defender posiciones erróneas como si fueran válidas y nos impide constatar que no tenemos ni idea. Esto puede pasar cuando hablamos con amigos de cuestiones delicadas como la eutanasia o el aborto. Damos nuestra opinión; una opinión muy poco sólida, fundamentada en los recuerdos que tenemos de un par de artículos leídos hace meses. Nuestros amigos también dan su opinión y como nadie es especialista ni en medicina ni en ética, ninguno se atreve a rebatir realmente las opiniones de los demás. Esto acaba en un relativista «cada uno tenemos nuestra respetable opinión» y, en definitiva, es muy probable que esta experiencia nos lleve a sobrevalorar nuestros conocimientos en estos ámbitos. Los campos «abstractos» son más propicios a este autoengaño porque ni vemos ni sufrimos el resultado de nuestra mediocridad. Nos escondemos detrás de un «esta es mi opinión» y, formateado por el políticamente correcto ambiente, nuestro interlocutor no se va a atrever a decirnos que nuestra opinión es objetivamente inferior a la suya.

Será mucho más difícil que alguien sobrevalore su nivel como jugador de tenis si una red le enfrenta a su nivel cada vez que una pelota que acaba de golpear da en ella. Lo mismo sucede si eres profesor y observas a tus alumnos bostezar de aburrimiento en tus clases o si eres panadero y te percatas de que la gente que prueba tu pan no vuelve nunca a pisar tu panadería.

El relativismo permite que nos autoengañemos respecto a nuestro nivel de conocimientos en muchos campos «abstractos» y nos puede llevar a adoptar una actitud arrogante y a negar la gran complejidad de muchos problemas.

- *Dictadura del relativismo*

El cardenal Joseph Ratzinger utilizó por primera vez la curiosa fórmula «dictadura del relativismo» en una celebración el 18 de abril de 2005, pocas horas antes de convertirse en el papa Benedicto XVI. ¿No te parece contradictorio unir en una misma expresión «relativismo», que permite a cada uno decir y pensar lo que le da la gana, y «dictadura», que por definición destruye la libertad? Efectivamente, a primera vista es contradictorio, pero si lo miramos de cerca, vemos que esta fórmula refleja con mucha precisión lo que vivimos en la actualidad.

En su confusión democrática, el relativismo otorga a todos los individuos no solo el derecho a opinar, sino también el derecho a comprobar que su opinión es aceptada como válida o legítima. Este último derecho supone una obligación y hasta una restricción para los demás: no puedes juzgar la opinión del otro. No puedes expresar públicamente que, más que una opinión, tienes una convicción. No puedes explicar los motivos racionales que te hacen pensar que tu opinión es más acertada que la del otro.

El que se atreva a pisar este terreno de la discrepancia y, de alguna manera, ataque una opinión se verá automáticamente tachado de intolerante. Da igual que lo haga con buenos modales y, sin despreciar a su interlocutor, se centre en desmontar sus argumentos o en subrayar su falta de argumentos. En los tiempos que corren, lo más probable es que a una persona así, que defiende una convicción frente a otras opiniones, se la tache de intolerante, fascista o talibán.

¿No te parece que se produce una curiosa y peligrosa inversión de roles?

El que quiere argumentar y pisar el terreno de la razón y la inteligencia es el dogmático, mientras que el que pretende anular la posibilidad de debate es el demócrata. Sorprendentemente, en nombre de la diversidad se provoca un cierre y no la apertura que se pretende conseguir y proteger. Cada uno puede pensar lo que quiere, pero parece que ese pensamiento está condenado a quedar encerrado en una pequeña celda. Para que nadie se sienta ofendido y limitado en su derecho a opinar, se impone una autocensura que impide dar el paso hacia el pensar juntos.

¿Y qué hacemos para definir una opinión común si no podemos pensar juntos y debatir los argumentos de los unos y de los otros?

En la dictadura del relativismo no se ha encontrado mejor solución que dar la razón a la mayoría o a la minoría más ruidosa o agresiva. Como no podemos debatir para identificar la mejor solución o el análisis más acertado, vamos a decantarnos por la opinión más repetida o defendida con más pasión (cuando no es furia). Y da igual si es una tontería. Bueno, en realidad, en esta dictadura no puedes tachar esa opinión mayoritaria de tontería. Si intentas demostrar que es un error, serás calificado de intolerante. Estamos en la era de lo políticamente correcto; la era en la que lo correcto es lo que ha decidido la mayoría o la minoría más ruidosa o agresiva.

Si queremos aprender a pensar más y mejor no nos podemos resignar a aceptar este planteamiento. El dogmatismo y el fanatismo no pertenecen al campo de los pensadores que confían en el ejercicio de la razón y se atreven a argumentar.

Y para no acabar con un excesivo pesimismo, me gustaría citar las palabras esperanzadoras de la filósofa Adela Cortina: «El antídoto contra el dogmatismo y el fanatismo no es entonces la frivolidad y la superficialidad sino la convicción, pero una convicción racional, es decir, aquella que se apoya en razones. Una convicción de este tipo está siempre dispuesta a entrar en un diálogo con quienes mantienen posturas diferentes, a aducir sus razones en ese diálogo, a escuchar las razones contrarias y a compararlas, intentando llegar en lo posible a ponerse de acuerdo».* Profundizaremos más ade-

---

* Adela Cortina, *La ética de la sociedad civil*, Anaya, Madrid, 1994, p. 90.

lante acerca de la importancia de la recuperación del diálogo para mejorar la calidad de nuestro pensamiento.

En resumen, esta cultura relativista llevada al extremo del «todo vale» nos impide pensar bien. Nos autoriza a decir demasiadas tonterías sin que ni siquiera nos tengamos que molestar en pensar. Nos obliga a aceptar como verdades las tonterías de otros. Nos impide buscar juntos la verdad. Transforma al ciudadano en un ser más sensible a la seducción que a la argumentación. Sumergido en una cultura relativista, puedes dejar que los artífices de la comunicación te emboben y emocionen con facilidad. También puedes caer en la tentación de elegir el camino fácil y renunciar a hacer el esfuerzo de entender al otro o comprender el discurso científico. Sin embargo, debes resistir, hacer honor a tu dignidad humana y hacer el esfuerzo de decantarte por el pensamiento.

¡No todo vale!

Frente al relativismo necesitamos volver a creer en la posibilidad de, por lo menos, acercarnos a la verdad. Para ello, te propongo unos cuantos ejercicios muy concretos:

- Si eres especialista o, al menos, entendido en un tema concreto, resiste a la dictadura del relativismo y atrévete a explicar a las personas que expresan opiniones basadas en creencias equivocadas o en simples corazonadas por qué sus argumentos no son válidos.
- Intenta resistir a la tentación de participar en un festival de opiniones y ocurrencias. En lugar de expresar tu opinión haciendo oídos sordos a las de los demás, entabla un diálogo cuyo punto de partida sea precisamente la opinión del otro. Propón un matiz o expresa una duda en forma de pregunta.

- Intenta detectar en qué situaciones se plantea un falso dilema que pretende obligar a elegir entre dogmatismo y relativismo.
- ¿Tiene sentido votar para decidir qué es verdad y qué es falso?

Capítulo 14

Posverdad

Una idea falsa, pero clara y precisa, tendrá siempre
un impacto más potente en el mundo
que una idea veraz y compleja.
ALEXIS DE TOCQUEVILLE

En la era de la posverdad no hay deliberaciones:
aceptamos o rechazamos. La verdad está de nuestra parte
y la mentira en contra de nosotros, tan sencillo como esto.
Cómo podría ser de otra manera; al fin y al cabo estamos en
democracia y cada uno tiene derecho *a tener su opinión*
y es libre *de creer lo que quiere.*
SEBASTIAN DIEGUEZ

La palabra «posverdad» es la traducción del concepto inglés *post-truth* que dio el salto a la fama en 2016 cuando el diccionario Oxford le abrió sus puertas y lo consagró como palabra del año.* Le acompaña la siguiente definición: «Posverdad es

* https://languages.oup.com/word-of-the-year/2016/ (consultado el 17 de septiembre de 2020).

un adjetivo que denota o se refiere a unas circunstancias donde los hechos objetivos influyen menos en la formación de la opinión pública que las emociones o las creencias personales».* Esta definición nació en unas circunstancias muy especiales: tanto la campaña de Donald Trump para las elecciones a la presidencia de Estados Unidos como la campaña a favor de la salida del Reino Unido de la Unión Europea (Brexit) contribuyeron a poner el término de moda. Ambas fueron muy polémicas, obtuvieron resultados sorprendentes y atrajeron toda la atención de la prensa, generando muchos análisis y comentarios. Pero que el concepto se pusiera de moda en 2016 no significa que el fenómeno sea nuevo. En realidad, las circunstancias que cubre el término «posverdad» se han ido construyendo desde hace muchos años. La posverdad es prima del relativismo malo y hermana del *bullshit* («charlatanería») que fue teorizado por Harry Frankfurt en 1987.

Vamos a estudiar más de cerca esta sociedad de la posverdad donde cada vez más personas pasan literalmente de la verdad.

Posverdad y relativismo

A primera vista no es sencillo distinguir entre relativismo y posverdad, que están muy relacionados y que quizá podríamos haber estudiado y comparado en un mismo capítulo. Sin embargo, me ha parecido inevitable dedicar a la posverdad un capítulo independiente por dos motivos. Por un lado, porque está muy relacionado con el concepto de *fakenews* del que tanto se habla últimamente y que no podría dejar de examinar.

---

* En lengua española, sin embargo, es un sustantivo.

Y por otro lado, porque la palabra «posverdad» presenta matices interesantes respecto a la de «relativismo». Estar en contra de la posverdad no conduce al estigma social, mientras que criticar el relativismo sí que está más estigmatizado. Al que critica se le tacha de intolerante y se le deja de escuchar (se habla de «anulación»*), mientras que al que ataca a la posverdad todavía se le presta algo de atención.

Hemos visto en el capítulo anterior que en una sociedad relativista el campo de la verdad se reduce a unas pocas disciplinas científicas. En el resto de los ámbitos se considera que todas las opiniones son válidas y que es de intolerantes pretender evaluarlas para averiguar cuáles son las más acertadas, las mejor argumentadas o, en definitiva, las que nos acercan más a la verdad. Disponemos entonces de unas pocas verdades científicas y de una infinidad de opiniones. Eso sí, los pensadores valientes todavía pueden invocar a la verdad para evaluar las opiniones e intentar demostrar que algunas son más sólidas que otras. ¡Menudos dogmáticos e intolerantes!

En la era de la posverdad, sin embargo, la verdad se pierde de vista por completo. Ya no interesa, hasta el punto de que es la propia mentira la que tiende a pasar desapercibida. Si lo piensas un instante, verás que una mentira solo tiene sentido si existe una verdad. Son las dos caras de una misma moneda. Si se esfuma la verdad, se esfuma la mentira. Una sociedad de posverdad no es una sociedad de mentirosos, es una sociedad que abandona la verdad para entregarse a la pura complacencia. Fabricamos o adoptamos las creencias que nos gustan y convienen. No lo hacemos porque nos pa-

---

* Si te interesa esta cuestión, te recomiendo investigar el concepto anglosajón *cancel culture*.

rezcan certeras o porque confiemos en las personas que las defienden, sino porque en ese momento nos convienen.

En una sociedad de la posverdad no se respeta ni los hechos.

Siempre se ha admitido que una persona puede negar la realidad por desconocimiento o por equivocación. Pero es que ahora también se admite que lo haga a sabiendas para proteger sus propios intereses. Ya no sirve referirse a la verdad para resolver una disputa: el otro puede contestar que «esa es vuestra verdad» y que él ha decidido creer en otra. ¡Como si varias verdades pudieran coexistir!

El ejemplo por excelencia de esta pérdida de respeto por los hechos tiene su origen en Estados Unidos y surge en el contexto de la elección de Donald Trump como presidente. El 20 de enero de 2017, Trump tomó posesión de su cargo jurando la constitución en las escaleras del Capitolio frente a decenas de miles de sus electores aglutinados en el National Mall. Las fotos aéreas de las agencias de prensa empezaron a ser publicadas por los periódicos y a circular por las redes sociales. Rápidamente, los electores demócratas frustrados por haber perdido las elecciones se burlaron de la poca asistencia al evento y la compararon con la primera toma de posesión de Barack Obama en 2009.* Al día siguiente, el responsable de prensa del presidente Trump, Sean Spicer, compareció ante los medios en la Casa Blanca y articuló un alegato propagandístico donde acumulaba argumentos dudosos para demostrar que la elección de Trump había sido la más seguida de la historia.** En las

---

* https://eu.usatoday.com/story/news/politics/onpolitics/2017/03/06/park-service-inauguration-photos/98834960/

** https://edition.cnn.com/videos/politics/2017/01/21/sean-spicer-donald-trump-inauguration-crowd-bts.cnn

horas siguientes a su comparecencia, los periodistas investigaron sus argumentos y demostraron que eran falsos. Estalló el escándalo: desde el primer día de su presidencia y para un asunto tan trivial como la asistencia a su toma de posesión, el presidente de Estados Unidos, en este caso representado por su responsable de prensa, decidió mentir con descaro a los medios.

Hasta aquí, la situación resulta bochornosa, aunque en realidad nada extraordinaria: propaganda y mentira siempre han acompañado a la actualidad política. El evento que lo cambió todo ocurrió al día siguiente. El 22 de enero, la cadena de televisión NBC entrevistó en directo a Kellyanne Conway, que formaba parte del equipo de Trump en la Casa Blanca. Cuando le preguntaron por qué el presidente de Estados Unidos había obligado a su responsable de prensa a pronunciar un discurso lleno de mentiras delante de los medios de comunicación, la señora Conway contestó: «... no seáis tan exagerados, no son mentiras, son "hechos alternativos"...».* Estos «hechos alternativos» son una expresión de la posverdad: demuestran una asumida desconexión con la realidad y la verdad de los hechos.

Con esta desconexión dejamos la verdad atrás, ya no sirve. «Tenemos así una falsa verdad convertida en verdad alternativa y asentada en sus propios hechos. En otras palabras, una falsedad convertida en verdad por la fuerza de la identificación emocional».**

---

* https://www.youtube.com/watch?v=VSrEEDQgFc8

** Manuel Arias Maldonado, «Informe sobre ciegos: genealogía de la posverdad», *En la era de la posverdad*, Calambur, Barcelona, 2017, p. 67.

No queremos tener que enfrentarnos a la verdad, queremos que se nos cuente un bonito relato y a cada uno el nuestro en función de nuestros gustos.

Llevamos muchos años preparando el terreno para la posverdad

No pretendo en este capítulo describir en detalle la aparición de la posverdad ni identificar todas sus causas. Sin embargo, me gustaría atraer tu atención sobre tres fenómenos que a mi parecer lo han propiciado.

El primero es el *bullshit* del que ya hemos hablado. Este fenómeno es mucho más serio de lo que su nombre permite adivinar. Teorizado por primera vez por Harry Frankfurt en 1987, su relación con la posverdad queda admirablemente descrita por Sebastian Dieguez* en su libro *Total Bullshit!*

El *bullshit* («charlatanería») no es una mentira, sino un discurso que no aspira a la verdad. La persona que recurre al *bullshit* no lo hace porque algo sea verdad o mentira, sino porque le es útil en ese momento, porque sirve a un interés ajeno al de la verdad. Si lo piensas bien, el mentiroso no corta del todo con la verdad. No puede perderla de vista porque correría el riesgo de traicionarse. Siempre la debe tener en mente. Por el contrario, la persona que profesa *bullshit* no tiene esta obligación porque se permite decir literalmente cualquier cosa (verdadera o falsa), eso sí, con mucha seguridad para que suene creíble al oído de su público.

Es el discurso de las personas que hablan para parecer listas o entendidas sin saber exactamente lo que dicen.

Imagina a un señor que trabaja en la sección de libros de un gran almacén. De vuelta de una pausa para fumar, atraviesa la sección de electrónica y se le acerca un cliente que necesita ayuda para elegir una cámara de fotos. Busca para ver si hay un compañero especialista al que remitir al cliente. No encuentra ninguno y, como les quiere demostrar a sus compañeros que es un gran vendedor, decide atenderlo. No sabe nada de cámaras de fotos, solo sabe que quiere vender una al cliente. Cuando comprueba que este no es un gran entendido, apuesta por una estrategia de *bullshit*:

> «Blablablá veinticinco millones de píxeles, blablablá la calidad del sensor, blablablá gran versatilidad del objetivo, blablablá reducción del ruido, blablablá velocidad de disparo...».

---

* Sebastian Dieguez es investigador en neurociencia de la Universidad de Friburgo en Suiza.

A los quince minutos, el cliente sale de la tienda con su cámara nueva y nuestro vendedor corre a la sección de libros para contar a sus compañeros lo buen vendedor que es. Uno de ellos le trata de mentiroso y él le contesta que es un envidioso.

Yo no sé si su compañero será un envidioso, lo que sí sé es que nuestro vendedor no es un mentiroso. Ha construido su discurso mirando los carteles publicitarios que le rodeaban y la breve ficha técnica de la cámara que contemplaba el cliente. No sabe qué es un objetivo versátil o el ruido. No sabe si veinticinco millones de píxeles son muchos o pocos ni qué ventaja proporcionan. No tenía intención de mentir o de decir la verdad, solo quería vender. El discurso que pronunció estaba literalmente desconectado de la verdad. Era puro *bullshit*.

La posverdad se aprovecha del trabajo de desconexión del *bullshit* y de alguna manera supera a la propaganda. La propaganda tiene un vínculo con la verdad, intenta desbancar a la verdad con una mentira disfrazada de verdad. Este vínculo con la verdad permite desenmascarar a la propaganda. Si usamos un ejemplo de su vertiente consumista, la publicidad, podemos imaginar a una madre de familia que se cree la propaganda de una marca de detergente pero que se decepciona cuando comprueba el resultado de su lavado: las manchas más tenaces no se han ido, me han engañado, no era verdad.

En la era de la posverdad, por el contrario, ya no hay ni mentira ni verdad; lo que hay es *bullshit*, que tiene otro propósito. Por poner un ejemplo, podríamos decir que al cliente de Starbucks no le importa averiguar si el café es bueno o malo, si le han podido engañar sobre la calidad. No le importa el café, lo que le interesa es el logo de Starbucks en su vaso de cartón para pasearlo por las calles y mandar a su alrededor un mensaje que nada tiene que ver con el café.

El segundo fenómeno que considero que ha contribuido a preparar el terreno para la posverdad es la banalización de la mentira y su impunidad.

No voy a entrar en un debate moral, aunque sería muy interesante. Solo quiero que veas hasta qué punto nos hemos acostumbrado a vivir rodeados de mentiras para finalmente banalizarlas y dejar, en muchos casos, de condenarlas.

A nadie le gusta que le mientan, incluso aunque haya sido por su bien o por algo poco importante. Siempre nos duele darnos cuenta de que alguien nos ha ocultado la verdad. Sin embargo, vivimos en una sociedad que nos sumerge en la mentira. Cada día estamos expuestos a cientos de anuncios que nos sobrevenden cosas, manipulándonos desde las emociones. Son cientos de micromentiras que curiosamente hemos aprendido a tolerar.

Me dirás: «Hombre, es normal, nos quieren vender sus productos. Esta gente tiene que vivir. Tampoco nos van a decir que su jabón quita casi todas las manchas ni van a admitir que si compramos a crédito nos podemos arruinar». ¿No es así?

Y ¿qué decir de los currículos inflados? Todos tenemos un amigo que a la vuelta de una semana de vacaciones en Italia ha añadido «italiano básico» en su perfil de LinkedIn. Nos hemos acostumbrado a visitar páginas web de empresas de tres personas que parecen las de multinacionales de veinticinco mil empleados que cotizan en bolsa. También te has acostumbrado a las fotos publicadas en Instagram con tantos retoques y filtros que llegas a confundir a una amiga con una famosa actriz. Das por hecho que muchas de las reseñas de productos, hoteles o restaurantes que ves en internet son falsas y ni te choca ya. Y, finalmente, ¿qué decir de la telerrealidad? La televisión nos vende programas llamados de «realidad» que tienen tanto que ver con la realidad como una película de ciencia ficción.

Este flujo constante de mentiras nos hace asumir que tenemos que convivir con ellas y, hasta cierto punto, la condena social de la mentira va desapareciendo de forma progresiva. «Hasta ahora la mendacidad en la esfera política parecía entrañar un riesgo para quienes la practicaban, el de la pérdida del cargo o de la credibilidad (y, claro, de los votos). La mentira no estaba proscrita de la política, pero parecía asumirse que si el mentiroso era descubierto debía "pagar un precio político", es decir, debía abandonar el juego. La mentira cínica actual (la posverdad) escandaliza porque esta cláusula de las reglas ha sido cancelada, lo que a muchos efectos equivale a una despenalización moral (y en los peores casos, jurídica) de la mentira. La era de la posverdad es la era de la impunidad. Y la impunidad de quienes tergiversan, mixtifican, ultrajan o inventan la verdad equivale a una terrorífica forma de desprotección de los ciudadanos».*

Terrorífico panorama, ¿no crees?

El tercer y último fenómeno que a mi entender ha propiciado la entrada en la era de la posverdad es internet.

Con la aparición de internet surge la posibilidad de que cada uno pueda filtrar con facilidad la información que quiere que le llegue y bloquear la que no le gusta. Esto permite a cada persona refugiarse en una burbuja informativa y de creencias hecha a su medida.

Todos nos podemos construir un contexto digital en el que solo entre y circule la información que nos gusta porque confirma nuestras creencias y nos da la razón. No tenemos entonces

---

* Domingo Ródenas de Moya, *En la era de la posverdad-La verdad en la estacada*, p.170.

que vivir la incomodidad del cuestionamiento de nuestras ideas o del encontronazo con la realidad, con esa verdad incómoda que nos demuestra literalmente un error o una incoherencia. A partir de ahora se puede decidir a qué pseudoverdad prefabricada uno quiere conectarse. Cada uno puede convivir con los «suyos» en una burbuja hecha de páginas web y cuentas de redes sociales donde se ha construido una realidad que todos consideran como su verdad. Nada ni nadie nos puede obligar a enfrentarnos a las creencias de otra tribu y podemos ignorar por completo las premisas que conforman «su verdad».

Internet no solo nos permite vivir en una burbuja, nos permite también encontrar a esa gente que opina como nosotros y convencernos de que somos muchos.

A través de la conexión digital entre sus miles de millones de usuarios, internet permite que cualquier creencia pueda alcanzar la suficiente masa crítica como para otorgarle credibilidad. Está demostrado que la credibilidad de una creencia depende del número de personas que la hacen suya.

Si eres el único en tu pueblo que cree que la Tierra es plana, lo más probable es que acabes renunciando a tu creencia. Todo cambiará si te puedes conectar a través de internet a una comunidad de cincuenta mil terraplanistas. Del mismo modo, si eres el único que no cree en la eficacia de las vacunas, acabarás admitiendo la realidad. Pero si puedes unirte a una comunidad *online* de diez mil personas que tampoco creen en su eficacia, será mucho más complicado que admitas las pruebas científicas que la demuestran.*

La masa digital (aunque solo sea una ilusión) nos arropa y nos da una excusa para enrocarnos en nuestras creencias.

---

* Lewandowsky, Ecket y Cook, «Beyong Misinformation», *Journal of Applied Research in Memory and Cognition*, 2017, pp. 28 y 29.

Las *fakenews* no son otra cosa que noticias falsas; es decir, mentiras. ¿Cómo es posible entonces que se hable tanto de una cosa tan poco novedosa?

Realmente, su impacto mediático tiene más que ver con su alcance que con su originalidad. El gran incremento del volumen de *fakenews* producidas se explica de varias formas.

Sabemos que decir algo falso ya no comporta ninguna sanción ni desaprobación social —el coche va sin frenos—. Sabemos también que, hoy más que nunca, la gente se ha entregado a su sesgo de confirmación y busca rodearse de informaciones que refuercen sus creencias —el peatón que grita: «¡Atropelladme!»—. Como puedes ver, de estos dos factores agravantes, somos nosotros, las personas, quienes tenemos la culpa. Podríamos desaprobar con algo más de valentía la mentira ajena y esforzarnos por mantener nuestro sesgo de confirmación en unos límites razonables.

Existen dos factores más, relacionados con la evolución de la tecnología. Por un lado, tenemos los modelos de negocio propios de la economía digital que permiten a una infinidad de pequeños productores de *fakenews* vivir de los ingresos publicitarios que generan sus contenidos. Estos productores publican *fakenews* muy polémicas para obtener clics y, a ser posible, conseguir viralidad en las redes sociales. Por otro lado, tenemos el anonimato que permite internet y que ha favorecido la aparición de un elemento geopolítico en esta cuestión de las *fakenews*. Desde hace unos cinco años aproximadamente, se observa cómo algunos gobiernos usan batallones de productores de *fakenews* para desestabilizar a países extranjeros, para debilitarlos y así fortalecer su propia posición en el escenario internacional. Los ejemplos más conocidos son los que han implicado a Rusia en campañas de *fakenews* para apoyar la candidatura de Trump, el Brexit e, incluso, la rebelión independentista de Cataluña.

Estos son los ingredientes del fenómeno *fakenews* que, como puedes ver, manifiesta una gran complejidad. Hablar de ello como si fuera una novedad o el fruto de la tecnología nos hace correr el riesgo de creer que este problema tiene una respuesta tecnológica. Pensar que «alguien» o «algo» debe resolver este problema por nosotros nos tranquiliza y nos permite esperar tranquilamente con los brazos cruzados. En realidad, esto no es así.

Un serio obstáculo para pensar

La solución depende en gran parte de nosotros. Le hemos dado la espalda a la verdad. Hemos dado rienda suelta a nuestro sesgo de confirmación. Si nos podemos encerrar en una burbuja de dudosas creencias con la gente que comparte esas creencias, ¿por qué hacer el esfuerzo de aprender y conocer?

La posverdad nos ofrece tanta facilidad y comodidad para no tener que pensar que el pensamiento se ha convertido en un acto de rebeldía y de valentía. ¡Qué cómodo resulta sacrificar el pensamiento en aras del partidismo y ver el mundo como una lucha entre los míos (los buenos) y los otros (los malos)! Así nos ahorramos el esfuerzo que supone escuchar, leer, investigar, aprender y pensar para distinguir entre la verdad y la mentira, entre el conocimiento y la creencia. Esto es así hasta el punto de que algunos usan el calificativo *fakenews* para descalificar las informaciones que expresan sus rivales, aunque no contengan ninguna falsedad. En este extremo posverdad, la *fakenew* se convierte en la noticia que no me gusta. Donald Trump es un especialista en la materia. Cuando periodistas serios hacen un trabajo de investigación riguroso y documentado que llega a una conclusión que no le agrada, no se molesta en desarrollar una contraargumentación; sentencia *fakenews* y pasa a otra cosa.*

Ojo, uso a Donald Trump como ejemplo porque, al ser un personaje público, es más fácil observar su comportamiento. Esto no quita, por supuesto, que cada uno de nosotros tenga que empezar por mirarse al espejo e identificar lo que podría mejorar de su propio comportamiento.

Cada clic en un artículo de dudosa calidad, cada *like* en un contenido tan gracioso como falso, cada reenvío por WhatsApp de una pseudonoticia anónima cuya única virtud consiste en confirmar una de nuestras creencias, cada escucha de un discurso de *bullshit* sin formular una pregunta para desenmascarar al sinvergüenza que está hablando no hacen más que hundirnos un poco más en el charco nauseabundo de la posverdad.

Podemos invertir millones en el desarrollo de sofisticadas herramientas de inteligencia artificial que destapen las noticias falsas; mientras haya gente deseosa de leerlas y creerlas y resulten rentables para sus productores, no pararemos este aluvión de *fakenews*.

¡No renuncies a la verdad!

El mayor reto que nos plantea la posverdad es asumir que somos parte del problema. Sería muy fácil y cómodo firmar

---

* https://youtu.be/Vqpzk-qGxMU

peticiones *online* para castigar a políticos que mienten, pero no sirve de nada. Gandhi dijo: «Be the change you want to see in the world». Yo soy menos ilustre y te digo: «Lucha contra la posverdad cambiando tus propios comportamientos»:

- Ten el máximo respeto por los hechos. Esto pasa por poner freno a esa tendencia que todos tenemos a exagerar cuando contamos algo.
- No te hagas el tonto reenviando información que sabes que es falsa pero que suena como una dulce música en tus oídos y en los de tu público.
- Atrévete a corregir los datos falsos cuando eres testigo de su transmisión. Si circula un bulo en uno de tus grupos de WhatsApp, señálalo como tal en lugar de cerrar los ojos por pereza o por miedo a caer mal al que lo hace circular.
- No midas con distintos raseros las mentiras en el ámbito político según vengan de los tuyos o de los otros.
- Las *fakenews* son un problema, pero poco se habla del problemón que supone la *fakelife*... ¿Cómo va tu reflexión sobre tus prioridades y tus objetivos vitales? ¿Has podido progresar o te has dejado distraer? (véase el capítulo 1).

3.ª PARTE

LO QUE NOS JUGAMOS

En las dos primeras partes de este libro he intentado hacerte descubrir las múltiples facetas del pensamiento crítico. Hemos examinado hasta cinco motivos por los que no pensamos y nueve factores que nos impiden pensar bien. Soy consciente de que esta larga enumeración de obstáculos puede haberte asustado un poco.

No lo voy a negar, el pensamiento crítico exige de nosotros grandes esfuerzos. Nos obliga a luchar contra nosotros mismos, contra nuestra propia naturaleza. También nos exige que nos enfrentemos a intentos de manipulación, a mentiras, a mentalidades y hasta a un contexto tecnológico que muchas veces agrava los problemas.

Lo fácil, entonces, es que renuncies a pensar y que te dejes llevar por tus sesgos, por las manipulaciones, por el relativismo, por las emociones suscitadas por la propaganda...

Entiendo perfectamente que antes de responder a este desafío del pensamiento crítico y de comprometerte con esta auténtica lucha por reconquistar tu rincón de pensar, me preguntes: «¿Qué interés tengo en esta batalla?, ¿qué tengo que ganar?, ¿por qué tengo que elegir este arduo camino?».

Para resolver estas dudas, en esta tercera parte nos vamos a centrar en examinar lo que está en juego. Precisamente porque te animo a escoger el camino más exigente, quiero que te des cuenta de lo que te juegas con la cuestión del pensamiento crítico.

Verás, no es para nada una cuestión puramente intelectual, conceptual o abstracta reservada a los amantes de la filosofía. Tu nivel de pensamiento crítico tiene importantes repercusiones prácticas en tu vida diaria. Vas a descubrir, a continuación, hasta qué punto tu capacidad de pensar con criterio te puede afectar a nivel personal, poniendo en riesgo nada más y nada menos que tu felicidad. Por otra parte, descubrirás que desde una perspectiva colectiva esta cuestión afecta a nuestra capacidad de convivencia. Por último, veremos hasta qué punto haber dado la espalda al pensamiento crítico puede haber dañado el funcionamiento de nuestra democracia.

Por cierto... me imagino que te preguntarás por qué he tardado catorce capítulos en usar la expresión «pensamiento crítico», ¿no? Es muy sencillo: no quería usarla hasta estar convencido al cien por cien de que la pudieras entender bien. El problema con el pensamiento crítico es que de manera espontánea solemos poner más énfasis en la crítica que en el pensamiento. Lo entendemos como el arte de criticar el pensamiento de los demás. Y yo quería evitar a toda costa que incurrieses en este malentendido. Quería asegurarme de que estuvieses en disposición de entender que el primer objeto de la crítica, de la duda y de la cautela debe ser tu propio pensamiento.

Sí, debemos empezar a aplicar el pensamiento crítico a nosotros mismos. Nos debe servir para identificar nuestros propios fallos de pensamiento. Hasta que no seamos plenamente conscientes de nuestra propia cojera no podremos empezar a ejercerlo para dudar con inteligencia de las opiniones, discursos y argumentaciones de los demás.

Bueno, dicho lo dicho, veamos entonces por qué considero que está en juego nada más y nada menos que tu capacidad para ser feliz.

Capítulo 15

Felicidad

Si a los cincuenta no tienes un Rolex,
se puede decir que has fracasado en la vida.
JACQUES SÉGUÉLA*

¿Existe una relación entre nuestra capacidad para pensar y nuestra felicidad? ¿Aprender a pensar más y mejor nos ayudaría a encontrar el camino hacia la felicidad? Aclaremos primero qué entendemos por felicidad antes de identificar aquellas carencias del pensamiento que acostumbran a hacernos más infelices. Obviamente, la felicidad es un mundo y se necesitaría una biblioteca entera para estudiarla a fondo, pero para el enfoque específico de este capítulo, propongo que nos limitemos a dos definiciones.

La primera es la de la Real Academia Española, que define la felicidad como el «estado de grata satisfacción espiritual y física». Si la felicidad es un estado de satisfacción, veamos también la definición de «satisfacción» que, según la RAE,

---

* Famoso publicista francés.

es el «cumplimiento del deseo o del gusto». La felicidad dependería entonces del cumplimiento de nuestros deseos.

Esto me recuerda a la llamada «fórmula de la felicidad» que considera que Felicidad = Realidad – Expectativas. Nuestra felicidad dependería, en este caso, del cumplimiento de nuestros deseos u objetivos más allá de nuestras expectativas iniciales. Partiendo de esta base, parece que disponemos de dos palancas para mejorar nuestro nivel de felicidad. Por un lado, está la realidad que vivimos y que podemos optimizar, y por otro, nuestras expectativas que necesitamos controlar.

La segunda definición es la del filósofo y divulgador José Carlos Ruiz, que nos explica en su libro *El arte de pensar* que la felicidad es «un modo de ser en la vida que implica saber pensar adecuadamente para poder distinguir las cosas que nos benefician de las que nos perjudican».*

Me parece que esta segunda definición da relieve a la primera. Para ser felices no basta con cumplir deseos y objetivos; necesitamos primero asegurarnos de que perseguimos unos objetivos que nos hacen bien en lugar de volcarnos en deseos tóxicos.

Apoyados en estas dos definiciones, creo que podemos delimitar dos campos de análisis muy concretos. El primero es el de la realidad. Si la felicidad depende de la realidad, ¿no deberíamos activar el pensamiento crítico para asegurarnos de que nuestra percepción de la realidad es verdadera? Parece imposible ser feliz si percibimos nuestra realidad como un lugar más oscuro y hostil de lo que es. El segundo campo es el de los deseos. Si la felicidad depende de una comparación entre lo que vivimos y lo que aspiramos a vivir, ¿no merecería la pena que nos parásemos a pensar si nuestros ob-

* José Carlos Ruiz, *El arte de pensar*, Córdoba, Almuzara, 2018, p. 23.

jetivos vitales son buenos para nosotros? No parece posible que nadie pueda ser feliz si dedica su vida a perseguir deseos tóxicos.

Para poner en práctica este doble análisis, debemos considerar los cinco factores que anulan nuestro pensamiento (distracción, dominio de las emociones, apatía intelectual, impaciencia e impulsividad y masa) y los nueve que lo entorpecen (sesgos cognitivos, falacias, malas fuentes de información, números, palabras e imágenes engañosas, propaganda y publicidad, relativismo y posverdad). De esta manera, averiguaremos en qué medida estos factores pueden representar un obstáculo para una vida feliz.

¿Tenemos una visión inteligentemente crítica de la realidad?

Al evaluar la realidad del mundo que nos rodea y de nuestra situación personal, ¿en qué medida lo hacemos desde las emociones, y en qué medida, desde el pensamiento?

Imagina por un instante que acaba de producirse un accidente de avión. Hay cuarenta y cinco muertos. No conoces a ninguna de las víctimas ni a nadie que conozca a ninguna. ¿Cuál es tu percepción de este dramático acontecimiento? Puedes dejarte hipnotizar por las imágenes del accidente que pasan en bucle en todas las cadenas de televisión y por las horribles fotos que ocupan las portadas de todos los periódicos. En este caso es posible que se desequilibre por completo la balanza de las emociones y de la razón. Las imágenes de cuerpos calcinados te han puesto los pelos de punta. Las entrevistas a familiares destrozados te han llenado los ojos de lágrimas. Has llegado incluso a soñar con un accidente. Hablas de cambiar tus planes de vacaciones para no tener que coger un avión.

O puedes ser racional y no dejarte llevar por la emoción. En ese caso, ese accidente no te afectará tanto. Puedes sentir empatía por las familias de las víctimas, pero si no las conoces, tampoco está en tus manos ayudarlas. El accidente se incorpora a las estadísticas y el avión sigue siendo el medio de transporte más seguro, muy por delante del coche al que te subes a diario.

El flujo continuo de noticias al que tenemos acceso entre periódicos, radio, televisión, internet y redes sociales puede derivar en niveles de ansiedad que no se correspondan con la verdadera peligrosidad del mundo que nos rodea.* El sumario del telediario no refleja, por fortuna, la realidad. Por definición, muchas de las noticias que se relatan en un informativo son literalmente extraordinarias. No hay atracos a bancos todos los días en Madrid. Tampoco se producen a diario explosiones mortales en fábricas. Si se cuentan estos eventos, es precisamente porque salen de lo ordinario. Todos los políticos no son corruptos. La inmensa mayoría de los hogares no conocen ni la violencia conyugal ni el maltrato infantil. Los trenes no suelen descarrilar ni los ríos se desbordan y se llevan casas por delante con frecuencia.

En realidad vivimos en un mundo mucho más tranquilo de lo que parece. Lo que pasa es que la normalidad y la plácida banalidad no proporcionan noticias capaces de captar la atención del público. Hemos visto que la competencia feroz entre los medios de comunicación por captar la atención de la mayor audiencia posible y revenderla a los anunciantes los

* Hablo desde la perspectiva de un residente en España. Por supuesto, la realidad será radicalmente distinta para un sirio, por ejemplo.

empuja a transformar la información que permitiría el desarrollo del conocimiento en un espectáculo que solo busca producir emociones.

Este contexto mediático en el que estamos sumergidos nos coloca frente a una montaña rusa. Podemos decidir subir o no. Cada uno elige vivir en un mundo angustioso, peligroso y despiadado o hacerlo en un mundo donde ocurren accidentes solo de vez en cuando, donde hay infinitamente más gente buena que mala y en el que lo normal es morir de viejo en la cama y no apuñalado.

Nos toca activar nuestro pensamiento crítico para ver la realidad tal cual es, con sus cosas buenas y sus cosas malas, pero no como si fuera una sucesión de trepidantes y agotadoras películas de Hollywood. Necesitamos pensar para reducir nuestro tiempo de exposición a los medios de comunicación que activan en exceso las emociones. Necesitamos elegir con más cuidado nuestras fuentes de información y dar prioridad a los formatos extensos, como los libros o los artículos de fondo, que nos permiten entender el mundo y no solo enterarnos de lo que pasa.

Los medios de comunicación no son los únicos que influyen en nuestra percepción del mundo generando emociones. Los partidos políticos también se prestan a este juego. Sabemos desde hace siglos que el miedo es la emoción más potente para activar a las personas. La política contemporánea es así, se basa en generar miedo y en buscar enemigos y chivos expiatorios. No podemos, sin embargo, cometer el error de mirar esto como si fuera un problema de los políticos y atribuirnos un papel de pobres víctimas del sistema.

Nosotros mismos facilitaremos que se generen estos miedos y conflictos si renunciamos a pensar y privilegiamos la opción vaga y estúpida que consiste en encerrarse en burbujas donde reina el sesgo de confirmación y se renuncia a buscar la verdad.

Si me junto con la gente que se parece a mí en una burbuja de opiniones homogéneas, será muy fácil para un partido convertirse en mi partido. Este partido será, por definición, el partido bueno y le resultará muy sencillo pintar a la gente que se ha encerrado en otra burbuja como «los malos». De nosotros depende salir de este entorno intelectualmente cómodo y socialmente hostil. Si tenemos la valentía de volver a pensar con el objetivo de acercarnos a la verdad, podremos empezar a ver en el otro a una persona que puede ayudar en esta tarea gracias a su mirada original y no a un enemigo que vive en una realidad paralela.

Es muy difícil llegar a ser felices si vemos la realidad como el escenario de un inagotable y agotador enfrentamiento. ¿Vamos a seguir condenados a vivir con la frustración de sentir que es imposible ponernos de acuerdo con los demás? o ¿vamos a atrevernos a cuestionar los nefastos mecanismos de la posverdad?

Además de ver el mundo más hostil de lo que es por culpa de estos intereses propios de los medios de comunicación y los políticos, también nos afectan las comparaciones que hacemos entre nuestra vida y la de los demás. Estas comparaciones obstaculizan aún más nuestra felicidad cuando no se basan en la observación de la realidad, sino en la de los simulacros de vida que nos rodean.

Parte de nuestro ocio consiste en disfrutar de espectáculos que simulan vidas. Las novelas, las obras de teatro o las películas nos permiten evadirnos durante unos instantes de nuestras vidas y vivir aventuras que son conscientemente percibidas por los espectadores o los lectores como ficticias. Leer una novela de ciencia ficción o un cuento de princesas permite vivir emociones y, en principio, no genera frustraciones al cerrar el libro. No me consta que la gente vuelva del cine deprimida por no ser Batman. No nos cuesta distinguir entre realidad y ficción.

Sin embargo, desde hace unos quince años, esta situación ha cambiado. Ahora estamos expuestos a ficciones que se hacen pasar por la realidad y a una versión guionizada de la realidad. Tanto los programas de la llamada «telerrealidad» como las redes sociales nos enseñan fragmentos de vida cuidadosamente seleccionados para atraer nuestra atención y dejan de lado otros tantos que se han cortado por considerarlos «aburridos». Para sobrevivir a esta especie de censura, los fragmentos deben ser muy inspiradores y espectaculares. Deben ser impactantes y perfectos. En Instagram se ven fotos de un paseo en un coche de lujo, pero no se dice que es alquilado o prestado. Uno cuelga fotos de una cena en un restaurante de moda el sábado por la noche, pero no se ve que para poder pagarla ha comido arroz blanco de domingo a viernes. La gente en Facebook cuenta sus vacaciones en las Maldivas, pero nadie cuenta su visita al dentista, sus problemas de insomnio o de matrimonio. Las madres cuelgan fotos de los niños ideales en su ropa de gala al pie del árbol de Navidad. No se les ocurre colgar reportajes de las peleas con los deberes o entre hermanos, de los piojos traídos del colegio o de las gastroenteritis que obligan a cambiar las sábanas en medio de la noche.

Compararse con los demás es de por sí una mala costumbre, pero comparar tu vida real con las vidas filtradas y retocadas que los demás explayan en redes sociales es una estupidez que te aleja inevitablemente de la felicidad. Cuidado: los espectadores de vidas falsificadas no somos las únicas víctimas del fenómeno. Los propios actores de estas vidas corren riesgos.

Algunos, de tanto mentirse, se pierden. En esta sociedad impregnada de propaganda y de *marketing*, hay que presumir, esconder debilidades o proyectar cosas que no tenemos o no somos. Corremos, entonces, el riesgo de creernos las mentiras, medias verdades o el *bullshit* de esa famosa «marca personal» que supuestamente tenemos que vender a los demás.

La persona que infla su perfil de LinkedIn acaba frustrada por no cobrar un sueldo acorde a un perfil profesional que en realidad no tiene. El *freelance* que vende servicios de *marketing* digital desde el salón de su casa a través de una página web haciendo creer que es una agencia multinacional, se frustra por no cobrar las tarifas de las auténticas agencias con presencia en Madrid, Barcelona, París, Londres y Nueva York. El *influencer* que se pasa el día colgando fotos de su supuesta vida de millonario se deprime cuando, después de devolver la ropa y el coche prestados, se acuesta por la noche en su habitación del humilde piso de sus padres.

No te dejes engañar por el cartón piedra de las vidas virtuales. Debemos activar nuestra inteligencia para ver la realidad tal cual es y no como la maquillan los falsificadores que nos rodean.

¿Elegimos nuestros objetivos vitales con inteligencia?

Si bien es verdad que nuestra manera acertada o equivocada de percibir la realidad influye en nuestra capacidad de ser felices, lo cierto es que la madre de las batallas se juega en el terreno de las expectativas, de nuestros objetivos de vida.

Tener deseos o expectativas que no hayan pasado por el filtro del pensamiento crítico es quizá el mayor obstáculo para ser personas felices. Perseguir el objetivo equivocado significa perder el norte.

Estos despistes o esta falta de reflexión al definir objetivos vitales y discernir si nos hacen bien, pueden tener varios motivos.

El mayor riesgo que corremos cuando renunciamos a pensar o no hacemos el esfuerzo de pensar bien es que sin darnos cuenta, acabemos por adoptar los deseos vitales de otros.

Como escribe José Carlos Ruiz: «Imbuidos en el mundo del hacer, sometidos al imperio de la hiperacción, no es de extrañar que no seamos capaces de realizar un análisis de nuestro proyecto de vida. En la mayoría de las ocasiones, en lugar de construir nuestro camino, nos dejamos llevar por los caminos de otros. Saber qué ideario vital tenemos, qué filosofía de vida es la más conveniente teniendo en cuenta nuestras circunstancias, lleva implícito dejar a un lado la acción y sustituirla por la contemplación, por la reflexión».*

¿Te imaginas vivir persiguiendo objetivos que no son tuyos? ¿Te imaginas vivir una vida con un orden de prioridades que no es tuyo?

A mí me parece aterrador, pero por desgracia es algo muy común. Y no me refiero a situaciones en las que una persona se encuentra sometida a la autoridad de otra, como puede ser el caso de unos padres que obligan a un hijo a estudiar, sino a estas fuerzas invisibles que podemos llamar «culturales» y que nos guían sin que nos demos cuenta.

Pienso, por ejemplo, en la sociedad de consumo en la que vivimos desde hace décadas y que nos ha metido en la cabeza que la felicidad consiste en multiplicar hasta el infinito la compra de momentos de placer. Para ser feliz necesitas regalarte cosas constantemente. Para ser feliz necesitas

---

* José Carlos Ruiz, *El arte de pensar,* cit., p. 37.

viajar. Si ya has viajado por España, necesitas coger el avión para visitar París o Londres. ¿Ya los conoces? Entonces tienes que ir a Nueva York o Miami. Y así hasta que te hayas muerto de frío en la estepa de Mongolia y te hayan devorado los mosquitos de la selva de Borneo. Pero no te preocupes, cuando lo hayas visto absolutamente todo de este planeta, no tienes por qué quedar empatado con los demás trotamundos: siempre te quedará la posibilidad de comprar un billete para el espacio...

Cuidado, no pretendo demonizar el dinero. Tampoco insinúo que exista una conspiración mundial capitalista guiada por cuatro magnates que dirigen el mundo a escondidas mientras acarician gatos blancos. Solo constato que el modelo capitalista que se ha ido imponiendo en la historia, en su carrera por el crecimiento no ha tenido más remedio que aumentar la presión comercial.

Poco a poco hemos desarrollado una sociedad en la que se confunde valía personal y potencial de felicidad con poder adquisitivo. Como personas, parece que no valemos más de lo que podemos comprar. Medimos nuestro potencial de felicidad con la cifra de nuestra cuenta bancaria.

Este contexto se traduce en una serie de presiones sociales más o menos visibles que nos influyen mucho cuando establecemos nuestros objetivos vitales. Esto significa elegir tus estudios en función de los sueldos a los que te pueden dar acceso y no en función de lo que te gusta hacer. Y después significa dar prioridad a tu vida profesional sobre tu vida familiar o espiritual, ya que estas dos vidas no dan dinero y son auténticos lastres. Personas que saben que son felices dibujando o tocando el piano renuncian a cursar estudios de bellas artes o de música para elegir la opción segura del derecho o de una ingeniería. La mujer que quiere dedicarse a la educación de sus hijos renuncia a ello porque el ama de casa no recibe ninguna consideración social mientras que la ejecutiva sí. Puede ser absolutamente infeliz en su trabajo y gastar todo su sueldo en pagar a terceros que se ocupan de sus hijos peor que ella. No importa, con tal de no parecer una estúpida ama de casa. También están los empleados que aceptan una promoción que les obliga a mudarse lejos de sus familiares y amigos comprometiendo su felicidad y la de toda su familia. Pero, claro, hay que ser idiota para renunciar a semejante incremento de sueldo, ¿no?

¿Acaso la nómina o un título en una tarjeta de visita definen la inteligencia, el nivel cultural o el valor personal?

Nos hemos dejado llevar por la corriente sin pensar y nos hemos creído que la felicidad depende de nuestro nivel de ingresos y a partir de ahí hemos empezado a tomar nuestras decisiones con un único criterio económico en mente. Hemos dejado de marcarnos objetivos pensando en lo que nos beneficia para marcárnoslos en función de los del todopoderoso señor Poder Adquisitivo. ¿Dónde han quedado nuestros deseos vitales relacionados con la familia, las amistades, la vida espiritual, la caridad o el goce de las artes?

Si no activamos nuestro pensamiento crítico, corremos también el riesgo de dejarnos manipular por la propaganda publicitaria que nos acosa a todas horas, estemos donde estemos. Esta publicidad nos presenta un mundo donde todos los problemas tienen una solución mágica a la venta.

¿Quieres ser un emprendedor de éxito? La solución verdadera consiste en trabajar catorce horas al día y superar una infinidad de obstáculos por un sueldo mísero durante años. Pero si no activas tu inteligencia, acabarás comprando un pseudomáster que te promete el éxito a cambio de quinientos euros y de pasar media hora al día sentado viendo vídeos.

¿Quieres tener el cuerpo ideal de esa modelo? La solución verdadera consiste en pasar varias horas al día en el gimnasio y olvidarse para siempre de las patatas fritas, las cervecitas y las chocolatinas. Pero si no piensas, acabarás comprando un cinturón con electrodos que ejercite tus abdominales mientras duermes la siesta o ves series tumbada en el sofá con la mano metida en una bolsa de golosinas. Por cierto, ¿de verdad quieres ese cuerpo hasta el punto de aguantar todos los sacrificios que requiere?

Creerte la propaganda que vende un mundo de felicidad sin frustraciones, sin esfuerzos ni dolor en el camino es otra manera de tener expectativas desconectadas de la realidad y de acabar lleno de resentimiento. A mí me parece que este esquema mental de compraventa de la felicidad está a menudo relacionado con el hecho de confundir envidia con admiración.

Confundir envidia con admiración

La gente, cuando ve las maravillosas fotos de un fotógrafo, va y le pregunta: «¿Qué cámara utilizas para hacer fotos tan buenas?». Cuando vemos a Rafa Nadal ganar, pensamos: «Quiero esa raqueta», «necesito esas zapatillas» o «¡mi hijo necesita a ese entrenador!».

Estas reacciones delatan la envidia y las ganas de recibir una compensación por algo que pensamos que se nos debe: «Con esa cámara seguro que yo también sería un gran fotógrafo», «con este entrenador, por supuesto que mi hija también llegaría a ser profesional...».

¿Te das cuenta de que esta envidia es absurda? La cámara no hace al fotógrafo. La raqueta no hace al tenista. El mejor entrenador del mundo no puede transformar a un vago en un campeón. Si pensáramos un poco y fuéramos más allá de las emociones, descubriríamos que ese factor determinante no es algo que tengan el fotógrafo o Rafa Nadal. La diferencia la marcan el ser y el hacer, y esto no tiene sentido envidiarlo, hay que admirarlo.

Los objetivos que nacen de la envidia no suelen hacernos mucho bien. Por el contrario, los objetivos que nacen y se nutren de la admiración son los que de verdad nos benefician. Es desde la admiración desde donde descubriremos los caminos que nos llevarán a alcanzar nuestros propios objetivos.

Llegados al final de este capítulo, me gustaría subrayar un aspecto fundamental para evitar cualquier tipo de confusión o de desconcierto. El objeto de este libro no ha cambiado y sigue siendo el pensamiento. Si he considerado importante abordar en este capítulo el tema de la felicidad no es con la pretensión de darte ninguna receta para ser feliz. Del mismo modo que cuando te hablo de pensamiento crítico no pretendo decirte lo que debes pensar, cuando te hablo de felicidad, no me atrevería nunca a definir lo que debería ser tu felicidad. El propósito de este capítulo es hacerte ver la estrecha relación que existe entre la felicidad y el uso del pensamiento crítico. Tu felicidad requiere una reflexión.

Para ser feliz, necesitas aprender a percibir mejor la realidad de tu vida y eso pasa por cuestionar las dramatizaciones que algunos difunden. Para ser feliz, necesitas definir con claridad tus prioridades vitales y aprender a reconocer las múltiples circunstancias en las que corres el riesgo de incorporar a tu vida unas prioridades ajenas que no te hacen bien. Para ser feliz, necesitas aprender a sentir y expresar admiración por los demás en lugar de dejarte llevar por las reacciones impulsivas que provoca la envidia.

¡No seas perezoso, sé feliz!

La felicidad es un estado de grata satisfacción espiritual y física. Culturalmente se asume la necesidad de practicar ejercicio físico. Quizá, sin embargo, no esté del todo asumido que la felicidad también requiere otro tipo de entrenamiento más intelectual.

Como al final de cada capítulo, te ofrezco la oportunidad de ejercitar la mente e incorporar el pensamiento a tu rutina diaria:

Repasa los catorce factores que hemos examinado en las dos primeras partes del libro e intenta identificar momentos concretos en los que hayan podido convertirse en obstáculos a tu felicidad.

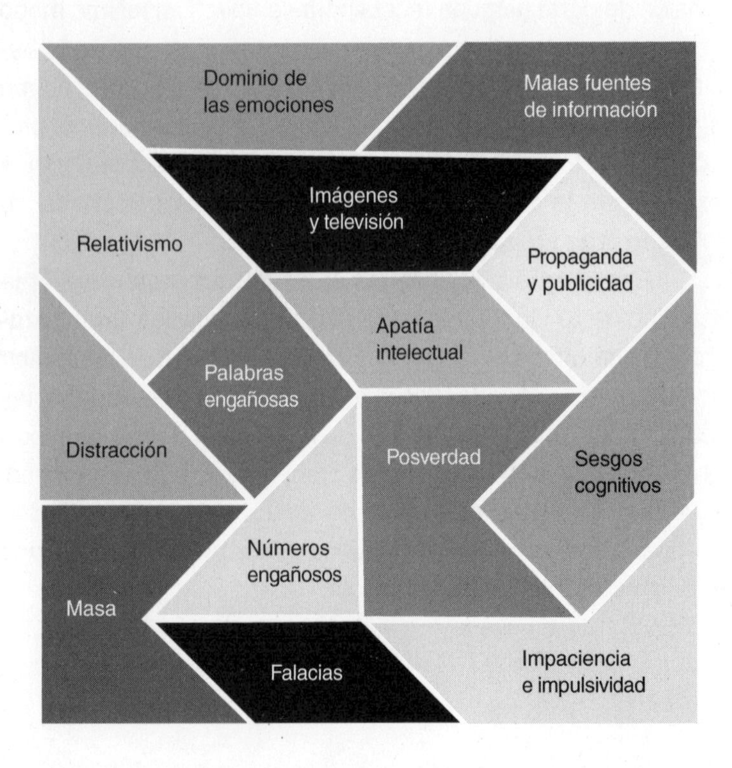

Pregúntate, por ejemplo:

- ¿He dedicado el tiempo y atención suficientes a definir mis objetivos vitales?
- ¿Me he dejado distraer de mis objetivos vitales?
- ¿Puede que las modas, las ganas de pertenecer a un grupo o la publicidad me hayan llevado a perseguir objetivos que no son realmente míos?
- ¿Me genera ansiedad el bombardeo de noticias al que me someto?
- ¿Es posible que otros me hayan fabricado enemigos a los que odiar?

Capítulo 16

Convivencia

Civilización es, antes que nada, voluntad de convivencia.
Se es incivil y bárbaro en la medida en que
no se cuente con los demás.
José Ortega y Gasset

Debemos aprender a vivir juntos como hermanos,
o pereceremos juntos como idiotas.
Martin Luther King

A nivel individual, nuestra facultad de pensamiento influye sobre nuestra capacidad de vivir felices. Pero las consecuencias de la ausencia de pensamiento y de nuestra incapacidad de sortear los obstáculos que nos impiden pensar bien ejercen una gran influencia a nivel colectivo.

La convivencia de un grupo siempre sufre cuando no se piensa bien. Y esto vale para grupos pequeños (como puede ser un matrimonio), para grupos medianos (como una familia) o para colectivos mayores (como una nación). Todos vivimos implicados en una multitud de grupos. Nos guste o no, estamos condenados a vivir con otros, a convivir. Por mucho que valoremos nuestra libertad individual, debemos reconocer que gran parte de nuestra vida se ve condicionada por la pertenencia a distintos grupos y a la sociedad en general.

En el nivel más íntimo, todos estamos conectados a una familia. Este pequeño grupo es el que nos permite desarrollarnos y el que durante toda nuestra vida nos proporciona seguridad y nos ayuda en las situaciones en las que solos no podemos. Una clase, un equipo de fútbol, un vecindario, un pueblo, un país e incluso, desde hace un tiempo, un conjunto de países como la Unión Europa son otros tantos grupos que constituyen nuestros contextos de vida.

Todos estos diferentes grupos nos permiten ser más humanos y lograr cosas que no están al alcance del individuo. Neil Armstrong fue el primer hombre que pisó la luna, pero no fue un logro propiamente suyo. Con ese pasito, coronaba el trabajo de un país entero volcado en la consecución de este hito histórico. Nos necesitamos los unos a los otros para hacer frente a los grandes retos. Por otra parte, por mucho que decidamos aislarnos físicamente de los demás, sabemos que estaremos siempre expuestos a las consecuencias de lo que hacen. Uno puede vivir como un ermitaño y pasar de todo y de todos. Eso no quita para que siga estando sometido a las leyes votadas por esas mismas personas a las que no quiere ver ni soportar. Compartimos un mismo ecosistema y estamos condenados a vivir juntos.

Nuestra convivencia está marcada, y me atrevo a decir dañada, por los múltiples obstáculos al pensamiento descritos en este libro.

Privatización de la realidad, reducción de nuestra base común

Para empezar, quiero subrayar la importancia de dos fenómenos que nos afectan como sociedad y que ejercen su influencia como si fueran polos de atracción. Curiosamente, a pesar de ser radicalmente opuestos, estos dos polos ofrecen la misma comodidad en términos de pereza intelectual. Por muy triste que parezca, es cada vez más difícil encontrar gente que haga el esfuerzo de resistir a su atracción y que se siga imponiendo a sí misma la obligación de pensar.

El primer fenómeno o polo de atracción, que ya conoces muy bien, es el relativismo: cada uno puede tener su propia verdad y nadie puede imponer su razón a los demás. Podemos pensar lo que nos dé la gana y pretender tener razón porque ya no existe una aspiración a la verdad desde la cual seamos capaces de juzgar con serenidad la calidad de las distintas opiniones. Este relativismo nos lleva a creer que tenemos libertad absoluta. No estamos sometidos a la opinión de nadie. Ni siquiera debemos someternos a la realidad, ya que la podemos interpretar como nos dé la gana. El problema estriba en que seguimos condenados a convivir y la convivencia nos obliga a ponernos de acuerdo sobre una multitud de cosas. Tarde o temprano, el sueño libertario del relativismo se estrella contra la pared de la realidad: comparto este planeta con gente, con mucha gente. Y por mucho que pueda pensar lo que quiera, me tengo que poner de acuerdo con otros en miles de circunstancias. Si no somos capaces de pensar y argumentar nuestras opiniones, lo más probable es que ellos se pongan de acuerdo sin contar con nosotros.

El otro fenómeno cognitivo que nos afecta como sociedad es el que yo llamo «el monopolio de la verdad»: yo, como miembro de un grupo, tengo razón siempre acerca de todo.

Tengo razón, precisamente, por ser miembro de este grupo (un partido político, por ejemplo) o porque me declaro fiel a esta ideología (progresista, conservadora, capitalista, anticapitalista, liberal, comunista...). Tengo «naturalmente» razón y esto me libera de cualquier obligación de justificarme mediante argumentos. Mi ideología y sus dogmas me dan la razón. Es una versión colectiva del relativismo. Las personas se reúnen alrededor de creencias compartidas que elevan al rango de verdad.

Estos dos polos son dos refugios que proporcionan la misma comodidad en términos de pereza intelectual. Son dos territorios donde no se piensa mucho porque no hace falta. Son tan cómodos que resulta cada vez más difícil encontrar personas que se resistan a su atracción y asuman el reto de pensar. Lo que me preocupa de estos dos fenómenos es que nos impiden pensar juntos y convivir en plenitud. Bajo su influencia se llegan a formar comunidades con creencias independientes las unas de las otras que acaban viviendo en realidades paralelas.

Para que entiendas mejor qué está en juego, voy a simplificar usando una imagen sencilla con la que todos nos podemos identificar.

Imagina primero a una familia en 1995. Hay una sola televisión y está en el salón de casa. Los miembros de la familia pueden ver la televisión en directo, eligiendo entre una decena de canales. También pueden ver programas de televisión grabados en cintas VHS. Y, por último, pueden ver películas compradas o alquiladas. Lo que pasa es que solo pueden elegir una de estas opciones cada vez. Ver la televisión es una actividad social. Los padres suelen tener la prioridad a la hora de elegir. Interrumpen los dibujos de los niños para ver el telediario. Los niños se quejan, pero de paso ven unas cuantas noticias y se enteran del mundo en el que viven. Si no entienden algo, lo preguntan. A veces resulta incluso que papá y mamá dan explicaciones diferentes y tardan en ponerse de acuerdo. Hay días en los que se ve un programa familiar que gusta a todos por igual y otros en los que unos se sacrifican para complacer a los otros. Lo cierto es que todo el mundo se entera de lo que se ve y esto permite que se generen conversaciones.

Se va construyendo, poco a poco, una base común, una suma de programas que todos han visto y que constituyen una especie de cultura televisiva familiar. Si hoy ven una película juntos, pueden hacer referencia a otra que vieron hace un par de meses. También pueden relacionar el acontecimiento que ha ocurrido hoy con un documental que vieron el año pasado, que trataba ese asunto en profundidad y les dio claves para entender mejor la realidad de hoy. En un contexto como el que describo, el que elige el programa que van a ver todos se expone a las críticas. Si el padre elige una película un poco tostón, tendrá que esforzarse para explicar su elección y defenderla con argumentos frente a las críticas de los adolescentes rebeldes. A su vez, el adolescente que ha ido a alquilar una película tendrá que defender su elección frente a las críticas de sus padres. En cada uno de estos roces aprenden los unos de los otros y todos se enriquecen de las perspectivas divergentes.

Ahora, imagínate una familia en 2020. Todavía hay una televisión en el salón de casa, pero hay otra en la habitación de los padres. Quizá el mayor cambio radica en que ya no es necesaria una televisión para ver programas o películas. Entre los cinco miembros de la familia tienen ocho pantallas más: cuatro móviles, una tableta y tres ordenadores portátiles. Desde cada uno de estos diez dispositivos tienen acceso a un catálogo infinito de contenidos. Pueden ver la «televisión» en directo. Pueden ver cualquier programa pasado y elegir entre miles de películas, series y documentales. Además, pueden consultar internet, las redes sociales y ver los millones de vídeos que circulan por estos canales.

El padre ve el fútbol y tertulias en la tableta, tumbado en la cama, o en la tele del salón. Mientras tanto, la madre prefiere ver series y documentales en la televisión de su habitación. Antes veían las noticias juntos, pero ahora prefieren verlas por separado y así cada uno puede elegir las que le gustan. Los adolescentes ven lo que les da la gana en sus móviles y a veces se juntan para ver una serie o una película en un ordenador. La más pequeña ve dibujos y *Masterchef junior* en la tele del salón cuando no roba el móvil de su madre. No se pelean nunca para decidir lo que se va a ver. La última vez que vieron algo todos juntos en la televisión del salón debió de ser para las campanadas del Año Nuevo.

A veces, durante las cenas, uno comenta algo de lo que ha visto y los otros lo miran con cara de: «¿¡De qué me estás hablando?!». Los padres no entienden nada de las espantosas series de zombis que ven sus hijos adolescentes. Ellos, a su vez, bostezan cada vez que sus padres se ponen a hablar de política. «Pero ¿a quién le puede interesar una sentencia del Tribunal Supremo? De verdad...». Más allá de los clásicos infantiles que ve la pequeña y que han visto todos, no tienen una base común que les permita entablar conversaciones. Cada uno se encierra en su burbuja y ve lo que le gusta. Bueno, en realidad comentan mucho lo que ven, pero no entre ellos. Cada uno lo comenta por WhatsApp o en redes sociales con amigos o desconocidos que están viendo lo mismo.

¿El problema de nuestra sociedad es que hemos dejado de ver la televisión juntos? No, por supuesto. Con esta doble descripción solo pretendo ilustrar el fenómeno de reducción de la base común. No lo veas como una fiel descripción, sino más bien como un cuento o una parábola. Necesito esta simplificación para que puedas visualizar y casi tocar el fenómeno que nos ha ido encerrando de manera progresiva en burbujas informativas y de creencias, estancas las unas de las otras.

Como afirma David Colon en su libro *Propagande*: «La era post televisión (...) consagra precisamente el debilitamiento del espacio público, favoreciendo una polarización política que reduce la base de información compartida. (...) Los consumidores se afilian a medios de comunicación que piensan lo que piensan. Ya no hay espacio democrático en el que se pueda intercambiar ideas».*

Sin una base común o con una base común reducida a su mínima expresión, se nos hace imposible entablar el diálogo necesario para facilitar la convivencia. ¿Qué base común nos queda si la gente ya no reconoce ni una única realidad de los hechos y fabrica «hechos alternativos»?

Estoy seguro de que en más de una ocasión te has visto envuelto en una discusión surrealista: tu interlocutor y tú habláis de un mismo evento, pero parece que cada uno tiene en la cabeza una imagen bastante divergente de la realidad de ese evento. Imaginemos, por ejemplo, que estáis hablando de la tasa de paro juvenil en vuestra ciudad. Tú, según lo que has leído en tu periódico y el flujo de información que te llega por las redes sociales, despotricas de la falta de contundencia del gobierno a la hora de adoptar medidas. Ella, por su parte, según lo que ha leído en su periódico y en las cuentas que sigue en las redes sociales, echa la culpa a las empresas, que prefieren contratar a gente que teletrabaja desde países con sueldos más bajos, y a la pésima gestión del ayuntamiento que no usa bien los recursos que recibe del gobierno. Lo que dice uno le suena literalmente a chino a la otra. Al desconfiar cada uno de las fuentes del otro, sentís que no hay una base común para dialogar.

---

* David Colon, *Propagande*, pp. 277 y 279.

Cuando este tipo de lecturas divergentes se producen con relación a fenómenos sociales más complejos como la educación, el paro, la unidad del territorio nacional, etcétera, ves que no solo peligra el diálogo sino directamente la convivencia.

En mi opinión, encontramos una prueba de la desaparición progresiva de nuestra base colectiva como sociedad en la invocación al sentido común. No sé si te has dado cuenta, pero sobre cualquier asunto, las enfrentadas burbujas cognitivas invocan todas al sentido común para justificar su propia opinión: «Pero cómo es posible que no lo vean, si es puro sentido común», «a este gobierno lo que le falta son dos dedos de frente y un mínimo de sentido común...».

¡Hasta el sentido común ha dejado de ser realmente común!

La sociedad virtu@l

Ya hemos comentado en este libro cómo las nuevas tecnologías de la información impactan sobre nuestra capacidad de pensar. Como espectadores del mundo y consumidores de información, podemos configurar nuestro entorno mediático a nuestra medida para que nos cuente la historia que nos gusta escuchar sin especial interés por descubrir la, a menudo incómoda, verdad de las cosas.

Quizá no he insistido demasiado sobre nuestro papel activo como comentaristas en estos nuevos entornos. Los medios tradicionales (televisión, radio y prensa) plantean un esquema en el que unos pocos hablan mientras un público enorme escucha. En internet y en las redes sociales se invierte el esquema y, de repente, todos podemos hablar. ¿Se produce entonces un gran debate enriquecedor? No precisamente... En realidad es imposible mantener un diálogo profundo entre miles de personas. Además, los propios mecanismos de las redes sociales imposibilitan la convivencia para favorecer la polarización y el enfrentamiento. Los usuarios saben que están en un entorno de inmediatez y de prisas. Los mensajes caducan casi en el momento de su publicación, nadie piensa, todos reaccionan desde las emociones. Para conseguir su recompensa en forma de *likes,* el comentador tiene que ir a tiro hecho.

Las dos técnicas más rentables consisten en bailar el agua o en soltar una bomba. Para bailar el agua basta con ajustar tu comentario a lo que quiere escuchar el público de una burbuja concreta. Si estás en un grupo de Facebook de animalistas, pones un comentario anticazadores y te llueven los *likes*. Si contestas al tuit de un empresario conocido por su ideología liberal, das un tono antiimpuestos a tu comentario y ves cómo se dispara el contador de *likes*. Así, las personas encerradas en su burbuja se retroalimentan y refuerzan sus creencias. También puedes apostar por una estrategia más polémica y soltar bombas. Para ello bastará con poner comentarios muy polarizados en entornos «abiertos». Eliges un escenario de gran audiencia como puede ser la página web de un periódico de gran tirada o la cuenta en redes sociales de un canal de televisión generalista por los que transitan los miembros de distintas burbujas. Y, *boom*, sueltas la bomba, el comentario incendiario que ridiculiza la creencia de unos. Rápidamente se desata la tormenta y recibes los vítores de «los tuyos» e ignoras, por supuesto, los mensajes de desprecio de «los otros», que carecen del más mínimo sentido común.

Por cierto, esta práctica se conoce como «troleo» y los que la usan son «trolls». Esto en sí es muy representativo de lo lejos que estamos de convivir en los entornos digitales. Cuando alguien se atreve a oponerse a las creencias de una burbuja, sus miembros ven en ello una agresión gratuita y ya no sienten en absoluto la necesidad de argumentar con el oponente: «No pierdas el tiempo con él, es un troll».

En este inmenso espacio donde estamos todos interconectados y donde podríamos intentar construir entre todos un puente hacia la verdad, nos resignamos a participar en un concurso de «zascas» para conseguir *likes*. Renunciamos al pensamiento, a la aspiración a la verdad y a la construcción de una convivencia inteligente. Preferimos dar rienda suelta a nuestras emociones, cada uno atrincherado en su zona de confort, rodeado de «los suyos».

¿Tiramos la toalla?

¿De verdad nos tenemos que resignar a vivir aislados en nuestras burbujas? ¿Ya no hay manera de convivir y de cultivar una base común? Por supuesto que no. No nos vamos a dar por derrotados. Este libro va de esto, de nuestra responsabilidad como individuos para aprender a pensar más y mejor con el objetivo final de vivir mejor de manera individual y colectiva.

Convivir es una aspiración más ambiciosa que vivir en paz de espaldas los unos a los otros.

Un matrimonio feliz, por ejemplo, no es un matrimonio donde uno ignora con tranquilidad al otro, lo aguanta, intenta no molestar y que le molesten lo menos posible. Un matrimonio feliz es aquel que construye algo en común.

Una familia feliz no es una familia acomodada donde se viven vidas paralelas. Se necesitan una infinidad de puntos de encuentro y la construcción de una base común en la que todos los miembros se sientan queridos y protegidos y se puedan refugiar para reponer fuerzas en las épocas más delicadas de la vida.

Se dice que el roce hace el cariño. Es verdad, necesitamos encontrarnos con el otro, el distinto. Necesitamos, incluso, vivir encontronazos que nos hagan descubrir los objetivos vitales de cada uno. Necesitamos superar estas divergencias encontrando la manera de compatibilizarlas o definiendo objetivos vitales comunes.

Si propones un viaje familiar y la mitad de la familia quiere ir a Ibiza mientras que la otra quiere ir a Galicia, ¿qué haces? Por supuesto, no tendría sentido dividirse porque ya no sería un viaje familiar. La solución tampoco pasa necesariamente por ir juntos cinco días a Ibiza y cinco a Galicia. Necesitamos hablar, escucharnos los unos a los otros, argumentar, pensar e imaginar el destino ideal para la familia en su conjunto. Al final, ¿qué son unas vacaciones familiares memorables? Unas vacaciones en cualquier sitio donde se viven cosas juntos. Allí nacen los recuerdos inolvidables y se fortalecen los vínculos.

Si queremos lograr una convivencia mejor, necesitamos salir de nuestras respectivas burbujas de creencias y recuperar la búsqueda conjunta de la verdad. No se trata de defender que tenemos siempre la verdad. Lo mínimo es que todos manifestemos la sincera motivación de acercarnos a la verdad en lugar de refugiarnos en nuestras pseudoverdades particulares. En la práctica esto se traduce en leer de vez en cuando el periódico de «los malos». Y, por supuesto, leerlo con una auténtica curiosidad intelectual. Leerlo para aprender y no para dar rienda suelta a nuestro sesgo de confirmación y reforzar prejuicios negativos. Significa, también, seguir cuentas en redes sociales que cuestionen nuestras creencias. Debemos vencer la irritación y la susceptibilidad que tantas veces nos llevan a «dejar de seguir» a «los malos».

Romano Guardini habla de la necesidad de contar con un «mejor enemigo»: «Será el que luche con tanta decisión que nos obligue a emplear todas nuestras fuerzas. Que nos lleve a repensar cada vez con más profundidad nuestras propias opiniones para que puedan superar esa prueba; que nos exija una vigilancia incansable; que nos haga salir bruscamente de toda seguridad perezosa».* Debes ver al otro como alguien que reta tu pensamiento en lugar de verlo como una amenaza. Si el otro vence a tu pensamiento, será porque tiene mejores argumentos, una mejor percepción de la verdad. Es entonces la verdad misma la que te muestra tu error, no el otro. ¿Tiene sentido enfadarse con la verdad? ¿Tiene sentido que nos sintamos derrotados o perdedores cuando acabamos de conseguir acercarnos un poco más a la verdad?

Tenemos que pinchar las burbujas en las que nos hemos ido encerrando y ensanchar con urgencia nuestra base común. El reto no es pequeño.

No te quiero asustar, querido lector, pero no basta con que aprendamos a convivir con nuestros contemporáneos. La enorme complejidad de algunos asuntos que padecen de grandes inercias nos obliga a ensanchar nuestra base común hasta incluir a las generaciones futuras. No nos podemos enfrentar a las importantes cuestiones relacionadas con el cambio climático si desde un punto de vista intelectual no convivimos con las generaciones de nuestros nietos y bisnietos. Nuestras tergiversaciones de hoy les van a afectar a ellos más que a nosotros. Debemos ser valientes para adoptar medidas que nos supongan un coste hoy, aunque no produzcan beneficios hasta dentro de muchos años.

El mismo razonamiento vale para nuestro sistema de pensiones: si es insostenible con las previsiones económicas y demográficas que tenemos, habrá quienes tengan que hacer

---

* Romano Guardini, *Cartas sobre la formación de sí mismo*, Palabra, Madrid, 2000, p. 100. Citado por Juan Meseguer en su libro *Pensamiento crítico-una actitud*, UNIR, Logroño, 2016, p. 52.

hoy sacrificios para evitar que otros paguen todos los platos rotos dentro de veinte o treinta años.

Puestos a pinchar burbujas ideológicas, pinchemos también las burbujas generacionales que nos impiden pensar bien y considerar la realidad del largo plazo. El futuro debería ser lo que nosotros decidamos crear juntos. Para ello, debemos recuperar y ejercer nuestra libertad de pensar, aprender a pensar mejor y, sobre todo, a pensar juntos.

¡Genera más convivencia!

Existen muchas fuerzas que nos llevan a refugiarnos en la comodidad de las burbujas en las que todo el mundo opina igual o en las microburbujas en las que estamos a gusto a solas con nuestro ego.

Debes luchar contra estas fuerzas y crear momentos de verdadera convivencia en los que te expongas al pensamiento de los demás para que todos juntos podamos ensanchar nuestra base común:

- ¿Qué encuentros puedes generar en tus entornos más cercanos? Es importante que generemos estos momentos, no podemos esperar a que ocurran de manera espontánea. ¿Dedicáis suficientes momentos a la convivencia en tu casa?
- ¿Crees que aprovechas los entornos de mezcla social (universidad, trabajo, clubs deportivos, parroquias) para convivir de verdad? ¿Mantienes conversaciones que te permiten descubrir al otro y entenderlo? ¿Hablas con sinceridad para que el otro pueda descubrir tus propias convicciones y entenderlas?
- Si tu respuesta a la pregunta anterior ha sido: «¡Es imposible!», pregúntate qué puedes hacer tú para que no sea así.

Capítulo 17

Democracia

Una ciudadanía que pretende gobernarse a sí misma debe dotarse del poder que da el conocimiento.

JAMES MADISON

La calidad de nuestra democracia depende, en gran parte, de la capacidad de pensamiento crítico que demuestren tener sus ciudadanos. Y, por supuesto, incluyo a los políticos en la ciudadanía.

Entre 2015 y 2020, el porcentaje de españoles que consideraban que los políticos, los partidos y la política en general representan uno de los tres problemas más graves del país pasó del quince al cuarenta y ocho por ciento.*

Según los estudios, entre un cincuenta y un setenta por ciento de las afirmaciones de Donald Trump durante su campaña presidencial de 2016 fueron falsas. El problema resulta

* Datos del barómetro del CIS entre diciembre de 2015 y enero de 2020 (ver la visualización preparada por RTVE en https://www.rtve.es/noticias/20200130/percepcion-politica-como-problema-se-dispara-54-se-consolida-tras-paro/1997883.shtml)

especialmente grave con este candidato en concreto, pero si lo unimos al veintiséis por ciento de mentiras de su contrincante Hillary Clinton, obtenemos una imagen del panorama global en Estados Unidos. Es importante también resaltar que aun descubriendo a lo largo de la campaña que muchas de sus afirmaciones eran falsas, los electores de Trump no cambiaron su intención de voto. Al contrario: la gente valoró su capacidad de hablar claro.

Hasta este punto hemos llegado: preferimos una mentira clara y entendible que nos convenga a una realidad compleja. Seguramente, Trump no inventó la mentira en política, pero puede que haya sido uno de los primeros en apostar de manera clara y desvergonzada por la mentira frente a los discursos falsos con apariencia de seriedad y rigor a los que durante décadas estuvieron expuestos los electores. Parece que el ciudadano manda un mensaje claro: «No me importa que me mientas, pero por favor, hazlo todo simple y que no tenga que pensar mucho».

En los últimos años hemos visto crecer partidos y candidatos populistas en toda Europa. Han ganado elecciones generales o elecciones locales en ciudades importantes y cosechado grandes resultados en muchos países de la Unión Europea. Sus armas para conseguir estos resultados han sido proponer una ruptura con los partidos tradicionales y devolver la voz al pueblo que, presuntamente, sabe mejor cómo resolver los problemas.

También podríamos añadir a esta lista de indicios de crisis de las democracias occidentales los datos de participación en las elecciones, que bajan paulatinamente, o la desconexión creciente entre los jóvenes en edad de votar y los políticos. Como puedes ver, muchos indicadores se encuentran en rojo y señalan que las democracias representativas están enfermas. Este problema tan preocupante está relacionado con muchos de los elementos que hemos analizado en este libro. Me atrevo, incluso, a decir que la crisis de la democracia se debe en gran parte a una crisis del pensamiento crítico. Pereza intelectual, distracción, ausencia de sentido de las prioridades, sesgo de confirmación desenfrenado, propaganda masiva dopada por los mecanismos de las redes sociales, entrada en una era de la posverdad y del relativismo, lenguaje afectado por lo políticamente correcto o por los eufemismos y dominio de las emociones por encima de la razón son los elementos que contribuyen a fragilizar nuestras democracias.

Con este contexto en mente, vamos a intentar identificar las responsabilidades que tienen los políticos, las que tienen los ciudadanos «de a pie» y las que podrían tener las potencias extranjeras que siembran cizaña desde fuera. Terminaremos subrayando la importancia de reinstaurar un verdadero diálogo en nuestra sociedad para curar a nuestra malherida democracia.

Los políticos jalean y enfrentan a los ciudadanos

Los políticos del siglo xxi fomentan la polarización de la sociedad. Con sus discursos llenos de demagogia, simplificaciones y caricaturas, buscan que la brecha que separa a los electores sea cada vez más ancha y profunda. Inmersos en su lucha por el poder, se han entregado a la propaganda y a los publicistas que los asesoran para diseñar las campañas electorales.

Poco a poco, las campañas electorales han perdido toda pretensión didáctica. En lugar de intentar explicar las propuestas del candidato o del partido para resolver los problemas de la sociedad, hemos pasado a un modelo basado en la pura generación de emociones. Lo habitual es meter miedo, diabolizando al oponente. No se pide el voto para impulsar un proyecto concreto, se pide el voto para evitar males mayores. ¡Que viene el lobo!

En este contexto, ya no hay sitio para los necesarios matices. Al contrario, tenemos un caldo de cultivo para que florezcan las caricaturas, la burla, los insultos, las medias verdades o directamente las mentiras. Todo vale para captar la atención de las cámaras. Es parte del éxito de Trump que, por su experiencia con la prensa rosa y con el mundo de la telerrealidad, aprendió antes que otros que «si sois diferentes o escandalosos, los medios de comunicación hablarán de vosotros».* Da igual que hablen bien o mal de alguien. Está demostrado que la exposición en los medios siempre beneficia al que más portadas o minutos de antena consigue. Ya lo decía Hitler: «No importa que los adversarios se burlen de nosotros o que nos insulten; que nos representen como payasos o criminales; lo esencial es que hablen de nosotros».**

En política gana el que consigue acaparar durante el mayor tiempo posible el escenario mediático. Esto lo saben los políticos de todos los bandos ideológicos. Lo sabe Trump, lo saben Pablo Iglesias y Pedro Sánchez, lo saben Pablo Casado y Santiago Abascal, y lo sabía muy bien Hugo Chávez, que llegó a ocupar la antena de la televisión venezolana durante más de ocho horas consecutivas en un episodio de su famoso programa *Aló Presidente.*

La situación no ha hecho más que empeorar con la aparición de Internet y las redes sociales. Internet ha propiciado la explosión de medios de nichos. Los expertos en comunicación pueden ahora identificar lugares digitales donde

---

* David Colon, *Propagande*, p. 279.

** Ibídem.

hablar en exclusiva a los cazadores andaluces, a las madres de familias numerosas católicas de Madrid, al colectivo homosexual de tal provincia o a los más ricos de tal ciudad. Esto permite decirle a cada uno lo que quiere escuchar. Si antes había que diseñar mensajes consensuales que gustasen o no disgustasen a grupos inmensos (todos los lectores de un periódico nacional o todos los telespectadores de un canal en situación de casi monopolio), ahora se pueden enviar mensajes mucho más radicales a públicos aislados los unos de los otros.

En internet y, sobre todo, en las redes sociales el ritmo es todavía más dinámico que en la televisión. Hay que ser capaz de captar la atención en tres frases o en un vídeo corto de veinte segundos. Esto anima a simplificar aún más, aunque haya que sacrificar la verdad. Para colmo, los mecanismos propios de las redes sociales animan a los políticos a exagerarlo todo. Efectivamente, en este contexto digital, lo más valioso tiende a confundirse con lo más visto o lo más compartido. Los mensajes adquieren visibilidad en función de las interacciones que se consiguen (*likes*, retuits...). Para generar muchas interacciones no hay, entonces, mejor estrategia que decir barbaridades y atacar con agresividad al contrincante. El incentivo para atreverse con todo es total, ya que el flujo es continuo y tan masivo que un mensaje mal calibrado, demasiado escandaloso o falso que pueda perjudicar a su autor quedará rápida e inexorablemente engullido y olvidado a las pocas horas.

Los políticos de hoy son expertos en comunicación. Centran toda su energía en ganar elecciones en un contexto de campaña permanente. Su trabajo ya no consiste en desarrollar un proyecto o defender una visión de sociedad.

El que gana las elecciones y es elegido presidente de un gobierno debería, en principio, rendir cuentas a sus electores y, también, preocuparse por todos los ciudadanos que no le han votado. ¿Cómo se puede pretender hacer esto si en lugar de defender un proyecto durante una campaña de unas semanas, el candidato se ha dedicado a insultar a medio país durante años? Estas estrategias de comunicación que acentúan las diferencias para evitar a toda costa que los electores puedan confundir las propuestas o plantearse pasar de un campo a otro favorecen la polarización de la sociedad. Fomentan un comportamiento de los electores que se asemeja al «hooliganismo» de los fanáticos del fútbol. A los *hooligans* del fútbol no les interesa tanto el fútbol como odiar a la afición contraria. El odio es tal que llegan a manifestar comportamientos violentos y a perder el sentido de la realidad. Allí donde hay una falta evidente de un jugador de su equipo, ven una simulación del jugador del equipo contrario. Donde hay un claro penalti, ven una conspiración del árbitro.

A los nuevos *hooligans* de la política no les interesa tanto un proyecto político como derrotar al bando contrario. El odio es tal que se desconectan de la realidad de los hechos. No ven la corrupción de su partido, solo la de los adversarios. No conciben que su derrota en las elecciones se pueda deber a una mala gestión; siempre culpan a las mentiras y a la manipulación de sus adversarios. Tampoco conciben que sea posible trabajar con otros partidos para presentar propuestas conjuntas de reforma que consigan el apoyo de toda la sociedad y garanticen una cierta estabilidad en políticas de largo plazo como la educación, por ejemplo.

Gracias, Juan, por este resumen del clásico para madridistas. Ahora escuchamos a Elena que nos presenta un resumen para culés.

La política moderna está obsesionada con la comunicación. Por desgracia, las nuevas formas de comunicación fomentan la polarización extrema de los mensajes. Acaban diabolizando a los demás partidos y creando electorados cautivos. Con el beneplácito del relativismo y de la posverdad se llegan a crear realidades paralelas donde se encierran segmentos de población que ya no conviven.

Tenemos los políticos que nos merecemos

La culpa de la decadencia de nuestras democracias occidentales no la tienen solo los políticos y los profesionales de la propaganda que les rodean.

Si has prestado atención a tu lectura, ya sabes que nosotros, los ciudadanos, también tenemos una gran responsabilidad en estas derivas. No voy a insistir mucho más sobre la facilidad con la que nos encerramos en la dulce comodidad de burbujas de creencias o con la que nos abandonamos a nuestro sesgo de confirmación. Eres ahora un gran entendido en estas dos materias. Prefiero insistir en otras facetas del problema.

Da la casualidad de que he escrito este libro en plena pandemia de la COVID-19 y este extraño contexto me ha permitido observar con más claridad un fenómeno que me parece que viene creciendo desde hace unas pocas décadas. Me refiero al discurso de la población que apela al sentido común, dando a entender que el mundo político carece por completo de él.

Los políticos tienen muchos vicios y es verdad que en los últimos años hemos visto a personas alcanzar puestos de gran responsabilidad sin tener la preparación necesaria. El propio funcionamiento de los partidos parece favorecer la ascensión de fieles soldados que no hacen sombra al líder y de personas que brillan más por sus capacidades de comunicación que por sus competencias técnicas o su nivel de experiencia. Sin embargo, pensar que todos los políticos son idiotas o que los grandes problemas se resuelven con «sentido común» es un verdadero insulto a la inteligencia. En realidad, lo que hacemos es negar la complejidad de las cosas para justificar nuestra terrible pereza intelectual.

Los ciudadanos no tenemos la valentía de pensar y de aprender para entender bien problemas complejos. Con esta perspectiva superficial desde la cual todo parece sencillo, nos atrevemos a achacar la falta de resultados de los que mandan (gobierno, diputados, expertos y élites en general) a un déficit de sentido común. Al hacer esto rebajamos el nivel de esta compleja cuestión al de la caricatura simplona en la que nosotros mismos nos encontramos. Una vez conseguido, nos atrevemos a pretender que nuestra opinión en absoluto informada sea decisiva. Esta mala costumbre de simplificar nos expone también a otro riesgo. En efecto, nos lleva a menudo a albergar expectativas poco realistas respecto a nuestros gobernantes. Un mínimo de reflexión nos permitiría ver que no es creíble prometer bajadas de impuestos y a la vez proponer un aumento del gasto en educación, defensa y salud pública. Y no, crear puestos de trabajo no es tan fácil como colocar bancos en los parques públicos. Es bastante más complejo. De ser tan sencillo no tendríamos paro desde hace mucho tiempo.

Está muy claro que la ciudadanía no quiere pensar. Esto es evidente para los políticos que no dudan un instante en usar esta pereza intelectual a su favor. En plena campaña del Brexit, un ministro del gobierno del Reino Unido dijo que los británicos estaban hartos ya de tantos expertos, que lo entendía perfectamente y que la gente debería aprender a confiar más en su propio juicio.* ¿La verdad es compleja? Ya, qué faena. Pero no te preocupes, puedes pasar de los expertos. Ni tienes que esforzarte en intentar entenderlos. Tú tranquilo. Escúchame a mí con mi discurso lleno de simplificaciones y medias verdades que apelan directamente a tus emociones. Y, al final, desde las emociones, decide si es conveniente para tu país permanecer o no en la Unión Europea.

Pero, cuidado, podríamos enfrentarnos en el futuro a consecuencias aún más graves. Es tan grande ya nuestra pereza y nuestro rechazo de la complejidad y del conocimiento que se empiezan a escuchar discursos que manifiestan una tentación totalitaria. Sí, hay ciudadanos de nuestras democracias occidentales que empiezan a ver con buenos ojos un régimen

---

* https://www.ft.com/content/3be49734-29cb-11e6-83e4-abc22d5d108c

como el chino y hay otros que sienten nostalgia de dictaduras pasadas. Piensan que todo sería mucho más sencillo con un gobierno fuerte que no tuviese que perder el tiempo en largos debates e interminables negociaciones...

Lo describe muy bien Tom Nichols en su libro *La muerte de los expertos:* «Los expertos aconsejan. Los dirigentes electos deciden. Para evaluar la calidad de los expertos y juzgar los votos y las decisiones de sus representantes, la gente de a pie debe familiarizarse con los asuntos en juego. No significa que cada ciudadano deba estudiar en profundidad todos los asuntos, pero desde luego, si los ciudadanos no se preocupan por lograr un conocimiento básico de las cuestiones que afectan a sus vidas, abandonan el control sobre estas cuestiones. Y cuando los electores pierden el control de estas importantes decisiones, corren el riesgo de ver su democracia caer en manos de demagogos ignorantes o de ser testigos de la lenta mutación de sus instituciones democráticas en una tecnocracia autoritaria».*

Si no queremos llegar a este punto, nos toca reaccionar. Hay que despertar ya de este letargo intelectual. No podemos seguir en esta vía del rechazo al conocimiento y del imperio de las emociones. Necesitamos cultivarnos y educarnos. Ya no podemos buscar excusas del tipo «el mundo es tan complejo», «los políticos nos engañan», «ni los expertos saben»... Necesitamos aprender acerca de las grandes cuestiones de la sociedad, pero también acerca de las personas en las que podemos confiar.

No vamos a aprender siguiendo cuentas de redes sociales que nos jalean o leyendo el periódico «amigo» que con-

---

* Tom Nichols, *The Death of Expertise: The Campaign Against Established Knowledge and Why it Matters*, p. 18.

firma nuestras intuiciones, refuerza nuestras creencias y cuida de nuestras emociones. Para aprender hace falta profundizar, leer libros, estudios o artículos largos. Internet ofrece muchas facilidades para seguir los cursos de universidades de gran renombre por muy poco dinero o a veces de forma gratuita. Por supuesto, es imposible que lo estudiemos todo. Y aquí es donde nos toca ser inteligentes y aprender a confiar en la sabiduría y la experiencia de otros. Esto requiere investigar el perfil de esas personas: dónde han estudiado, qué experiencia tienen, quién les paga... Significa también que debemos exigir a los partidos políticos que hagan un mejor uso del dinero público que cobran para sufragar sus gastos de funcionamiento. No podemos seguir transformando los partidos en agencias de comunicación o de publicidad. Su cometido tampoco es dar trabajo a amigos y familiares. Para tomar decisiones acertadas o diseñar propuestas inteligentes, necesitan fundamentarlas en conocimientos y respaldarlas con estudios serios.

Para finalizar, hay otro punto que quiero comentar acerca del papel del ciudadano que activa su pensamiento crítico en la defensa o el saneamiento de nuestra democracia. No deja de sorprenderme comprobar la actitud imbécil de la ciudadanía en relación con la corrupción de los políticos. Al parecer, a los votantes de un bando solo les preocupa la corrupción del otro bando. No tiene ningún sentido. La única influencia que tiene un votante es sobre el partido o el candidato al que ha otorgado su voto de confianza. Si voto al PSOE, son los casos de corrupción del PSOE los que me tienen que preocupar y los que debo sancionar. ¿De qué sirve que un votante del PSOE se manifieste delante de la sede del PP para acusarlo de corrupción? ¿Acaso le puede amenazar con quitarle su voto? Nos ciega por completo nuestro fanatismo emocional. Perdonamos todo a nuestro campeón porque para nosotros es «el bueno» que lucha contra «los malos». Si le preguntas a un votante del PP acerca de Bárcenas, te va a contestar: «¡¿Y qué me dices de los ERE andaluces?!». Si le preguntas a un afiliado a Podemos qué queda de los sueños de democracia interna y de transparencia de su partido, te contestará: «¡¿Y qué me dices de Vox?!».

La filósofa Victoria Camps resume este problema a la perfección cuando escribe: «El problema cuando la posverdad ya está instalada en el hábitat político es que quienes deberían ser exigentes con sus representantes no solo no lo son, sino que corean y aplauden sus mentiras y excentricidades. Uno de los factores que atizan la polarización política y mediática es la aceptación desconsiderada de la mentira mientras esta venga de "los nuestros", junto con la crítica feroz de la mentira de los otros».*

No te olvides de que ejercer el pensamiento crítico significa someter tu propio pensamiento (no solo el de los demás) a un examen crítico. Cada uno tiene la responsabilidad de vigilar a las personas en las que deposita su confianza y delega parte de su pensamiento. Si mandamos a representantes al parlamento, es porque no tiene sentido que cada uno de nosotros tengamos que seguir todos los asuntos de cerca y adquirir conocimientos profundos sobre todas las materias. Partiendo de esta base, debemos asegurarnos de que nuestros representantes hagan este esfuerzo. No deberíamos tolerar que se muevan en un plano emocional y aparquen la razón.

Cuando un político descalifica a su oponente y traslada el debate al plano de las emociones y de la ideología irreflexiva, no le está faltando al respeto a su adversario político, sino

---

* Victoria Camps, «Posverdad, la nueva sofística», *En la era de la posverdad*, p. 98.

que te lo está faltando a ti, su votante. Precisamente por este motivo eres tú quien debe reprenderlo.

Políticos y ciudadanos meten al caballo en Troya

Todos los fenómenos que acabamos de describir contribuyen a permitir que potencias extranjeras puedan influir en nuestros asuntos internos. Para hablar claro: si Vladímir Putin puede desde Rusia impactar en las elecciones presidenciales de Estados Unidos, en el referéndum sobre el Brexit o en la rebelión de los independistas catalanes es, en gran parte, porque los ciudadanos de las democracias occidentales carecemos de pensamiento crítico. Si nos informamos sin criterio en Twitter y Facebook, nos exponemos al torrente de *fakenews* que se vierten desde los miles de cuentas falsas gestionadas desde San Petersburgo.

Somos tan negligentes y perezosos a la hora de elegir o de valorar la credibilidad de nuestras fuentes de información que corremos el riesgo de acabar viendo contenidos del canal de propaganda rusa RT (por *Russia Today*) sin tener la más mínima sospecha acerca de los mensajes de desinformación que destila. Y lo peor es que los contenidos de RT que logran algo de viralidad en las redes sociales o por WhatsApp son, precisamente, los más falsos, los que activan más el sesgo de confirmación de quienes los reenvían. Es así como me llegó un día por WhatsApp un vídeo de RT en el que se podía ver a un pseudoperiodista entrevistar a un pseudoexperto en ciencias políticas.* Este último hablaba del famoso inversor George Soros (objeto de muchas teorías de conspiración) y llegó

---

* https://youtu.be/h460ssWCo58?t=198

a decir que había apoyado al régimen nazi. Seamos serios y mínimamente inteligentes: George Soros nació en Hungría en 1930 y es judío. ¿Qué apoyo pudo propiciar al régimen nazi un judío que tenía entre nueve y quince años durante la Segunda Guerra Mundial?

¡Qué bajo hemos caído para tragarnos tantas mentiras y dejar que regímenes autoritarios extranjeros estimulen nuestro no pensamiento e, *in fine,* influyan en el funcionamiento de nuestras democracias!

Necesitamos reaprender a dialogar

Si tenemos en cuenta lo que nos jugamos como colectividad en lo que tiene que ver con el pensamiento, podemos decir que el objetivo no consiste únicamente en aprender a pensar más y mejor, sino también en aprender a pensar juntos. A este pensamiento colectivo lo llamo diálogo. Me gusta mucho la definición de diálogo que da William Isaacs, autor del libro *Dialogue: the art of thinking together*. Isaacs define el diálogo como una conversación que tiene un centro y no bandos. Con esta definición en mente y con el fin de esclarecer los principios del diálogo, veamos juntos las cuatro condiciones que se deben dar como mínimo para restablecer el diálogo en nuestra sociedad.

Lo primero que necesitamos es un centro. Y me parece obvio que este centro es la verdad o, por lo menos, la aspiración a la verdad, la ambición de acercarnos a ella juntos. Si no hay verdad, ¿qué sentido tiene dialogar? Si pensamos que todas las opiniones son válidas, ¿para qué perder el tiempo en juntarnos? Podemos permanecer en nuestras respectivas burbujas, felices en la inopia. Este centro cambia profundamente la actitud de los participantes. Ya no se trata de triunfar a costa del otro o de derrotarlo. Somos conscientes de que el acercamiento que consigamos a la verdad será un logro para todos, un progreso. «Cuando hay verdadero diálogo (...), que alguien dé con una solución válida, o que alguno de los interlocutores arroje algo de luz que alumbre mejor el camino hacia la respuesta a la cuestión planteada, eso nadie lo ve como una victoria de uno sobre el resto, sino como una ganancia para todos. El diálogo es praxis cooperativa, no punitiva».* Aceptar la existencia de un centro presupone aceptar la de un fin común: estamos aquí para beneficio mutuo y el objetivo de todo diálogo debería ser construir entre sus participantes una convicción más sólida y verdadera que la que tenían antes del comienzo del diálogo.

La segunda condición del diálogo consiste en respetar a las personas. Debemos hacer el esfuerzo de ver a las personas más allá de sus opiniones y ser en todo momento conscientes de lo que nos une. Las personas no son sus opiniones. Podemos discrepar y tener puntos de vista muy alejados, pero por muy profundas que sean estas divergencias, somos personas que merecen respeto y que están destinadas a convivir. Si lo único que ves en tu interlocutor es su opinión, que te parece absurda, y unos argumentos que no compartes, mírale mejor y descubrirás toda la humanidad que os une.

El tercer requisito es el propio pensamiento. Un diálogo no se improvisa, se prepara. Se trata de reunir a personas que han trabajado, pensado y estudiado las cosas en profundidad. No es un *brainstorming* o un popurrí de ocurrencias.

El cuarto y último requisito, la humildad, viene a matizar el tercero. La preparación debe ser una condición para participar en el diálogo, pero no puede ser su limitación. Es impres-

---

* Jose María Barrio, *La gran dictadura*, p. 40.

cindible acudir con el compromiso de escuchar, colaborar y descubrir lo que aportan los demás. Si no escuchas, no te beneficias de los conocimientos del otro: pierdes la oportunidad de revisar los tuyos a la luz de los suyos o, incluso, de consolidarlos. Debes estar dispuesto a reconocer que el proyecto a mejorar es el del otro porque es mejor que el tuyo y que tus aportaciones serán sus complementos. Se viene a colaborar, no a engañar o a forzar la mano del otro. Todos deben acudir dispuestos a no limitarse a trabajar con el repertorio de conocimientos que ya tienen. El diálogo debe permitir progresar y descubrir conocimientos nuevos. Esta consideración de aventura intelectual va obligatoriamente asociada a una posibilidad de cometer errores. Si nos aventuramos juntos en territorios desconocidos, debemos tener unos egos dispuestos a reconocer que nos hemos equivocado y que lo más conveniente es retroceder y buscar un camino mejor.

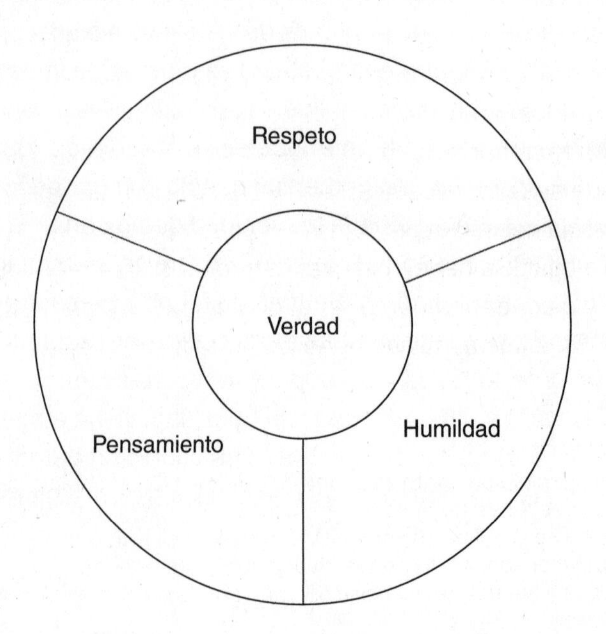

Si miramos el panorama actual con esta cuádruple exigencia en la cabeza, lo que vemos es un tanto descorazonador, ¿no crees?

Los encontronazos que se organizan en los platós de televisión y a los que llaman «debates» están a años luz del diálogo. Son verdaderos antidiálogos: vengo a opinar, no escucho a los demás más que para encontrar motivos para descalificar sus discursos y, sobre todo, no pienso colaborar, ya que mi objetivo es reforzar entre mis votantes la convicción de que el otro es la encarnación del mal o, por lo menos, de la idiotez. Los *lobbies* tampoco pueden dialogar porque su objetivo no es la verdad sino la defensa de un interés particular. Y, finalmente, los llamados *think tanks** tampoco nos sirven, ya que reflexionan desde presupuestos ideológicos inamovibles. Piensan y buscan la verdad, pero hasta cierto punto, hasta toparse con los dogmas de su ideología o con los intereses de sus mecenas.

Nosotros mismos, los ciudadanos, estamos todavía tan lejos de dialogar con serenidad que creo poco realista exigir a los partidos políticos que dialoguen entre ellos. Quizá podríamos empezar por exigirles que reestablezcan el diálogo dentro de sus propias estructuras y órganos. La sociedad y la democracia necesitan partidos en los que la gente pueda pensar y dialogar. Se deben habilitar estructuras para reunir a expertos y ciudadanos comprometidos con la búsqueda de la verdad. En estos espacios debe haber respeto, libertad y po-

---

* Los *think tanks* son organizaciones que promueven el estudio de las mayores cuestiones de la sociedad (economía, medio ambiente, paz entre los países...). Suelen adoptar la forma de asociaciones sin ánimo de lucro. Deben tener afiliaciones ideológicas (liberal, socialdemócrata, socialista...) y fuentes de financiación que desvelan con mayor o menor transparencia.

sibilidad de equivocarse. Si los partidos privilegian el orden, la disciplina y la sumisión al criterio del jefe en vez de al pensamiento crítico, mal vamos y peor iremos.

En lugar de sacar una conclusión que podrías interpretar como un cierre a la reflexión sobre esta cuestión tan importante, he decidido terminar este capítulo con dos citas para invitarte a prolongar tu reflexión.

> *(...) la democracia no necesita del relativismo para sobrevivir: basta con tomarse en serio la libertad de pensamiento.*
>
> JUAN MESEGUER

> *Often, conversations resemble a gunfight on Main Street: people do not listen, they reload! Instead of creating something new, we polarize and fight.*
>
> WILLIAM ISAACS

¡VEAMOS SI FORMAS PARTE DEL PROBLEMA O DE LA SOLUCIÓN!

Soy consciente de que este capítulo ha sido más largo y quizá más denso que los del resto del libro. Para evitar perder un lector tan cerca del final, te propongo preguntas muy sencillas para poner a prueba y entrenar tu pensamiento:

- ¿Qué te sulfura más: un caso de corrupción del partido al que has votado o uno del partido «enemigo»?
- Compara el tiempo que dedicas a organizar tus viajes o tus vacaciones con el que dedicas a pensar quién se merece tu voto.
- Cuando tu partido se reúne a negociar con otro, ¿te alegras de una posible colaboración o temes una traición o un engaño?

- En un contexto de diálogo, ¿escuchas para entender y aprender del otro, para identificar sus debilidades y poderle atacar o solo estás esperando el momento de retomar la palabra?

He dicho «preguntas sencillas», no que no escocieran...

4.ª PARTE

HABLEMOS DE SOLUCIONES

Hemos analizado juntos cuáles son nuestros problemas con el pensamiento: las raíces del «no pensar» y del «pensar mal». Eres ahora consciente de lo mucho que nos jugamos en esta crisis del pensamiento.

Puedes estar tranquilo, no te voy a dejar solo ante el peligro. No soy de esas personas que se complacen en la crítica y la queja. Si he escrito este libro es para ayudar a resolver el problema, no para lamentarme o buscar culpables.

Para orientarte hacia la acción y la solución, he incluido los ejercicios que has encontrado al final de cada capítulo. Espero que te hayas parado a pensar en las preguntas que te he ido haciendo. No te preocupes si las has sobrevolado o si las has dejado «para después». No se han ido borrando a medida que pasabas las páginas. Siguen allí, a tu disposición. Puedes volver a ellas en cualquier momento y enfrentarte al reto de pensar.

En esta cuarta y penúltima parte del libro quiero insistir en las posibles soluciones. También quiero proponer nuevas perspectivas y acabar de convencerte de que la solución depende de ti, de mí y de todos nosotros. Nada ni nadie nos va a ahorrar el esfuerzo de activar nuestro pensamiento crítico.

Ha llegado la hora de la verdad. Te toca elegir si quieres formar parte del problema o de la solución.

Capítulo 18

No hay ni habrá vacuna

I think the next century will be the century of complexity.
STEPHEN HAWKING

The complexity of things - the things within things - just seems to be endless. I mean nothing is easy, nothing is simple.
ALICE MUNRO

Creo que a estas alturas habrás entendido que el problema del pensamiento es complejo. Tiene múltiples facetas y es ilusorio pretender resolverlo con una única solución mágica. Necesitamos dedicar tiempo y esfuerzos a cuidar de cada una de las facetas de esta crisis del pensamiento. Hemos visto que algunas facetas están relacionadas con nuestro entorno mientras que otras tienen que ver con nosotros mismos. Aquí el error típico consiste en querer echar balones fuera y culpar al entorno para que lo arreglen otros mientras que nosotros seguimos a lo nuestro. Por supuesto, ninguna mejora del contexto puede resolver estos problemas si no va acompañada de una verdadera toma de conciencia por parte del individuo. En este capítulo vamos a examinar ejemplos de posibles soluciones técnicas que afectan al contexto y ver qué tipo de esfuerzos se nos debería exigir a cada uno de nosotros.

Virtudes y limitaciones del *fact checking*

Las iniciativas de verificación de datos, a menudo llamadas *fact checking,* han nacido con la intención de luchar contra la posverdad, las *fakenews* y las mentiras en el debate público. El movimiento se originó en Estados Unidos y en España cuenta con algunas organizaciones de calidad como Maldita o Newtral. Su propósito consiste en desenmascarar bulos y verificar la veracidad de las noticias e informaciones que circulan, contrastándolas con la fría realidad de los datos o con explicaciones que respeten las exigencias del método científico.

El *fact checking* es indudablemente muy útil. Nos permite a todos aclarar en pocos clics una duda surgida a raíz de un sospechoso mensaje recibido a través de WhatsApp o comprobar si los datos que menciona un político en un debate electoral son verdaderos o falsos.

¿Puede ser, entonces, la solución a la crisis del pensamiento? No lo creo y tengo principalmente tres dudas:

1. Existe un problema de asimetría de esfuerzo y de recursos.
   En un día podría perfectamente inventar una docena de contenidos tóxicos: bulos, *fakenews,* entradas pseudocientíficas o artículos de opinión basados en medias verdades. Por el contrario, analizar esta docena de «noticias» y rectificarlas supone un enorme trabajo. Además, cualquiera que no tenga otra cosa que hacer puede dedicarse a escribir mentiras. No hace falta, por ejemplo, ser ingeniero nuclear para escribir tonterías sobre la supuesta contaminación de un río por el

vertido de aguas de una central nuclear. Sin embargo, para verificar este tipo de contenidos, los periodistas que se dedican al *fact checking* necesitan, a menudo, la ayuda de expertos. Estas personas capacitadas para desmontar las mentiras tienen competencias muy valiosas y se dedican a cosas serias. Jamás van a poder reunir el número de horas necesarias para hacer frente al tiempo del que disponen los mentirosos y estafadores que hay por el mundo. El *fact checking* no puede ganar la batalla por falta de soldados.

2. El *fact checking* revela la verdad, pero no puede obligar a nadie a buscarla, leerla o creerla.

   La verificación no neutraliza el sesgo de confirmación. Lo más habitual es que la gente recurra al *fact checking* para desmontar la mentira de sus adversarios; aquellos cuyos discursos van en contra de sus propias creencias. De esta manera, consiguen argumentos para protegerse del discurso tóxico del otro a la vez que nutren su convicción de estar en el lado de «los buenos». Sin embargo, no se les ocurre verificar las cosas extrañas que puedan decir las personas que consideran «de su bando». Hablando claro, el votante del PSOE o de Podemos usa una herramienta de *fact checking* cuando cree que un representante de Vox ha mentido, pero no lo hace para contrastar unas declaraciones de Pedro Sánchez donde defiende la gestión de su gobierno. Y si un día enseñas a un votante de Vox una investigación de *fact checking* que demuestra que un diputado de su partido ha mentido, se cerrará en banda diciendo que son mentiras de periodistas rojos subvencionados por el gobierno.

3. El *fact checking* es una herramienta que corre el riesgo de ser desvirtuada.

   La verificación otorga el poder de certificar qué es verdadero y qué es falso. Esto resulta fácil de hacer en los casos que son «blanco o negro». Si un político dice «nunca he defraudado a Hacienda» y un proceso de verificación encuentra una condena por fraude en una declaración del IRPF, el caso está claro. Si una noticia que circula en las redes sociales afirma que una aplicación permite pagar las multas de tráfico con un ochenta por ciento de descuento, es relativamente sencillo comprobar y demostrar que se trata de una estafa. En casos como estos los verificadores pueden ganarse una credibilidad como árbitros entre la verdad y la mentira. De alguna manera se convierten en jueces de la verdad. El problema surge cuando estos organismos de verificación exceden su función inicial y desarrollan otras actividades como la de producir información periodística. ¿Debemos otorgar la misma autoridad a sus noticias que a sus verificaciones factuales? ¿Qué pasa entonces cuando se ponen a escribir sobre temas complejos en los que no evidencian una verdad puramente factual, pero militan por una causa? Para mí, ahí existe un riesgo de que veamos al árbitro ponerse a jugar el partido.

El *fact checking* es una magnífica herramienta que puede ser de gran ayuda para resolver la crisis de pensamiento a la que nos enfrentamos. Sin embargo, cometeríamos un error si creyéramos que es una solución milagrosa que nos va a eximir de nuestra responsabilidad como ciudadanos. Aunque dispongamos de esta herramienta, tenemos que hacer cada uno el esfuerzo personal de pensar más y mejor.

Responsabilización de las redes sociales

Hemos visto que las redes sociales desempeñan un importante papel en la crisis del pensamiento. Permiten que cada uno encuentre la burbuja de creencias más cómoda en la que refugiarse. Su peculiar mecánica y su modelo de negocio propio de la economía de la atención fomentan la creación de contenidos escandalosos de dudosa veracidad que polarizan cada vez más a la sociedad.

Bajo presión del Congreso de los Estados Unidos, Facebook y Twitter están haciendo esfuerzos para enfrentarse a estos problemas. Obviamente, estos esfuerzos se hacen dentro de los límites de su propio modelo de negocio: captar atención para venderla a anunciantes. Nadie quiere matar a la gallina de los huevos de oro... De momento se han centrado en identificar noticias falsas y obstaculizar su circulación. Los propios usuarios pueden denunciar estas noticias y las redes sociales las someten entonces al examen de empresas de *fact checking* con las que han llegado a acuerdos de colaboración. Cuando una noticia es clasificada por un *fact checker* como falsa, los usuarios de la red social ven aparecer debajo de la misma un mensaje de alerta.

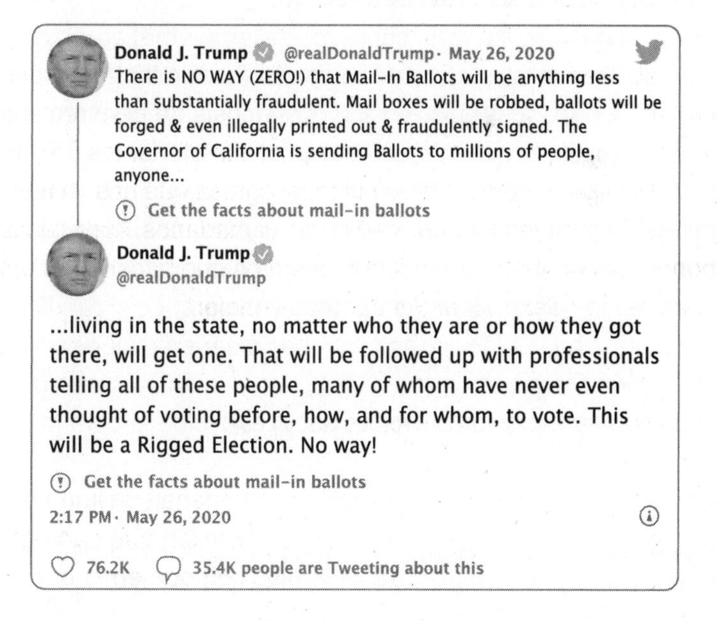

A partir de este momento, el usuario que quiera reenviar a sus contactos esa noticia falsa también recibirá un mensaje específico.

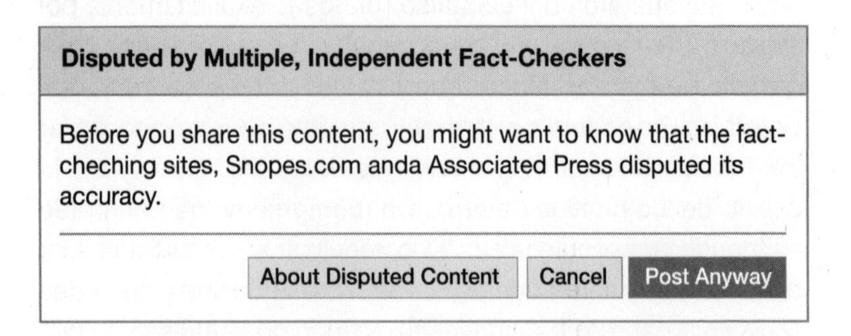

El problema con esta metodología es similar al que acabamos de describir respecto a la actividad de *fact checking*. El sesgo de confirmación es tan potente que a menudo se lleva por delante las advertencias.

El caso quizá más clamoroso y emblemático es el de Donald Trump, que el 16 de septiembre de 2020, en plena campaña para su reelección a la presidencia, decidió reenviar en dos ocasiones desde su cuenta oficial un tuit que Twitter había marcado como «contenido manipulado».* Se trataba de un mensaje publicado unos días antes por una cuenta humorística con un vídeo manipulado. Estos humoristas se habían fijado en un discurso de Joe Biden (en esa época, candidato demócrata a las elecciones presidenciales) en el que sonaba la canción *Despacito* en su móvil y hacía un comentario positivo sobre la misma para conseguir el apoyo de la comunidad

* https://twitter.com/realDonaldTrump/status/1306219979566710784 https://twitter.com/realDonaldTrump/status/1306084770300997632

latina. Para gastar su broma, los humoristas decidieron sustituir la melodía de *Despacito* por una canción de rap en la que se insulta a la policía. En su versión retocada, el vídeo daba a entender que a Biden le gustaba esa canción antipolicía. Aun sabiendo que era un vídeo falso (marcado explícitamente por Twitter), Trump lo reenvió a sus decenas de millones de seguidores para dar a entender que era una prueba del poco respeto que Biden tenía al orden y a la seguridad. Para hacer frente a la situación, Twitter tuvo que dar un paso más y borrar el tuit de la cuenta satírica que había reenviado Trump para evitar que sus seguidores pudieran seguir viéndolo. Se desconoce el número de seguidores de Trump que vieron el vídeo falso antes de que fuera borrado por la propia red social, pero se sabe que, en total, los dos tuits en los que Trump reenvió el vídeo manipulado recibieron un total de doscientos cincuenta mil *likes*.

Podemos alertar a los usuarios de las redes sociales de que circulan noticias falsas, sin embargo, como dice el refrán: «No hay peor ciego que el que no quiere ver».

Otras medidas adoptadas por las redes sociales en los últimos años son el cierre de cuentas fraudulentas o que interfieren en elecciones desde países extranjeros o la retirada de contenidos que puedan poner en peligro la integridad física de los usuarios (por ejemplo, con instrucciones fantasiosas o, incluso, tóxicas para protegerse de la COVID-19). Estas medidas, aunque suponen un primer paso, están todavía muy lejos de conseguir transformar las redes sociales en un contexto favorable al ejercicio del pensamiento crítico.

Ojalá veamos un día que los algoritmos de Twitter y Facebook recomiendan a sus usuarios publicaciones que ayudan a pinchar las burbujas de creencias en las que se han encerrado (a veces de manera inconsciente). Pero no nos autoengañemos. De momento, esto parece un brindis al sol. No olvidemos que sus algoritmos están diseñados para generar adicción y maximizar el tiempo que los usuarios pasan en las plataformas y así poder vender más segundos de atención a los anunciantes. Alterar estos algoritmos para que favorezcan el pensamiento significa automáticamente reducir su potencial adictivo.

Calidad de la prensa

La competencia con las redes sociales y los periódicos digitales gratuitos ha sometido al sector de la prensa a una gran presión. Por un lado, todos los grandes periódicos han visto cómo a lo largo de las dos últimas décadas descendían considerablemente las ventas de sus ediciones en papel. Por otro lado, no han conseguido compensar la disminución de las ganancias con su modelo de pago para la edición digital o con equivalentes ingresos publicitarios.

La prensa tiene menos recursos y sufre el impacto de las redes sociales, cuyos algoritmos nutren al usuario con lo que le gusta, aunque sea de mala calidad. En este contexto es imposible pedir a la prensa que financie reportajes de investigación, pague a periodistas especializados para cubrir temas muy técnicos de manera independiente o evite adoptar una estrategia editorial basada en un discurso de «buenos contra malos» que polarice cada vez más al electorado.

No existen muchas soluciones técnicas en este ámbito. La que me parece más interesante es la estrategia de alianza para la investigación que promueve una institución como el ICIJ (Consorcio Internacional de Periodistas de Investigación), que reúne a periodistas del mundo entero para que lleven a cabo grandes investigaciones y compartan sus resultados en los medios para los que trabajan. De momento, sus mayores realizaciones tienen que ver con el análisis de las grandes bases de datos. Hablo, por ejemplo, del caso de fraude fiscal conocido como «Papeles de Panamá» o del más reciente de los *FinCen Files,* que desvela la participación de un gran número de bancos en actividades de blanqueo de dinero proveniente de actividades criminales.

La unión hace la fuerza y si, como hemos visto, pensar bien supone pensar juntos, quizá sea una buena idea que el periodismo de investigación orientado por naturaleza a la búsqueda de la verdad pueda ser el fruto de una puesta en común de recursos económicos que hoy escasean. Podemos hasta imaginar que esta labor de investigación pueda estar financiada por campañas de micromecenazgo específicas. No sé tú, pero yo estaría dispuesto a pagar diez euros para que un grupo de periodistas provenientes de los mayores periódicos españoles y a veces extranjeros nos pudieran aclarar algo sobre el rescate a los bancos y cajas de ahorro a raíz de la crisis financiera de 2008. ¿Quién recibió qué? ¿Quién ha restituido qué? ¿Qué directivos culpables de negligencias fueron condenados por los tribunales? ¿Quién fue a la cárcel y quién no? ¿Se puede establecer una relación entre la mala gestión de las cajas de ahorros y la fuerte politización de sus consejos de administración?...

Como ves, la prensa podría desempeñar un papel muy relevante en la batalla por la recuperación del pensamiento crítico. Sin embargo, debemos asumir que estos esfuerzos tendrían un coste. En consecuencia, deberíamos estar dispuestos a pagar por un periodismo de calidad que nos ayude a pensar mejor.

A lo largo del libro he intentado analizar los múltiples factores que obstaculizan el pensamiento. Aunque la irrupción de las nuevas tecnologías en nuestras vidas los haya podido agravar, están enraizados en nosotros como personas. Puede ser que el contexto no ayude, pero somos los máximos responsables. Hemos perdido el equilibrio entre razón y sentimientos. Hemos capitulado frente a nuestros sesgos. Nos hemos vuelto muy vagos y huimos del esfuerzo que supone aprender y pensar. Nos refugiamos en burbujas para no tener que lidiar con la complejidad. Preferimos las medias verdades y las mentiras a los incómodos matices. Nos dejamos engañar por los eufemismos de la propaganda. Nos dejamos hipnotizar por la publicidad del todopoderoso consumismo.

¿Qué se puede hacer para despertar a las personas de su letargo cognitivo y ayudarlas a esquivar mejor las trampas en el camino hacia el pensamiento crítico? La respuesta más común a esta pregunta crucial es: «educar».

Aunque el contexto de esta primera mitad del siglo XXI tiene sus peculiaridades y una rapidez de evolución que nos descoloca, hay que reconocer que estos problemas de pensamiento no son nuevos. Desde los filósofos griegos hasta Jacques Ellul o Hannah Arendt en el siglo XX, pasando por Francis Bacon en el XVI, Blaise Pascal en el XVII, Immanuel Kant en el XVIII o John Henry Newman en el XIX, muchas mentes brillantes se han desesperado al ver con qué facilidad el ser humano se olvidaba de pensar y de hacer honor a su mismísima esencia humana. Somos distintos de los demás seres vivos precisamente porque somos capaces de pensar. ¡Qué vergüenza nos debería dar renunciar a nuestra esencia!

Todas esas mentes brillantes tenían sus esperanzas puestas en la educación. Todos confiaban en que, algún día, con una generalización de la enseñanza y un libre acceso al conocimiento, lograríamos por fin pensar más y mejor. Uno de los mayores esfuerzos recientes en este campo de la educación al pensamiento crítico lo encontramos en Estados Unidos, donde en 1990 se publicó un extenso estudio llevado a cabo por un grupo de cerca de cincuenta expertos (filósofos, pedagogos, expertos en ciencia del comportamiento, etcétera). El Informe Delphi, como se le conoce, dio recomendaciones muy precisas acerca de las materias que se deberían enseñar y de las metodologías pedagógicas que tendrían que emplearse. ¿Cómo es posible entonces que treinta años más tarde la situación no solo no haya mejorado, sino que haya empeorado, cuando en occidente podemos acceder de forma universal a la enseñanza (escuela gratuita y obligatoria) y al conocimiento (internet)?

¿Tienes alguna idea? Creo haber identificado unas cuantas posibles explicaciones a este aparente fracaso del sistema educativo en mi defensa y promoción del pensamiento crítico.

En primer lugar, diría que el saber se suele confundir con el saber hacer. Todos tenemos cierta tendencia a confundir el conocimiento teórico con la capacidad práctica. Si te pregunto qué deberías hacer para aprender a vender, lo más probable es que me contestes «apuntarme a un curso» o «leer un par de libros de ventas». Y si te pido que me demuestres este nuevo conocimiento, entonces lo más probable es que abandones la opción de los libros y elijas el curso, simplemente porque un examen final te permite conseguir un diploma que certifica la adquisición del conocimiento.

Este virus de la titulitis nos tiene a todos infectados. Consideramos que la gente sabe lo que certifican sus diplomas, nada más y nada menos. El problema es que en el mundo del conocimiento existen dos submundos.

Por un lado, está la formación profesional (FP), tan menospreciada desde que se impuso la idea de que no ir a la universidad significa ser un ciudadano de medio pelo. En la formación profesional hay clases teóricas y exámenes, pero sobre todo hay ejercicios y evaluación de un saber hacer. El que consigue un diploma de FP de peluquería sabe cortar el pelo. Puede que no sea el Da Vinci de la permanente, pero sabe cortar el pelo, sí o sí.

Por otro lado, tenemos el mundo académico (no digo universitario porque el propio colegio funciona también según este modelo) principalmente especializado en la enseñanza de materias teóricas, de saberes. Gracias a Dios, en algunas disciplinas también se controla la adquisición del saber hacer y, en principio, un cirujano sabe operar. Sin embargo, en muchos casos no se imparte ninguna formación práctica. Un licenciado en Derecho no es un abogado, un licenciado en ADE (Administración y Dirección de Empresas) no es ni un empresario ni un emprendedor, etcétera.

De estos dos modelos, el que mayor prestigio tiene es el segundo. Así, a la hora de imaginar la educación en una materia tan noble e intelectual como el pensamiento crítico, existe un prejuicio favorable que nos lleva a plantear clases teóricas sancionadas por exámenes más que ejercicios prácticos evaluados en función de los resultados.

Aparte de esta confusión entre saber y saber hacer, hemos de reconocer una cierta ineficacia de la educación en el ámbito del pensamiento crítico. Existen estudios hechos en Francia* que apuntan a que las personas que han cursado estudios universitarios no tienen más espíritu crítico que el resto.

---

* Gérald Bronner, *La démocratie des crédules*, PUF, París, p. 281, citando varios estudios.

Se puede apreciar incluso que, a menudo, la educación es contraproducente y que a mayor nivel educativo menor espíritu crítico y, por ejemplo, mayor disposición a creerse teorías conspiratorias o a adherirse a sectas con creencias extravagantes. Al parecer, los únicos que se salvan son los universitarios que estudian carreras científicas. Ellos sí que suelen desarrollar un mayor espíritu crítico en su paso por la universidad.

El problema viene de haber centrado todos nuestros esfuerzos en enseñar a los estudiantes a dudar y a criticar. «Nuestros sistemas educativos y una cierta ideología relativista nos han preparado mejor para desmontar el conocimiento que para desarrollarlo».* Si te animo a que con diecisiete años y unos conocimientos muy básicos en economía e historia debatas con tus compañeros de clase acerca del capitalismo o del marxismo, es probable que, aunque lo que intente sea estimular tu pensamiento crítico, en realidad lo que logre sea crear en ti la tendencia a opinar sin fundamentos sólidos, a caer en simplificaciones y a sobrevalorar tu verdadero nivel de conocimiento. Sin querer, es posible que al haber intentado formar a jóvenes críticos hayamos formado a jóvenes arrogantes que llegan a poner fácilmente en duda los conocimientos de los expertos y hasta conocimientos científicos muy sólidos.

El tercer motivo que creo que puede contribuir a explicar el limitado impacto que la educación ha tenido sobre el desarrollo del espíritu crítico es la creencia popular que confunde la obtención del diploma universitario con el final de la etapa de aprendizaje: creer que salir de la universidad significa poder por fin dejar de aprender y pensar. El recién graduado piensa: «Soy universitario, sé más que la mayoría de la gente y puedo ir por la vida opinando sobre todo tipo de asuntos sin estudiarlos».

---

* Gérald Bronner, *La démocratie des crédules*, PUF, París, p. 303.

¡No! Esto es completamente absurdo. Como nos advierte Tom Nichols: «La educación debería tener la ambición de transformar a las personas en aprendedores para el resto de su vida, sin importar su nivel de inteligencia o su grado de formación. En lugar de esto, vivimos en una sociedad en la que el aprendizaje se ve como un punto final de la educación en lugar de un punto de partida. Y esto es peligroso».*

Por último, como subraya el informe Delphi,** la formación en pensamiento crítico es clave, pero no sirve de mucho si no va acompañada de conocimientos técnicos. Sales de la universidad con un corpus de conocimientos centrados en una temática bien definida (medicina, economía, derecho, psicología...) y quizá con unas bases de pensamiento crítico. Si a lo largo de tu vida quieres asumir plenamente tu papel como ciudadano y pensar en profundidad sobre asuntos que no encajan con tu formación universitaria, debes asumir que te tienes que formar en estos nuevos campos de conocimiento. Para opinar sobre política monetaria, debes saber de economía, y si quieres reflexionar sobre las reivindicaciones independentistas de algunos partidos catalanes, debes tener conocimientos de derecho constitucional. El pensamiento crítico no da acceso a un saber universal o a una especie de omnisciencia.

Estos cuatro argumentos son los que me llevan a pensar que la crisis del pensamiento crítico no se podrá resolver creando una asignatura y un examen más. Pero, entonces ¿qué podemos hacer?

* Tom Nichols, *The Death of Expertise*, p. 14.

** Peter Facione, *Critical Thinking: A Statement of Expert Consesus for Purposes of Educational Assessment and Instruction*, Executive Summary, Insight Assessment, 1990, p. 6.

El pensamiento crítico es una habilidad, un saber hacer que para resultar útil necesita ser practicado a lo largo de toda la vida.

No se trata de conseguir un diploma o un certificado. Para lograr pensar más y mejor tenemos que adquirir unos cuantos conocimientos, entrenar habilidades y cultivar una actitud. Si un día te das cuenta o te hacen ver que tienes un problema físico, tendrás dos opciones: reaccionar o resignarte. Si eliges reaccionar, puedes optar por cuidar mejor tu alimentación o decidir retomar el deporte. Pides cita con un nutricionista que te diseña una dieta. Te apuntas a un gimnasio y un profesional te recomienda una serie de ejercicios. Para lograr tu objetivo y ponerte en forma tienes que respetar la dieta e ir al gimnasio. Y si dejas dieta y gimnasio el día que alcances tu objetivo, lo más probable es que en un año te encuentres otra vez con problemas de sobrepeso o de tensión arterial alta.

Asimismo, con el pensamiento crítico se nos plantea una situación parecida. Nadie se pone manos a la obra hasta que tiene conciencia del problema. Una vez que somos conscientes de la necesidad de desarrollar este pensamiento crítico, disponemos de opciones. Si estás leyendo este libro, significa que por lo menos has dado este segundo paso. Sin embargo, no es suficiente. Tienes que ejercitar el pensamiento. Si has dedicado tiempo a los ejercicios al final de cada capítulo, ¡enhorabuena! Ya has avanzado un poco más en el camino. Es como si llevaras una semana de dieta o una semana yendo al gimnasio. Hay mejoría a la vista, pero no te engañes, esto no acaba aquí.

Tienes que adquirir verdaderos hábitos de pensamiento que te acompañen a lo largo de toda la vida. Por supuesto que no estás condenado a vivir en el gimnasio. Vas a elegir los momentos en los que puedes funcionar en piloto automático, los momentos en los que vas a delegar tu pensamiento y confiar en otros, y los momentos en los que vas a tomar tú la responsabilidad de pensar. Puedes leer libros, apuntarte a cursos, contar con la ayuda de herramientas de *fact checking,* de herramientas de inteligencia artificial o de leyes que pongan freno a las peores prácticas de desinformación. Lo cierto es que jamás podrás ahorrarte el esfuerzo de pensar.

He escrito este libro para ayudarte a tomar conciencia del reto y de lo que está en juego, para explicarte los conceptos básicos que te ayudan a pensar más y mejor, para que empieces a practicar sin esperar un segundo más, y también para convencerte de que esto no para nunca.

Vamos a ver en los dos próximos capítulos los aspectos que todos deberíamos trabajar para lograr este ambicioso objetivo de convertirnos en pensadores críticos.

Capítulo 19

Habilidades

Caminante, no hay camino, se hace camino al andar.
ANTONIO MACHADO

El informe Delphi sobre la educación del pensamiento crítico define dieciséis habilidades necesarias para poder convertirse en un pensador crítico y las agrupa en seis categorías que tienen que ver con la interpretación, el análisis y la evaluación de la información, la capacidad de deducir y sacar conclusiones, y la de explicarse y conocerse a uno mismo. Si he decidido ir por mi propio camino y no seguir al pie de la letra la estructura del informe Delphi, es porque concibo este libro como un primer acercamiento al pensamiento crítico y quiero evitar a toda costa que lo percibas como algo demasiado complicado. Es complejo, pero esta complejidad no puede ser una excusa para darse por vencido y elegir el *statu quo*. Más allá de todo lo que he comentado hasta aquí y de las múltiples habilidades que has empezado a trabajar a través de los ejercicios que cierran cada capítulo, en este apartado voy a centrarme en cuatro habilidades.

Que no te proponga trabajar más de cuatro habilidades, cuando los especialistas han identificado dieciséis, es también una manera de mandarte un mensaje: esto no es un todo o nada. Se trata de mejorar poco a poco nuestra capacidad de pensar y de aprender a dedicar más tiempo a esta valiosa y beneficiosa actividad. Todos los progresos, por muy pequeños que sean, son muy útiles. Aunque inicialmente decidieses trabajar solo una de estas habilidades, ya irías por buen camino.

1.ª Habilidad - Conocerse a sí mismo

Sé que no es la primera vez que te digo esto, pero no importa porque es clave: debes empezar por aplicarte el pensamiento crítico a ti mismo. Nuestro primer objetivo debe ser ocuparnos de la paja que tenemos en nuestro propio ojo. Esta paja se llama sesgo cognitivo, emotividad, prejuicios, pereza, distracción, impulsividad... Al leer este libro y realizar los ejercicios, habrás descubierto de qué pie cojeas. Estoy seguro de que ya has podido ajustar tus retrovisores para cubrir un poco mejor los ángulos muertos de tu mente.

No voy a volver a tratar todo lo que ya hemos visto en capítulos anteriores. Este libro es como una guía de viaje y no tiene vocación de ser leído una vez, sino de ser consultado con regularidad en incesantes idas y venidas. Prefiero aprovechar estas últimas páginas para atraer tu atención sobre dos cosas que pueden obstaculizar todos tus esfuerzos e incluso echarlos a perder si no las tienes bien controladas.

La primera tiene que ver con tu escala de prioridades. Todos tenemos las mismas limitaciones y la más evidente y universal es la de las veinticuatro horas del día. No podemos hacerlo todo. Ni tú ni yo ni nadie puede llegar a todo. Marcar unos objetivos significa renunciar a otros muchos. Hemos visto cómo la capacidad para fijar la atención y pensar influye directamente sobre la capacidad para lograr nuestros objetivos de vida. Además de tener estos objetivos bien identificados, es conveniente que hagamos del «pensar más y mejor» un objetivo de vida en sí. Y esto significa dejar de hacer cosas menos importantes. La tarea «pensar» debería aparecer lo antes posible en nuestras listas de tareas. Reservas tiempo en tu agenda semanal para hacer deporte, para ver a tus padres, para visitar un partido de fútbol o una serie, etcétera. Por muy extraño que te parezca, tiene todo el sentido del mundo que reserves momentos para pensar. Sabes ahora mejor que nunca que es una actividad muy importante que merece que le dediques tiempo y atención.

La segunda cosa sobre la cual quiero insistir es la capacidad para controlar la atención. No existe ninguna conspiración mundial para robarte tu atención, pero sí que existe una convergencia de intereses, principalmente económicos, que la ponen en grave peligro. Esta economía de la distracción te hace perder desde el tiempo hasta tu propio norte. Debes tomarte este asunto muy en serio y empezar a medir las horas que dedicas, de forma voluntaria o no, a los gigantescos ladrones de atención que son Facebook, Instagram, WhatsApp, Tik Tok, Twitter, YouTube, Pinterest, Netflix y similares.

En este campo existen miles de herramientas, técnicas y libros que te pueden ayudar. No caigas en la trampa de buscar la mejor opción. Prueba distintas cosas y quédate con la que a ti te funciona. En este ámbito también, la búsqueda de la perfección suele ser contraproducente y puede llevarnos a tirar la toalla. Lo importante es progresar y empezar a dar pasitos lo antes posible.

No sé cuál va a ser tu diagnóstico particular, cuáles son tus principales fugas de atención. Lo que sí sé es que existe una manera muy sencilla de reconquistar tu atención: leer libros. ¿Por qué no te obligas, por ejemplo, a leer un libro antes de arrancar una nueva serie?

Si tu nivel de distracción es muy alto, valdría cualquier libro. El propio ritmo lento de la lectura te ayudará a reforzar tu atención y romper con la hiperactividad de las redes sociales.

Si tu caso no es tan grave, te animo a que escojas libros que inciten a pensar. Tienes, por una parte, los libros de la categoría «no ficción» (ensayos, biografías, política...) y, por otra, los clásicos de la literatura. Estos clásicos suelen abordar grandes cuestiones de la vida que resuenan en los lectores de cualquier sitio y de cualquier época. La otra ventaja de estos libros clásicos es que contribuyen a ensanchar nuestra base cultural común.

2.ª Habilidad - Conocer y reconocer las trampas

Propaganda, sensacionalismo, falsificaciones, falacias, *bullshit*, burbujas de creencias compartidas, relativismo, consumismo... No son pocos los obstáculos en el camino de las personas comprometidas con el pensamiento crítico. Tienes en este libro mucha información para ayudarte a identificar, detectar y sortear estos obstáculos. Es posible, incluso, que hayas empezado a entrenar estas habilidades con los ejercicios que te he propuesto.

Quiero aprovechar esta parte final, en la que recapitulamos algunos aprendizajes esenciales, para insistir una vez más en una cosa: el pensamiento crítico se entrena.

He escrito este libro con la intención de abrirte una puerta al pensamiento crítico. No pretendo en absoluto agotar los temas tratados. Hay libros que profundizan en cada uno de estos temas: algunos estudian decenas de sesgos cognitivos, otros analizan cientos de tipos de falacias, otros dedican miles de páginas a un único concepto como el *bullshit*, etcétera.

Por supuesto que sería para mí un inmenso orgullo ver que he despertado tu interés y que te has puesto a leer otros libros para aprender más acerca del pensamiento crítico. Sin embargo, no olvides que el pensamiento crítico funciona como la cocina: el mejor cocinero no es el que más libros de cocina ha comprado. Tampoco es el que más libros de cocina ha leído. El mejor cocinero es el que más tiempo ha pasado detrás de sus fogones peleándose con las recetas de los grandes chefs.

Son la práctica y el entrenamiento los que van a marcar la diferencia a la hora de desarrollar tu pensamiento crítico.

Es mejor conocer cuatro sesgos cognitivos y adquirir la costumbre de analizar tu propio pensamiento para mantenerlos bajo control que conocer ocho que solo reconozcas en los demás.

Creo que los trucos para entrenar bien el pensamiento son los mismos que para el entrenamiento físico. Te recomiendo variar los ejercicios, tener a mano un experto (o libros) para no hacerte daño con posturas equivocadas y, sobre todo, buscar compañeros para que os motivéis los unos a los otros. No olvides que el pensamiento crítico consiste también en reaprender a pensar juntos. Es importante que progreses por tu cuenta, pero es igual de importante que te atrevas a hacer del pensamiento crítico una actividad que compartas con tu familia, tus amigos y tus compañeros de trabajo.

Hablando de «pensar juntos», recuerdo que una de las cosas que más me marcaron de la autobiografía de Benjamin Franklin* fue Junto, un club de amigos sabios que creó y que reunía para debatir las cuestiones que proponían sus miembros. Si alguien tan brillante como Franklin sintió la necesidad

---

* ¡No sabes lo mucho que te puede enseñar este genio del siglo XVIII!

de rodearse de otros para pensar mejor, ¿no lo vamos a necesitar tú y yo?

3.ª Habilidad - Aprender a crear sistemas

Comprometerse a pensar más y mejor es un acto personal inspirado por un sentido de la responsabilidad individual. Eso no quita que la complejidad del mundo, así como la continua inflación de la información a las que te tienes que enfrentar, te obliguen a aprender a trabajar en equipo. Si observamos la evolución del mundo y las tendencias de futuro, podemos anticipar más descubrimientos científicos y una mayor interconexión de las sociedades y de sus economías, así como de los diversos campos del conocimiento. Por mucho que aprendas, te va a resultar cada vez más difícil entender los problemas complejos a los que te debes enfrentar.

¿De qué te tienes que enterar? Cada día se publican millones de mensajes en las redes sociales, cientos de miles de artículos, miles de libros y, literalmente, siglos de vídeos. ¿Cómo filtrar todo esto para quedarte con lo bueno y lo útil para ti?

Hemos visto que los algoritmos que usan los proveedores de contenidos no están precisamente pensados para darte acceso a lo más inteligente, sino a lo que va a maximizar tu tiempo de permanencia en su plataforma. Estos filtros son gratuitos porque sus ingresos provienen de la atención que te roban y venden a sus anunciantes. No puedes delegar en estos algoritmos la tarea de filtrar porque sus objetivos y sus prioridades no están en absoluto con los tuyos. A ellos les da igual la verdad. Lo que les importa es activar tus emociones y que pienses lo menos posible.

Es nuestra responsabilidad decidir en quién delegamos esta función de filtrar. Este debería ser el trabajo de un periódico o de una revista semanal, siempre y cuando su modelo económico esté construido alrededor de la curiosidad intelectual de sus abonados y no de la estrategia de venta de sus anunciantes. Es inevitable: o pagamos por el filtro o seguiremos siendo rehenes de los filtros gratuitos de un sistema mediático posrevolución digital que ve a sus usuarios como una especie de vacas lecheras.

Piensa bien qué filtros tienes que comprar para ayudarte a lograr tus objetivos de conocimiento, de entendimiento del mundo y, después, tus objetivos vitales.

Tu sistema necesita de confianza. Debes confiar en la profesionalidad y en la integridad de los especialistas de las múltiples materias que no puedes examinar personalmente, ya sea por falta de tiempo o de conocimientos. Es mi caso, por ejemplo, con los temas científicos. No soy ni epidemiólogo, ni virólogo, ni climatólogo... Si me quiero hacer una idea de las consecuencias del cambio climático, necesito confiar en otros. Lo que tengo muy claro, por ejemplo, es que no voy a confiar en un todólogo. A la persona a la que sigo en Twitter porque la considero una referencia en temas de emprendimiento en el mundo digital, no le voy a prestar atención cuando, de repente, me hable de calentamiento global.

Insisto: ojo con la gente a la que decides prestar atención por un motivo y que acaba abusando de tu atención. ¿Te imaginas a un conductor de metro que se aprovechase de tener al público encerrado a su merced para usar su micrófono como le diese la gana y hablarles, por ejemplo, de política? Seguro que a todo el mundo le parecería escandaloso. Pues, sin embargo, es lo que la gente tolera sin rechistar a diario en las redes sociales o por adoctrinamiento político. No cometas este error y dedica tiempo a configurar bien tu sistema de información. Elige con cuidado tus fuentes: periódicos, revistas, libros, *newsletters*, blogs, pódcast... En cada uno de estos formatos encontrarás fuentes de altísima calidad.

Y, por supuesto, asume este requisito de confianza también cuando seas tú el emisor de la información. Es muy probable que formes parte del sistema de otros. Así que, por favor, piénsatelo dos veces en lugar de una antes de emitir tus propios mensajes o de reenviar contenidos. Si tienes una duda, aprovecha los valiosos recursos que los *fact checkers* ponen a tu disposición.

Para finalizar, te animo a que reserves un espacio en tu sistema para un par de pesados. Me refiero a las figuras de «mejores enemigos» de las que ya hemos hablado. Esas personas que te llevan la contraria desde el pensamiento y no desde la ideología son fundamentales. Tienen argumentos originales que te rompen los esquemas y que te obligan a pensar, a salir del modo «piloto automático». Yo, por ejemplo, sé que tengo tendencia a sobrevalorar el poder de la reglamentación a la hora de solucionar problemas. Debe de ser una secuela de mi pasado como estudiante de derecho y abogado. Con el paso del tiempo he identificado a unos cuantos amigos que muchas veces me cogen a contrapié y me obligan a pensar mejor, planteando argumentos muy liberales. Iluminan los problemas con unas linternas que yo no tengo y me hacen un favor inmenso con sus matices. Bueno, no te escondo que a veces mi primera reacción es sentir que me tocan las narices. Pero es tan saludable que concluiría con este consejo: incluye en tu sistema a pesados con argumentos de peso.

4.ª Habilidad - Pensar por escrito

Si te digo «pensador», ¿qué imagen te viene a la cabeza? ¿Y si te digo «pensamiento»?

A todos nos cuesta materializar la actividad de pensar. De primeras, nos bloqueamos porque la consideramos una actividad puramente cerebral y, en consecuencia, muy abstracta. A más de uno le habrá venido a la cabeza la imagen de la estatua de *El pensador* de Rodin, sentado con la cabeza apoyada sobre el puño. Si eres una persona muy concreta y práctica, puede que hayas visualizado un cerebro. Si, por el contrario, tienes una fibra más artística, es posible que te hayas figurado a un poeta perdido en sus sueños, mirando por la ventana.

Solemos considerar que el producto del pensamiento es una idea, un «eureka», algo absolutamente inmaterial. Creo que este imaginario nuestro contribuye a reforzar nuestra tendencia a confundir lo que pensamos y lo que somos. Si tus pensamientos están en tu cabeza, parecen indisociables de ti, ¿no crees? Por lo tanto, si alguien los cuestiona, te cuestiona.

Pienso que deberíamos romper con este imaginario. Ya he defendido la necesidad de nutrir el pensamiento con los pensamientos de otros a través de la lectura. El pensamiento no nace de la nada, siempre se apoya en algo. Ahora me gustaría insistir en la importancia de materializar los pensamientos.

Estoy convencido de que todos saldríamos ganando si nos acostumbrásemos a escribir más. Ya sea con un lápiz y un papel o con un teclado, escribir permite tomar distancia con nuestros pensamientos. Poner un pensamiento por escrito ayuda a analizar sus fundamentos y a criticarlos. Es mucho más fácil que detectes errores, falacias, sesgos... cuando te lees que cuando le das vueltas a tu cabeza. Leerte también te permite identificar los pasos que te has saltado por ir deprisa en el razonamiento y que impedirán a los demás entenderte. Hablando de los demás, el formato escrito facilita la difusión del pensamiento para que otros puedan cuestionar, completar o matizar tus reflexiones. Personalmente, creo que, en muchos casos, un texto escrito ofrece una mejor base para el diálogo que una conversación. En efecto, en una conversación hay prisas, interrupciones y, a veces, cuesta articular bien un razonamiento. Por escrito, sin embargo, es más fácil asegurarse de que el pensamiento llega bien al receptor.

Da igual el formato que elijas. Puedes escribir para ti, en una libreta o en tu ordenador. También puedes hacerlo de manera pública en un blog para exponerte con valentía a la crítica y sembrar las semillas de un diálogo con tus lectores. Lo importante es que dispongas de algún soporte cómodo para pensar, borrar, tachar, pensar mejor, conectar ideas, hacerte preguntas, volver a leerte meses más tarde y quedar sorprendido por lo bien que soporta el tiempo esa idea y lo caducada o desmentida que ha quedado esta otra.

Capítulo 20

Actitud

Dudar de todo o creer todo son dos soluciones de igual comodidad. La una y la otra nos evitan pensar.

HENRI POINCARÉ

La inteligencia no es lo que sabemos; es lo que hacemos cuando no sabemos.

JEAN PIAGET

El granjero puede llevar su caballo al río. Podría incluso desviar el río para que pase al lado del prado en el que pasta el caballo. Lo que no va a poder hacer nunca es obligar al caballo a beber si no tiene sed. Con el pensamiento crítico sucede lo mismo. Te podemos explicar cuáles son las trampas y enseñarte técnicas para evitarlas. Sin embargo, si tú no quieres usarlas, no tendremos más remedio que verte caer en las trampas.

Al principio de este libro mencioné la «voluntad de pensar» como una de las tres condiciones para poder pensar. Esta intención depende de la actitud.

Sin una actitud favorable no hay terreno fértil para que el pensamiento crítico arraigue y dé frutos. ¿Tienes esta actitud? Yo creo que sí. Que me hayas aguantado durante varias horas para llegar hasta este punto del libro es, sin duda, señal de buena predisposición.

Vamos a repasar las cinco virtudes que conforman esta actitud: la humildad, la paciencia, la curiosidad, la prudencia y, aunque te pueda parecer un tanto contradictorio, la valentía. Sobre todo, que no te asuste el nivel de exigencia; nadie pretende que te conviertas en un superhéroe. Recuerda que no es un todo o nada. Lo que se te pide es predisposición y ganas de progresar, no perfección o infalibilidad.

La *humildad* de descubrir con otros

El pensamiento crítico parte de una aspiración a la verdad. Por definición, esta verdad preexiste. No la fabricas, no la inventas; la descubres. El pensador se pone al servicio de la verdad para sacarla a la luz y que todo el mundo la pueda ver. Por lo tanto, no hay una competición entre unos pensadores que se podrían apropiar de la verdad como un tesoro o un invento patentable. No hay mucho lugar para el ego, ninguna verdad está llamada a llevar el nombre de un pensador. Los pensadores nunca serán tan famosos o brillantes como la verdad que han descubierto.

Teniendo en cuenta que la verdad y el conocimiento se descubren y no se fabrican, cuando pensamos, asumimos que tarde o temprano la verdad nos va a medir. La verdad nos dará la razón o nos obligará a enfrentarnos a nuestros errores y limitaciones. En consecuencia, pensar requiere la humildad de asumir la posibilidad de equivocarse. Por el contrario, el relativismo es el terreno de juego de los soberbios y orgullosos que no soportan la idea de tener que reconocer un día que se habían equivocado.

Necesitas ser humilde para juzgar con ojo crítico tu propio pensamiento y asumir tu imperfección.

No debes confundir el pensamiento crítico con la crítica que tantas veces nos gusta ejercer contra los demás. De ser crítica, el pensamiento crítico sería antes que nada autocrítica. Los primeros frutos que podemos recoger de nuestro pensamiento son nuestras autocorrecciones. La primera persona a la que tenemos que vigilar y de la que tenemos que sospechar es de nosotros mismos.

Aprender a pensar con criterio supone reconocer con humildad que emprendes un viaje sin fin. No puedes pretender alcanzar la perfección. Los sesgos no se pueden eliminar. Nunca vas a tener la energía o el tiempo para examinar todas tus creencias, todas tus opiniones, todas tus decisiones y racionalizar todo al cien por cien. Esta perfección imposible no puede, sin embargo, ser la excusa para no retarte en este ámbito. Todos tenemos la responsabilidad de pensar más y mejor.

Solo necesitamos asumir con humildad que no podemos con todo.

Vivimos en un mundo muy complejo en el que el éxito pasa siempre por una gran especialización. Si quieres ser un gran dentista, no puedes ser a la vez un gran abogado. Si quieres montar una empresa y encargarte del diseño de producto, no podrás ser a la vez la directora financiera. Toca asumir nuestras limitaciones con humildad y apostar por la colaboración con otros especialistas que nos complementen y nos corrijan.

Para enfrentarnos a esta complejidad y descubrir nuevos conocimientos, tampoco tiene ningún sentido pretender descubrir todo desde cero. Debemos desarrollar esta colaboración a lo largo del tiempo. Me gusta mucho la fórmula de Michael Oakeshott: «Somos herederos de una conversación que lleva muchos siglos en marcha».* Antes de pretender descubrir, hace falta estudiar con humildad esta conversación en curso. Debemos tener la modestia de subirnos a los hombros de los gigantes que descubrieron conocimientos antes que nosotros. Del mismo modo, debemos asumir que otros vendrán dentro de unos meses o años para mejorar nuestros descubrimientos. No podemos pretender que el partido se acabe con nosotros. Esto implica formar a otros, más jóvenes, para que sigan descubriendo nuevos elementos de la verdad.

La *paciencia* de escuchar y suspender el juicio

Como pensadores críticos debemos adoptar una actitud paciente y romper con el ritmo frenético del contexto digital en el que pasamos una parte cada vez mayor de nuestro tiempo. La cultura de internet y de las redes sociales privilegia la emoción y la inmediatez en detrimento del pensamiento. Para pensar mejor debemos asumir que necesitamos aprender a cambiar de ritmo.

La paciencia del pensador crítico se manifiesta, entre otras cosas, por su capacidad de escucha. Lo describe muy bien Tom Nichols: «Aprender cosas nuevas requiere paciencia y la habilidad de escuchar a los demás. Internet y las redes sociales, sin embargo, nos hacen menos sociables y más dados a la confrontación. Conectada o en la vida real, la gente se encierra en pequeñas cámaras de eco, privilegiando la conversación con los que saben que están de acuerdo con ellos. (...) Negarnos a escuchar a los demás no solo nos hace más desagradables los unos con los otros, sino que

* Juan Meseguer, *Pensamiento crítico: una actitud*, p. 113.

disminuye nuestra capacidad de pensar, de convencer con argumentos y de aceptar que se nos corrija cuando estamos equivocados».*

Escuchar con sinceridad, no para tomarse un respiro y preparar un contraataque, es una condición del pensamiento y del aprendizaje.

Me gusta mucho la expresión «suspensión del juicio», que describe una de las facetas relacionadas con la paciencia del pensador crítico. Suspender el juicio no solo significa esperar antes de juzgar. Significa ser capaz de poner nuestro propio pensamiento en el escaparate y exponerlo al análisis y quizá a la crítica, no solo de los demás sino de los nuestros también. Suspender el juicio nos da tiempo y perspectiva para examinar nuestra propia reflexión y buscar en ella rasgos de sesgos u otros fenómenos que hayan podido afectarnos y obstaculizar nuestra búsqueda de la verdad.

En nuestro mundo en perpetua aceleración, esta paciencia, este tiempo de escucha y esta suspensión no cuadran. A primera vista se ven como pérdidas de tiempo y pueden incluso generar angustia. Sentimos que estamos perdiendo la oportunidad de sumar valiosos puntos en la carrera por los *likes* y los aplausos virtuales.

Tomarse tiempo para pensar es literalmente contracultural. Lo que podríamos bautizar como *slow thinking* comparte con el *slow food* (en oposición a la comida basura o *fast food*) o la *slow fashion* (en oposición a la moda de usar y tirar) el objetivo de contribuir a la creación de un mundo más sano. Sobre nuestro contexto de prisas y excesos, la filósofa Victoria Camps escribe en su *Elogio de la duda:* «La duda ante lo que desconcierta y extraña, en lugar del exa-

---

* Tom Nichols, *The Death of Expertise*, pp. 131-132.

brupto inmediato, sería una forma de reaccionar más saludable para todos. Tomarse un tiempo, pensarlo dos veces, dejar pasar unos días, antes de dar respuestas airadas».* Tenemos que resistir la tentación de reaccionar de forma emocional y epidérmica a los impulsos que de forma continua recibimos.

¿No crees que nos vendría bien una aplicación que congelase nuestros tuits, *posts* y comentarios durante veinticuatro horas? ¿No crees que con un poquito de reflexión matizarías muchas de tus reacciones?

Cultivar la paciencia supone, entre otras cosas, aprender a reconocer los contenidos que más nos sulfuran e inspiran opiniones impulsivas. Tengamos especial cuidado con las imágenes y muy en particular con los vídeos cortos que circulan por las redes sociales. A menudo son composiciones de fragmentos de discursos sacados de contexto y ensamblados con el propósito de enfurecer y escandalizar. Esa persona que nos muestran y cuyas opiniones no compartimos, probablemente no haya dicho eso de esa manera. Si se nos presenta un corte fuera de contexto es justo para dopar el sesgo de confirmación y cortocircuitar el pensamiento crítico. Te recomiendo que busques la fuente original, el formato extenso que te ofrece todo el contexto y los matices. Es posible que permanezcas en desacuerdo, pero estoy seguro de que, en muchos casos, ya no sentirás ira ni tendrás la sensación de estar confrontado a alguien de mala fe o con malas intenciones.

---

* Victoria Camps, *Elogio de la duda*.

El pensamiento crítico necesita curiosidad.

¡Ojo!, no hablo de la curiosidad del que navega en internet como un perro rastreador en busca de una información fresca que pueda enviar a sus contactos para demostrar que está a la última. Tampoco de la curiosidad tonta del cotilla que muerde el anzuelo de los *clickbaits* para descubrir informaciones tan absurdas como inútiles.

Hablo de la curiosidad del aprendiz que quiere saber más y mejor. Inspirándome en unas magníficas líneas de José María Barrio, diría que el pensador en búsqueda de la verdad quiere hacerse más entero y no simplemente enterarse. Usamos el pensamiento crítico para ser personas más completas. Eres como un puzle que se va completando a medida que se extiende tu conocimiento de la verdad. Enterarte del último cotilleo no completa tu puzle. En este sentido, estarás de acuerdo conmigo en afirmar que la curiosidad intelectual es la que asume el esfuerzo y no se arruga delante de las preguntas difíciles, de la complejidad y de los matices para refugiarse en eslóganes y en medias verdades. Esta curiosidad es la del humilde que busca descubrir la verdad y que acepta correr el riesgo de equivocarse o simplemente quedarse corto.

La elección acertada de fuentes es una buena manera de dirigir bien la curiosidad. Privilegiar la lectura de libros a la navegación sin rumbo de página web en página web o a la sumisión al caos de las redes sociales es, sin duda, un paso en la buena dirección. Por supuesto que hay conocimiento fuera de los libros. Sin embargo, el libro bien elegido no tiene competencia a la hora de estimular el pensamiento crítico o de propiciar el aprendizaje. Impone la lentitud y facilita la suspensión. Creo incluso que, a su manera, escucha al lector y le ofrece la posibilidad de anotar sus dudas, desacuerdos, etcétera.

Si la curiosidad del paparazi se centra exclusivamente en la novedad y en lo inédito, la del aprendiz no desprecia lo antiguo. La verdadera curiosidad intelectual es la que te llevará a prestar atención al libro. Con los libros tienes el privilegio de viajar en el tiempo para pensar (o por lo menos intentarlo) con Platón, Maquiavelo, Montaigne, Tocqueville, Stuart Mill, Simone Weil y tantos otros gigantes que no piden otra cosa que subirte a sus hombros para ayudarte a mirar un poquito más allá de tu propio horizonte.

Sé curioso y lee libros de autores de los siglos pasados. Descubrirás que muchas de las cuestiones fundamentales a las que dedicaron pensamientos brillantes siguen sin resolverse y necesitan de tus humildes aportaciones. A mí me deja pasmado leer textos que tienen cientos de años de antigüedad y que describen perfectamente los retos de nuestro mundo digital hiperconectado. El contexto cambia, pero la naturaleza humana no cambia mucho y las grandes cuestiones siguen siendo las mismas. ¿Quiénes somos? ¿Adónde vamos? ¿Por qué nos perdemos con tanta facilidad en el camino? ¿Es posible vivir en paz? ¿Conseguiremos erradicar la pobreza?

No tiene sentido pretender contestar a estas preguntas sin aprender de los esfuerzos de personas brillantes cuyos pensamientos han atravesado los siglos sin perder relevancia. En comparación, ¿cuántos tuits o *posts* de Instagram aclamados por cientos de miles o millones de *likes* a lo largo de las últimas semanas crees que recordaremos dentro de unos meses?

Entonces ¿aprendiz o paparazi? Este es el bonito (falso) dilema que te planteo.

LA *PRUDENCIA* DEL PENSADOR, NO LA PARANOIA DEL CONSPIRACIONISTA

Pensar es, entre otras cosas, dudar y cuestionar.

Ya sabes que circulan muchas informaciones falsas, pseudociencia, propaganda, medias verdades... El pensador crítico tiene que avanzar con prudencia. Tienes que ver más allá de la elocuencia del discurso. No puedes dejarte engañar por un envoltorio bonito. A la vez, sin embargo, tienes que evitar que tu prudencia se transforme en una duda sistemática y generalizada que haga que te conviertas en un conspiracionista o en un paranoico.

Dudar de todo es igual de estúpido que no cuestionar nada.

Recuerda que necesitamos confiar en el pensamiento crítico y en la buena fe del otro para poder dialogar con él o para ahorrarnos la tarea inhumana de tener que analizar todo por nuestra cuenta. La confianza prudente es el camino, no la desconfianza que paraliza, aísla y asusta.

Hay circunstancias que deben ponerte en alerta e invitarte a redoblar la prudencia. La experiencia te enseñará a reconocerlas. De momento, te quiero señalar dos que personalmente hacen saltar mis alarmas.

La primera tiene que ver con la dominación. Hay momentos en los que tu pensamiento se encuentra alineado con el pensamiento dominante y a veces, incluso, con el poder. Sucede, por ejemplo, cuando «los nuestros» están al mando. En esta circunstancia siempre existe el riesgo de embalarse y dar por ciertas muchas más cosas de las que lo son. Te puedes dejar llevar por una cierta euforia y el sesgo de confirmación te puede jugar malas pasadas cuando encuentra este extra de credibilidad en los factores poder o mayoría. Por eso es muy sano recordar siempre la frustración que has podido sentir cuando, al estar en minoría, se ha ignorado tu pensamiento a pesar de ser certero. Tú también corres el riesgo de dejarte llevar por la arrogancia intelectual del poderoso que no siente la necesidad de dialogar.

El otro factor de riesgo tiene la forma de un entorno: el mundo digital.

Te recuerdo que la propaganda, para ser eficaz, debe disfrazarse de libertad. El arte del manipulador y del propagandista consiste, entonces, en hacerte sentir libre de tomar la decisión que te hacen tomar o de creer lo que te hacen creer. La publicidad, por ejemplo, no te obliga a nada: solo hace que nazca en ti un deseo con la sutileza necesaria como para que llegues a creer que ese deseo es tuyo y espontáneo. Con internet se puede producir una confusión parecida.

En internet, el usuario se mueve con libertad y tiene o cree tener el control de sus búsquedas. Cuando buscas algo en internet, te sientes en una posición de control. Es verdad que tú eres el que formula la pregunta o el que elige las palabras clave. Después, tú eres quien selecciona entre los resultados que te propone el buscador. Esto no significa, sin embargo, que controles la situación. En concreto, existen dos riesgos.

El primer riesgo es que pierdas de vista que por mucho que vigiles la búsqueda, es un tercero (un algoritmo) el que controla los resultados. Cuando buscas un dato, no tienes la garantía de que el algoritmo te vaya a enseñar el más fiable.

El segundo riesgo es que tu sensación de control sobre el proceso (yo busco y yo elijo entre los resultados) te genere un exceso de confianza. Que elijas con libertad la fuente no significa que esta no sea engañosa. Esta información que eliges consultar libremente puede estar tan manipulada como la que un ciudadano norcoreano está obligado a leer.

No confundas entonces tu libertad a la hora de buscar en internet con una pseudoimparcialidad de los contenidos que puedas encontrar allí.

La *valentía* de salir de la masa

No se debe confundir prudencia con miedo. Puedes ser prudente y valiente a la vez. Y diría, incluso, que en materia de pensamiento debes ser ambas cosas.

¿En qué consiste la valentía de pensamiento? ¿No me contradigo si sostengo que vivimos en una sociedad relativista que deja a todos tener su propia verdad y al mismo tiempo doy a entender que se podría a veces necesitar valentía para pensar? Acuérdate del concepto de «dictadura del relativismo».* En nombre del relativismo se llega, a menudo, a prohibir pensar en contra de un discurso dominante. Encontramos una manifestación de este fenómeno en lo conocido como «políticamente correcto», esa manera de poner algunos pensamientos fuera de juego. Creo que estarás de acuerdo conmigo si digo que en la España de hoy existe un discurso que considera incorrecto cuestionar la ideología de género. Este mismo discurso juzga inaceptable poner en duda la existencia de un patriarcado opresor. En esta misma línea, podemos observar cómo en Estados Unidos la llamada *cancel culture* impide sostener que no existe un sistema racista, sino personas racistas.

El pensador crítico no está obligado a cuestionar o a oponerse a estas teorías, pero sí debe tener la valentía de defender que se pueda ejercer el pensamiento crítico sobre estas afirmaciones y eventualmente sostener que están equivocadas.

---

* Si no lo recuerdas muy bien, puedes volver al final del capítulo 13.

En un mundo donde pululan las burbujas de creencias, también se pide que el pensador crítico tenga la valentía de cuestionar la unanimidad del «no pensamiento» que reina en su burbuja. Atrévete a pensar a contracorriente, aunque signifique no recibir ni un solo *like*. Atrévete a decirles a tus amigas de ese grupo de WhatsApp que eso que una acaba de reenviar y que nos gustaría tanto creer es una *fakenew* o un bulo.

No pierdas el sentido del humor, por supuesto, pero resiste a la tentación de la cultura de la burla que no hace más que alejarnos los unos de los otros a golpe de mentiras y pérdidas de respeto, imposibilitando el diálogo.

Finalmente, recuerda que existen situaciones de aparente pero falsa unanimidad que necesitan de personas valientes para reconectar con una realidad más plural y compleja. Déjame que use dos ejemplos sencillos para entenderlo mejor:

- Estás paseando con unos amigos por la montaña. Ves que en el horizonte se amontonan nubes negras y notas que se levanta el viento. Hay dos machos alfa que dan a entender que dar media vuelta sería de cobardes. Los demás no dicen ni mu. Te atreves a decir que no lo ves claro y que prefieres dar media vuelta y esperarlos en el refugio. No has dado ni diez pasos y ya son tres los amigos que deciden acompañarte.

- Participas en una reunión de padres en el colegio y ves que nadie saca el tema del precio del viaje de fin de curso, que te parece francamente exagerado. Claro, entre que a muchos no les gusta hablar en público, que nadie quiere parecer pobre o tacaño y que otros tantos tienen pavor a enemistarse con la dirección del colegio de sus hijos... Pero te armas de valor y sacas el tema. ¡Oh, sorpresa! Resulta ahora que les has pisado la pregunta a todos los demás padres.

Muchas veces, cuando una persona valiente rompe la aparente unanimidad del «no pensamiento», resulta que no existía tal unanimidad y que en realidad se dan las condiciones para un diálogo fructífero entre personas con diferentes puntos de vista. Por favor, sé valiente, atrévete a discrepar y provoca estos diálogos. No eres la única persona que piensa que emborracharse todos los jueves, viernes y sábados por la noche es una condición indispensable para aprovechar la juventud. No eres el único padre de la clase que piensa que no tiene sentido que una niña de diez años tenga un *smartphone* con acceso libre a internet. No eres el único que piensa que la política no es una lucha entre buenos y malos.

Atrévete a pensar y atrévete a compartir el fruto de tu reflexión. Hazlo también en los entornos donde reina la unanimidad; hazlo, sobre todo, en esos entornos.

5.ª PARTE

ENTRENEMOS JUNTOS

Capítulo 21

Ejercicio práctico

Algunas personas nunca aprenden nada, porque todo lo comprenden demasiado pronto.

ALEXANDER POPE

Mi postura a la hora de escribir este libro es la de un entrenador, no la de un gurú. Quiero que aprendas a pensar más y mejor, no que me sigas en las redes sociales para pensar lo que yo pienso.

Creo en la libertad y la responsabilidad. Para mejorar tanto tus habilidades de pensamiento crítico como tu actitud vas a necesitar practicar toda tu vida.

¿Has leído este libro con la proactividad del que usa una guía de viaje? ¿Has dedicado algo de tiempo a los ejercicios? Entonces no tienes nada que temer. No te falta nada para enfrentarte al reto del pensamiento crítico.

Para acabar de convencerte de ello, vamos a practicar una última vez juntos.

Imagina por un instante que estás de viaje con tu familia. Llegáis en coche al borde de un precipicio y veis en la carretera a unos obreros que os cierran el acceso a un puente de madera dañado por un incendio. Bajas del coche y les preguntas a los obreros si de verdad el puente ya no puede aguantar el peso de tu coche. Contesta un obrero que esa mañana lo han revisado un grupo de diez ingenieros y han considerado que había que prohibir cualquier paso sobre el puente porque se podría caer de un instante a otro. Estás muy fastidiado porque no usar ese puente significa dar un rodeo muy largo para llegar a un puente seguro. Esta peripecia te puede hacer perder tres horas y tu familia y tú os vais a perder una visita guiada a un sitio maravilloso que teníais reservada desde hace seis meses. Al verte tan contrariado, un obrero te dice: «Mire usted, dentro del grupo de diez ingenieros había uno que dijo que, según sus cálculos, el puente podría aguantar todavía el paso de un par de coches». ¿Qué haces entonces? Me apuesto lo que quieras a que vas a pensar, ser razonable y dar el rodeo, por mucho que te fastidie renunciar a la visita guiada.

Pues curiosamente, con el problema del cambio climático nos encontramos en una situación parecida. Existe un consenso científico: el noventa y siete por ciento de los estudios señala que la emisión de gases con efecto invernadero relacionada con actividades humanas está provocando un cambio climático. Esto significa que, de todos los estudios científicos realizados por expertos en la materia y publicados en revistas científicas, un noventa y siete por ciento confirma esta hipótesis frente a solo un tres por ciento que la refuta. Sin embargo, en este caso, parece que hay mucha gente poco razonable o que no piensa y que está dispuesta a jugársela y cruzar el puente calcinado... Según una encuesta publicada en noviembre de 2019,* el ocho por ciento de la población mundial niega que exista el calentamiento global (en Estados Unidos son un diecinueve por ciento). A estos negacionistas debemos sumarles un veintitrés por ciento de personas que reconocen el calentamiento, pero niegan que se deba a factores humanos. En total tenemos entonces un treinta y un por ciento de la población mundial que no reconoce la validez de un abrumador consenso científico sobre esta cuestión.

Apoyándome en todo el contenido de este libro voy a intentar explicarte por qué tantas personas se despistan y provocan que en nuestras sociedades no se haga mucho por revertir esta situación medioambiental tan comprometida.

¡Nos engañan!

¿Te acuerdas de Edward Bernays, que puso la propaganda al servicio de las empresas para manipular a la gente? Pues ha tenido muchos discípulos y algunos de ellos se han puesto a trabajar para defender los intereses de las inmensas y poderosas empresas del sector energético. Han desarrollado estrategias para sembrar la duda a pesar del consenso científico. «Sembrar la duda» es el objetivo de todas las empresas de relaciones públicas que venden sus servicios a las que sufren las consecuencias de los avances científicos. En su libro *Merchants of Doubt: How a Handful of Scientists Obscured the Truth on Issues from Tobacco Smoke to Global Warming,* Naomi Oreskes y Erik M. Conway explican en detalle cómo actúan los propagandistas para sembrar dudas en materias donde la ciencia ha conseguido aportar respuestas sólidas.

---

* https://www.edf.fr/observatoire-opinion-rechauffement-climatique

Citan un informe escrito por un ejecutivo de la industria tabacalera que dice: «La duda es nuestro producto porque es la mejor manera de competir contra los hechos que tiene en mente el público».* ¡Más claro, agua!

Un consenso científico del noventa y siete por ciento no deja lugar a muchas dudas. En consecuencia, el *lobby* petrolero ha decidido fichar a los expertos en propaganda que tan buenos resultados han cosechado para las tabacaleras. No se han matado para conseguir despistar a los ciudadanos y en especial a sus representantes políticos respecto a esta cuestión del cambio climático. Han puesto en marcha exactamente la misma estrategia que ya funcionó para negar la relación entre los cigarrillos y el cáncer de pulmón. Esta estrategia consiste en desprestigiar a científicos, en meter la mano en la redacción de las conclusiones de los grupos de trabajo para que no reflejen la realidad de las investigaciones de los científicos que los conforman, en dar voz a científicos que no pertenecen a ese campo de investigación, etcétera.

Quizá una buena ilustración de estas prácticas manipuladoras es la que encontramos en el caso de la «Petición de Oregón».** Los expertos en propaganda al servicio del *lobby* petrolero pusieron en marcha una campaña de recogida de firmas en internet. Consiguieron treinta y una mil firmas de personas que rechazaban que el cambio climático pudiera tener origen en el ser humano. Y vendieron la idea de que «decenas de miles de científicos habían declarado que el calentamiento global era un bulo», consiguiendo que la noticia fuera compar-

---

* Naomi Oreskes y Erik M. Conway, *Merchants of Doubt: How a Handful of Scientists Obscured the Truth on Issues from Tobacco Smoke to Global Warming*, Bloomsbury Press, Londres, 2010, p. 53.

** Beyond Misinformation, pp. 11 y 12.

tida más de quinientas mil veces en las redes sociales. El problema es que esta recogida de firmas no valía nada desde el punto de vista científico. El único requisito para firmar esta petición digital era haberse graduado en una carrera científica. Podían firmar médicos, veterinarios, dentistas, biólogos, etcétera. Teniendo en cuenta que Estados Unidos contaba con unos diez millones seiscientos mil de estos graduados en el momento de la campaña de firmas, los treinta y un mil firmantes no representaban más de un 0,3 por ciento de este colectivo. Para más inri, un examen de los perfiles de los firmantes reveló que menos de un uno por ciento tenía competencias técnicas en materia de climatología. Y para colmo, ver en la lista de firmantes a Charles Darwin o a las Spice Girls demuestra que no existía absolutamente ningún control de identidad serio a la hora de firmar la petición. Como puedes apreciar, estamos ante un caso flagrante de fabricación de *fakenews*.

Con su estrategia, los propagandistas consiguieron aumentar la visibilidad del tres por ciento y sembrar dudas acerca del sólido fundamento científico del noventa y siete por ciento.

Sarna con gusto no pica

Ya sabes que no soy partidario de echar la culpa de nuestra falta de pensamiento crítico a otros. Aunque es innegable que el trabajo de manipulación y de engaño de los expertos en propaganda y relaciones públicas afecta de manera negativa a nuestra capacidad de reflexionar bien sobre el problema del calentamiento global, hemos de reconocer que tenemos nuestra parte de culpa.

Por un lado, somos vagos y nos da pereza pensar. Por este motivo muchos deciden limitarse a constatar que existen opiniones divergentes sobre esta cuestión. Les da igual que el noventa y siete por ciento de los estudios científicos confirme la hipótesis de la causa humana del cambio climático. Para no tener que hacer el esfuerzo de leer, estudiar o entender nada, prefieren sacar la conclusión errónea de que «los expertos no se ponen de acuerdo, no saben».

Por otro lado, nos encontramos con el problema de la mala elección de las fuentes de información. Cuando buscas en internet, encuentras millones de resultados. Es imposible tener una visión de conjunto y ver reflejado el 97/3 que mencionaba. En internet lo único que aparece es un montón de artículos que defienden que la actividad humana es responsable del cambio climático y otro montón de artículos negacionistas redactados por los llamados «climatoescépticos». La visión de los dos bandos puede dar una percepción que se asemeje más a un 50/50 que a un 97/3.

Pero, sobre todo, nos dejamos engañar porque no somos capaces de controlar nuestro sesgo de confirmación. Por regla general, a nadie le gusta el cambio. Como bien sabes, con la problemática del cambio climático, lo que está en juego es todo nuestro modo de vivir. Si la actividad humana genera el cambio climático, no hay solución que no implique una modificación de nuestro estilo de vida. Para revertir la situación, todo apunta a que debemos cambiar nuestra manera de producir y consumir energía, nuestro modo de producir bienes de consumo (alimentos, ropa, etcétera) y nuestro ritmo de consumo. Es toda nuestra vida la que debe cambiar de forma paulatina. Entre otras cosas, debemos modificar nuestro modo de desplazarnos y de viajar, y debemos pasar de tirar y volver a comprar a reparar y reutilizar. Se trata de muchos cambios que generan mucha incertidumbre. Todos nos preguntamos: «¿Voy a vivir mejor o peor?».

Por este motivo, nuestro reflejo natural es el de defender el *statu quo*. Lo reconozcamos o no, nos vamos a resistir al cambio y esta resistencia se va a materializar en un sesgo de confirmación: vamos a dar más importancia a las informaciones que nos permitan no cambiar que a las que nos obliguen a hacerlo. Hablando claro, nos vamos a creer con mucha más facilidad y casi con gusto las mentiras y las manipulaciones negacionistas que nos confirman en nuestro deseo de no cambiar nuestro estilo de vida.

¿Y SI DEJAMOS DE MENTIRNOS A NOSOTROS MISMOS?

¿Te gustaría pagar menos impuestos, cobrar una pensión mayor o que mejore el sistema de salud público? Me imagino que sí. Es el caso de millones de nuestros conciudadanos. Sin embargo, cuando se organizan manifestaciones para reclamar este tipo de medidas, son pocos los que salen a la calle. Fue el economista Mancur Olson quien describió este fenómeno en 1965.

Olson explicó que es difícil movilizar a las personas cuando se les pide un esfuerzo particular para conseguir algo que beneficiará a todos.

> «Tú ve a manifestarte bajo la lluvia que yo me quedo en mi casita viendo una película. Y si gracias a tu manifestación se consigue una rebaja de impuestos, me beneficio de ella al igual que tú».

Esto nos bloquea. Y es exactamente lo que podemos observar en la movilización a favor de la reducción de los gases de efecto invernadero. Movilizarse tiene un coste particular: puede ser el tiempo que dedicas a acudir a una manifestación, el que destinas a recoger firmas o el precio más alto que pagas por un coche eléctrico, por las verduras ecológicas o por los productos fabricados en España frente a sus sustitutos chinos. Sin embargo, los efectos de las movilizaciones particulares son colectivos: el hecho de que consigamos o no reducir o parar el cambio climático nos afectará a todos por igual.

Por supuesto que si nos ponemos todos, la probabilidad de éxito es mucho mayor. Pero no podemos resistirnos a ser los listillos que reciban el premio sin esfuerzo. Además, en esta época posverdad, podemos ser los listillos sin ni siquiera tener que reconocer que somos unos caraduras. Basta con elegir los hechos alternativos: las mentiras y los estudios manipulados encargados por las petroleras. Sí, nos hacemos trampas jugando al solitario. ¡Así de listos somos!

Tenemos otro problema del pensamiento, grave en lo que respecta a la cuestión medioambiental: nos pilla atrapados en una afiliación en cascada de naturaleza política o ideológica.

La preocupación medioambiental y, más en concreto, el problema del cambio climático nos debería preocupar a todos porque nos va a afectar a todos. Sin embargo, existen motivos históricos que hacen que mucha gente de derechas se sienta casi forzada a negar las evidencias. Que conste que no me gustan nada las apelaciones «de derechas» o «de izquierdas», pero en este caso no tengo más remedio que usarlas. Aunque no exista en España un partido ecologista de tamaño relevante, las fuerzas políticas que se asocian de manera explícita al movimiento ecologista son, por lo general, consideradas «de izquierdas». Los casos más emblemáticos son los de Francia y Alemania. También influye que los movimientos ecologistas radicales se acostumbren a posicionar como anticapitalistas. En consecuencia, en España una gran parte del electorado de la derecha suele considerar que la ecología es «de rojos». Para esta gente, estar preocupado por el medio ambiente significa traicionar a su bando. Si a los ecologistas se les considera «rojos» y tú te has casado* con la derecha, no puedes asumir públicamente con facilidad una preocupación por el medio ambiente. Bueno, en realidad, creo que además de la afiliación en cascada, lo que podemos observar aquí es otra vez una falsa excusa. Uno no quiere cambiar y busca alguna fuente de información negacionista que emita sus mensajes desde un posicionamiento político de derechas. Es lo que hacen, por ejemplo, los *think tanks* de tintes ultraliberales que dan cobijo al discurso que niega la influencia del ser humano en el cambio climático para evitar cuestionar nuestro modelo energético, productivo y de consumo. Es un triunfo del «no pensamiento», cegado por las emociones. No quiero que me molesten y que me hagan cambiar mi estilo de vida. No intento entender la problemática del cambio climático desde la razón y con la intención de acercarme a la verdad. Prefiero fingir la reflexión y creer una mentira que mi bando político me sirve en bandeja. Me entrego a los sesgos de confirmación y de conformidad, protegiendo mi comodidad y mi pertenencia al grupo.

Estoy convencido de que es este mecanismo de «no pensamiento» el que está detrás de la peculiaridad de Estados Unidos, donde un diecinueve por ciento de la población niega el calentamiento global, cuando el dato a nivel mundial es de solo un ocho por ciento.** Todo indica que la dramática polarización política (culminada bajo el polémico mandato del presidente Trump) lleva a muchos electores del partido republicano a desconectarse de la realidad.

A estas alturas, te estarás haciendo una idea del impacto que la falta de pensamiento crítico ejerce en la cuestión del cambio climático. Déjame, sin embargo, añadir un último ele-

---

* Te prometo que no es ningún juego de palabras.

** https://www.edf.fr/observatoire-opinion-rechauffement-climatique

mento a este análisis. ¿Te acuerdas del sociólogo francés Raymond Boudon del que te hablé en el capítulo dedicado al relativismo? Pues Boudon tiene algo más que enseñarnos. Según él, la evolución de nuestras creencias se desarrolla en dos fases.* En una primera fase se producen innovaciones y en una segunda se hace una selección racional de estas innovaciones. El proceso de selección, a su vez, consta de dos etapas. Tenemos, por un lado, una selección basada en la racionalidad axiológica: ¿se apoya la innovación en unos principios aceptables? Y tenemos, por otro lado, una selección fundamentada en la racionalidad instrumental: ¿implica la innovación unas consecuencias buenas para el interés general?

De acuerdo con esta teoría, una innovación se convierte en creencia y la adopta una sociedad cuando se aprueban los dos test de racionalidad.

Se puede ilustrar esta teoría con la esclavitud. Aparece una innovación: se cuestiona la esclavitud y algunas personas empiezan a pedir su abolición. Se somete la innovación al primer test: ¿se fundamenta la abolición de la esclavitud en unos principios aceptables? Claramente sí: abolirla permite adecuarse al principio de igualdad entre los seres humanos y al de libertad. Sometemos entonces el abolicionismo al segundo test: ¿tiene esta innovación consecuencias positivas para el interés general? Y es aquí donde aparecen las complicaciones. Abolir la esclavitud supone un coste muy importante. Es mucho más caro pagar un sueldo a un trabajador que emplear a un esclavo que una vez comprado no recibe un sueldo. Si se ha tardado en abolir la esclavitud en nuestras sociedades, es porque por mucho que la viéramos correcta en términos de principios, la medida suponía un coste que hacía peligrar las

* Raymond Boudon, *Le Relativisme,* pp. 97 y ss.

economías. Hemos tenido que esperar a la máquina de vapor y a la revolución industrial para considerar que nos podíamos permitir el «lujo» de renunciar a emplear esclavos.

Creo que pasa algo similar con el cambio climático.

En este caso diría que la innovación es la exigencia de sostenibilidad. Para detener o revertir el cambio climático vemos que no nos queda otra que adoptar comportamientos sostenibles. Esta innovación pasa el test de racionalidad axiológica porque se apoya en principios aceptables como la responsabilidad y la prudencia. Los problemas aparecen con el segundo test: ¿tiene la sostenibilidad consecuencias buenas para el interés general? Para poder contestar a esta pregunta haría falta entablar un diálogo sereno e intelectualmente honesto. Este diálogo debería incluir la voz de las generaciones futuras, ya que las decisiones que tomemos tendrán una serie de consecuencias que a largo plazo podrían transformarse en auténticas restricciones para esas generaciones, que no tendrán el mismo margen de maniobra que nosotros. El problema es que no existen *lobbies* potentes para defender los intereses de esas generaciones futuras. No hay nadie capaz de plantar cara a los *lobbies* de las industrias de hoy y de sus accionistas. Centrados exclusivamente en las consecuencias financieras y de estilo de vida para las generaciones actuales, somos incapaces de asumir la responsabilidad que tenemos respecto a nuestros descendientes.

¿Te parece muy violento el razonamiento? Pues tienes razón, lo es. Y lo es para mucha gente. Y creo que precisamente para no tener que asumir este egoísmo es por lo que muchas personas prefieren autoengañarse, hacer el idiota y creer en «hechos alternativos» que niegan la relación entre la actividad humana y el calentamiento global producto del cambio climático.

¡Qué complejo es el ser humano!, ¿no?

No soporta que la gente le mienta o le engañe, pero se miente y se engaña a sí mismo con una pasmosa facilidad.

Menos mal que tú ya no puedes sucumbir con tanta facilidad a esta tentación. Has emprendido tu camino en busca de la verdad y entrenas tu pensamiento crítico.

Despedida

Esta obra es un libro de introducción y de divulgación. Por definición, se sitúa al inicio de un proceso de aprendizaje. Entenderás entonces que no quiera usar la palabra «conclusión» por miedo a que te puedas despistar y dar el tema del pensamiento crítico por cerrado. He preferido hablar de «despedida», porque esta palabra me permite cubrir los dos eventos que están ocurriendo en este momento en el que lees las últimas páginas del libro.

Me despido de ti

He elegido tutearte para crear la cercanía necesaria para atreverse poco a poco a la autocrítica. Espero que, a medida que la confianza se ha instalado entre nosotros, hayas podido dar este paso y reconocer, como yo, que a menudo no piensas lo suficiente o no piensas con el rigor que te gustaría. De este *mea culpa* depende nuestra capacidad para comprometernos con el pensamiento crítico. Los que se niegan a dar este paso por pudor o por soberbia se quedan, por desgracia, encerrados en la crítica del pensamiento ajeno.

Te agradezco que hayas aceptado entrar a dialogar conmigo a través de estas páginas. Me ha encantado recorrer este camino contigo. Ahora me toca soltar tu mano para que sigas tu viaje y vivas tu vida de pensadora crítica o de pensador crítico. En este momento de despedida me entra el miedo de los padres que embarcan a un hijo que se va lejos. ¿Le habré preparado bien? ¿Y si me he equivocado? Consciente de mis limitaciones intelectuales y comunicativas, asumo que este libro no es perfecto. Déjame entonces intentar corregir dos errores o torpezas que haya podido cometer muy a mi pesar:

Pensar bien no es pensar lo que alguien te dice que está bien

Pensar bien es ser capaz de practicar el pensamiento crítico: conocerte a ti mismo con tus prejuicios, ser capaz de identificar tus sesgos cognitivos, dedicar tiempo a pensar, a leer, a estudiar, saber suspender el juicio, saber dialogar, entender de qué modo te afectan tus emociones y cómo estas pueden afectar a tus interlocutores, etcétera. En este libro no te digo lo que tienes que pensar o por lo menos no ha sido esa mi intención. Si consideras que en alguna ocasión he podido pasarme de la raya, te pido que me disculpes. No lo he hecho a propósito. Mi única ambición es animarte a pensar más y mejor. Asumo, incluso, que podrías llegar a pensar de manera diametralmente opuesta a mí. Eso no me asusta en absoluto. Si es el fruto de un pensamiento libre y riguroso, no dudo ni un instante de que dialogar contigo sería una experiencia fantástica y muy provechosa que nos podría acercar a ambos a la verdad.

Imperfecto no significa inútil

En todas las guías de viajes se cuelan errores en el teléfono de un restaurante o en el horario de un museo. Son cosas que pasan y que no anulan la utilidad de la guía en su conjunto. En este libro, que he concebido como una guía, también se pueden haber colado errores. Nada me podría hacer más feliz que saber que has descubierto uno porque significaría que lo has leído con espíritu crítico. Para tratar tantos temas en tan pocas páginas no he tenido más remedio, en ocasiones, que simplificar. Te aseguro que he tenido mucho cuidado y confío en que estas simplificaciones no sean engañosas. Por favor, no aproveches un error o la eventual ausencia de un matiz que consideres imprescindible para descalificar todo el contenido. Temas como la propaganda, la posverdad, el relativismo o los sesgos cognitivos son cuestiones complejas a las que autores brillantes han dedicado libros enteros. Yo los he tratado en capítulos cortos para darte una visión global de la crisis del pensamiento. Quería ofrecerte la oportunidad de descubrir las claves del pensamiento crítico sin tener que leer un tedioso manual de ochocientas páginas o una colección de cuarenta libros. Si te has quedado con hambre y quieres profundizar, la bibliografía te podrá ayudar a identificar otros libros que tratan algunos temas específicos. Lo único importante es que la lectura de este libro, con sus inevitables imperfecciones, te anime a enfrentarte a la gran pregunta: «¿Pienso lo suficiente y con el rigor necesario?».

Basta ya, no quiero alargar esta despedida. Solo te quiero decir que no tiene por qué ser un adiós. La gran ventaja del mundo digital es que permite mantener el contacto. Me encantaría recibir noticias tuyas. Escríbeme para compartir conmigo las reacciones que te inspiran el diálogo que nos ha unido a lo largo de estas páginas. No te cortes. Tus críticas me permitirán mejorar y ofrecer un mejor libro a los lectores de eventuales nuevas ediciones (soy un optimista). Sobre todo, escríbeme para contarme qué tal vas con el entrenamiento diario de este valioso saber hacer que es el pensamiento crítico. ¿Has desenmascarado una falacia, una campaña de propaganda o una publicidad emotiva? ¿Un sesgo te ha jugado una mala pasada?

No lo dudes, estoy a tu disposición:
thibaut@turincondepensar.es
@tdeleval (en Twitter)

Sales despedido

Ya nos hemos despedido. Te veo desaparecer en el horizonte. ¡Suerte!

Te he dado pautas para entrenar el pensamiento crítico. Más no podía hacer. Nadie se libra de la necesidad de entrenar para ser capaz de pensar más y mejor. Ni el hecho de haber escrito este libro me da la poción mágica. Lo voy a tener que volver a leer a menudo y, sobre todo, al igual que tú, voy a tener que destilar cada uno de los conocimientos que contiene en un saber hacer.

Este libro te sirve de catapulta. Has salido despedido y ahora te toca aprender a volar.

Lo perfecto es enemigo de lo bueno

No te puedes paralizar por no ser perfecto. Si no te quieres estrellar en el suelo, empieza a mover las alas ya. Da igual si los primeros movimientos no están perfectamente coordinados.

Esto del pensamiento crítico no es un «todo o nada». Es un viaje que tenemos que emprender con humildad y con un objetivo de mejora continua. Es un «hago lo que puedo e intento hacerlo cada vez un poquito mejor». Todas tus mejoras en el ámbito del pensamiento crítico, por muy pequeñas que sean, son buenas para ti y para los demás. Todas merecen la pena. Si estás leyendo estas líneas significa que has empezado a reconquistar tu rincón de pensar. Me llena de alegría.

La orientación hacia la acción protege del cinismo

No he dejado a lo largo del libro de advertirte del riesgo de confundir pensamiento crítico y crítica del pensamiento ajeno. Ya sabes que te tienes que exigir tanto como exiges a los demás en cuanto a rigor del pensamiento. Debes sospechar de ti mismo para controlar al máximo tus sesgos, controlar tu propia atención, no dejarte llevar por tus emociones, etcétera.

El último consejo que te voy a dar está relacionado con este autocontrol que debes adquirir.

Cuando una persona empieza a ejercer su pensamiento crítico, corre el riesgo de convertirse en una persona cínica que se recrea en el descubrimiento de fallos, problemas e impedimentos, hasta el punto de que parece haber perdido toda esperanza. Claro, esto es lo que tiene abrazar la complejidad y dejar de rehuir de los matices. Cuando dejas de creerte tus propias medias verdades y simplificaciones, de repente todo se hace cuesta arriba y corres el riesgo de tirar la toalla.

Para protegerte de esta peligrosa deriva, te invito a cultivar una firme orientación hacia la acción. A la hora de pensar, intenta tener siempre en mente preguntas del tipo: ¿qué puedo hacer?, ¿qué podríamos cambiar?, ¿qué pequeñas iniciativas puedo adoptar? Te ayudará mucho a cumplir con los requisitos de humildad, prudencia y valentía. En efecto, enseguida te darás cuenta de que el pensador que tiene la valentía de pasar a la acción en contacto directo con la realidad no cae con facilidad en la demagogia, la simplificación o la tentación de hacer *tabula rasa*. Cuando aceptas, o solo contemplas, la responsabilidad de hacer y construir, eres automáticamente más humilde, prudente y propenso a trabajar en equipo. Asumes que no tienes ninguna varita mágica para sustituir una realidad por otra idílica.

Quizá el mayor reto al que te vayas a enfrentar consista en evitar distraerte por el camino. Nuestro diálogo se termina, pero la sociedad de la distracción está al acecho. Aprovechará el más mínimo despiste para reventar tu agenda y tu lista de prioridades. Lo que te propongo para ayudarte a mantener el pensamiento crítico en alerta es que te abones al pódcast «Tu Rincón de Pensar». Encontrarás toda la información en www.turincondepensar.es.

À bientôt

Agradecimientos

Gracias a todos los autores mencionados en la bibliografía. No podría haber escrito este libro si no hubieran tenido la generosidad de compartir su ciencia conmigo. Espero sinceramente que mi esfuerzo por acercar el pensamiento crítico a un público amplio y no necesariamente especialista no haya desvirtuado sus conocimientos, investigaciones y pensamientos. He disfrutado mucho leyendo sus libros y artículos. Me ha hecho feliz poder pensar con ustedes.

Gracias Javier, Tomás y Raúl por haber compartido conmigo vuestras experiencias como autores antes incluso de que me haya puesto a escribir. Se aprende haciendo, pero es una gran ventaja poderse aprovechar de las experiencias de otros. Os agradezco especialmente vuestra humildad al contarme algunas que otras meteduras de pata, intentando ahorrármelas. Por cabezonería o tontería, me temo que he caído en algunas trampas que me habíais señalado.

Gracias Isabel por tener la infinita paciencia no solo de aguantarme desde hace más de veinte años, sino de corregir mis innumerables faltas de gramática, ortografía y estilo. #descommetoionnenfaitplus

Gracias Inés y Jimena por haber leído casi en directo mis primeros capítulos. Sin vosotras hubiera sido imposible encontrar el tono desenfadado que buscaba y que ojalá haga que este libro no asuste a los jóvenes. Queridas Isabel y Elena, os quiero muchísimo también y os agradezco vuestra paciencia y tranquilidad durante las largas semanas de confinamiento estricto en las que escribía en casa. #lasmejoreshijasdelmundo

Gracias Claudia, Cristina, Cova, Julia, Neus, Marta y Valentine. Gracias Íñigo, Jaime, Juan Pablo, Fran, Marco, Rodrigo, Sergio. Contar con vuestra amistad es de por sí un lujo, pero que me hayáis regalado tantas horas de vuestro valioso tiempo para leer y comentar mi manuscrito es un auténtico regalazo. Si no gano el Premio Nobel de Literatura es sin duda por falta de talento y no de apoyo.

Gracias a Lola y Marta, quienes además de regalarme sus valiosas relecturas me han ayudado a adentrarme en el mundo de las editoriales, que desconocía por completo. Sin vuestra inestimable ayuda, no podría haber despertado el interés de una editorial tan buena como Aguilar.

Hablando de editorial... ¡Gracias Mónica! Gracias por haber confiado en este proyecto, aunque te lo haya presentado un autor novato, extranjero y absolutamente desconocido. Me ha encantado recorrer este camino contigo. He aprendido mucho de tus comentarios, críticas y recomendaciones. ¡Qué gozada poder trabajar con alguien tan sonriente y que siente una verdadera pasión por su trabajo! Espero tener la ocasión de volver a trabajar contigo. ¡Y no solo porque eso significaría que mis familiares y amigos no han sido los únicos en comprar el libro!

Bibliografía

1. Libros

Javier Aranguren, *En honor a la verdad*, UNIR, Logroño, 2014.

Dan Ariely, *Las trampas del deseo*, Ariel, Barcelona, 2008.

Normand Baillargeon, *Petit cours d'autodéfense intellectuelle*, Lux, Canadá, 2005.

José María Barrio, *La gran dictadura - Anatomía del relativismo*, RIALP, Madrid, 2011.

Edward Bernays, *Propaganda*, Melusina, Santa Cruz de Tenerife, 1927 (2008).

Raymond Boudon, *Le Relativisme*, Presses Universitaires de France, París, 2008.

Luc de Brabandere, *Petite Philosophie des arguments fallacieux*, Eyrolles, París, 2021.

Gérald Bronner, *La démocratie des crédules*, Presses Universitaires de France, París, 2013.

Victoria Camps, *Elogio de la duda*, Arpa, Barcelona, 2016.

Noam Chomsky y Robert W. McChesney, *Propagande, Médias et Démocratie*, Écosociété, Montreal, 1984 (2007).

Robert B. Cialdini, *Influence: The Psychology of Persuasion*, Harper Collins, Nueva York, 1984 (2007).

David Colon, *Propagande - La manipulation de masse dans le monde contemporain*, Belin, París, 2019,

Gérard De Vecchi, *Former l'esprit critique - 1. Pour une pensée libre*, ESF, París, 2017.

Sebastian Dieguez, *Total Bullshit! - Au cœur de la post-vérité*, Presses Universitaires de France, París, 2018.

Nicolas Gauvrit y Sylvain Delouvée, *Des têtes bien faites - Défense de l'esprit critique*, Presses Universitaires de France, París, 2016.

Matthijs Gardenier, *La psychologie des foules en question*, Uppr, Francia, 2016,

Teófilo González Vila, *Verdad, diálogo, tolerancia*, Fundación Emmanuel Mounier, Madrid, 2016.

Jordi Ibáñez Fanés, *En la era de la posverdad - 14 ensayos*, Calambur, Barcelona, 2017.

William Isaacs, *Dialogue - The art of thinking together*, Currency, Estados Unidos, 2020.

Etienne Klein, *Le goût du vrai*, Tracts Gallimard, París, 2020.

Gustave Le Bon, *Psychologie des foules*, JDH, Francia, 1895 (2019).

Raúl Magallón Rosa, *Unfaking news - Cómo combatir la desinformación*, Pirámide, Madrid, 2019.

Helena Matute, *Nuestra mente nos engaña - Sesgos y errores cognitivos que todos cometemos*, Shackleton Books, Barcelona, 2019.

Sophie Mazet, *Manuel d'autodéfense intellectuelle*, Robert Laffont, París, 2017.

Hector Macdonald, *Truth-How the many sides to every story shape our reality*, Bantam Press, Londres, 2018.

Juan Meseguer, *Pensamiento crítico: una actitud,* UNIR, Logroño, 2016.

Tom Nichols, *The Death of Expertise - The Campaign Against Established Knowledge and Why It Matters*, Oxford University Press, Oxford, 2017.

Naomi Oreskes y Erik M. Conway, *Merchants of Doubt: How a Handful of Scientists Obscured the Truth on Issues from Tobacco Smoke to Global Warming*, Bloomsbury Press, Londres, 2010.

José Ortega y Gasset, *La rebelión de las masas*, Espasa, Barcelona, 1929 (2009).

Helen Pluckrose y James Lindsay, *Cynical Theories - How universities made everything about race, gender and identity and why this harms everybody*, Swift Press, Gran Bretaña, 2020.

José Carlos Ruiz, *El arte de pensar. Cómo los grandes filósofos pueden estimular nuestro pensamiento crítico*, Almuzara, Córdoba, 2018.

Giovani Sartori, *Homo Videns-la sociedad teledirigida*, Taurus, Barcelona, 1998.

Edward R. Tufte, *The Visual Display of Quantitative Information*, Graphics Press, Connecticut, 1983 (1998).

James Williams, *Stand Out of Our Light - Freedom and resistance in the attention economy*, Cambridge University Press, Cambridge, 2018.

Tim Wu, *The Attention Merchants - The Epic Scramble to Get Inside Our Heads*, Knopf, Nueva York, 2016.

col. Offensive, *Divertir pour dominer - La culture de masse contre les peuples*, L'Échappée, Francia, 2010.

col. Divertir *pour dominer 2 - La culture de masse toujours contre les peuples*, L'Échappée, Francia, 2019.

2. Artículos

Diego Gambetta, *Deliberative Democracy (Cambridge Studies in the Theory of Democracy), «Claro!»: An Essay on Discursivo Machismo*, Cambridge University Press, Cambridge, 1998.

Peter A. Facione, *«The Delphi Report» - Critical Thinking: A Statement of Expert Consensus for Purposes of Educational Assessment and Instruction*, https://eric.ed.gov/?id=ED315423, 1990.

Stephan Lewandowsky, Ullrich K. H. Ecker y John Cook, «Beyond Misinformation: Understanding and coping with the post-truth era», *Journal of Applied Research in Memory and Cognition,* 2017.

Emily Pronin, Daniel Y. Lin y Lee Ross, «The Bias Blind Spot: Perceptions of Bias in Self Versus Others», *PSPB - Personality and Social Psychology Bulletin,* vol. 28, n.º 3 (marzo de 2002), pp. 369-381.

Emily Pronin, «How We See Ourselves and How We See Others», *Science,* vol. 320 (30 de mayo de 2008), pp. 1177-1180.

Jay J. van Bavel, Elizabeth Harris, Philip Pärnamets, Steve Rathje, Kimberly C. Doell y Joshua A. Tucker, «Political psychology in the digital (mis)information age», preprint disponible en *PsyArXiv* (septiembre de 2020).

Adrian F. Ward, Kristen Duke, Ayelet Gneezy y Maarten W. Bos, «Brain Drain: The Mere Presence of One's Own Smartphone Reduces Available Cognitive Capacity, JACR - Journal of the Association for Consumer Research», vol. 2., n.º 2, Publicado *online* el 3 de abril de 2017.

Este libro
se terminó de imprimir
en el mes
de marzo de 2022